소통을 꿈꾸는 토론학교

사회·윤리

소통을 꿈꾸는 토론학교

사회·윤리

김범묵, 윤용아 지음

우리학교

토론학교에 오신 것을 환영합니다

준비물은 잘 챙겨 오셨나요?
시계와 연필, 메모지, 그리고 꼭 이기겠다는 마음을 가져왔다고요?
그런데 가장 중요한 것이 빠져 있네요. 바로 '여러분의 입장'입니다.

토론은 세상에 던져진 커다란 질문에 답하는 과정입니다.
무엇이 옳고 그른지 질문을 던지고, 그 타당성을 따져 가는 과정입니다.
어디선가 들었던 말, 막연하게 알고 있던 생각만으론 어렵습니다.
참고서의 정답과 해설을 외우는 것도 별 도움이 되지 않습니다.

내 생각이 맞을까 틀릴까 걱정하지 마세요.
다른 사람이 어떻게 생각하나 눈치 보지 마세요.
여기 토론학교의 안내를 따라 찬성의 숲과 반대의 숲을 통과한 다음
스스로의 힘으로 결론을 내려 나만의 입장을 찾아봅시다.
내가 생각하는 사람다움은 어떤 것일까?
내가 생각하는 좋은 세상이란 어떤 모습일까?
그리고 내가 찾아낸 내 입장이 이런 내 생각과 꼭 맞아떨어지는가?

내 입장이 정해지면 다른 사람의 입장도 이해할 수 있습니다.
자기 생각이 없을 때 우리는 무조건 방어하고 공격하게 됩니다.
논리적으로 내 입장을 세울 수 있게 되면
다른 사람의 생각에도 진심으로 공감할 수 있습니다.

이기려고만 하는 토론, 갈등의 골이 더 깊어지는 토론이 아니라
상대를 배려하고 존중하는 토론, 문제를 함께 해결해 나가는 토론이 시작됩니다.

토론을 통해 우리는
다른 사람들의 의견도 만나고 새로운 사실도 깨닫게 될 것입니다.
내가 몰랐던 다른 생각과 세상의 모습에
자꾸만 더 새로운 질문이 쏟아져 나올 것입니다.

그동안 가만히 듣고, 조용히 읽고, 묵묵히 받아쓰기만 했다면
이제 토론학교에서 내 힘으로 생각하는 법,
내 목소리로 말하는 방법을 배워 봅시다.
정답을 찾는 공부가 아니라 질문을 던지는 공부를 시작합시다.

틀려도 괜찮습니다.
여러분의 생각을 당당하게 말해 보세요.

이 책을 통해 여러분과 만난 지 어느덧 8년의 세월이 흘렀습니다. 시간의 흐름과 함께 그동안 우리 사회에도 적잖은 변화가 있었습니다. 이번 개정판을 통해 가능한 최신 사례와 정보로 교체했습니다. '결혼'은 새롭게 다루는 주제입니다. 결혼을 바라보는 관점 자체가 크게 바뀌고 있는 현실을 반영한 것입니다.

하지만 우리 사회의 원활한 소통을 꿈꾸는 이 책의 문제의식만큼은 여전히 유효합니다. 예컨대 '학생인권조례'는 아직도 한창 진행 중인 사안입니다. 2010년에 경기도교육청에서 처음 만들면서 뜨거운 이슈가 되었는데, 지난 10여 년 동안 이어서 조례를 제정한 곳은 서울특별시 · 광주광역시 · 전라북도교육청뿐입니다. 학생 인권에 대한 서로 다른 생각이 아주 팽팽히 맞서고 있기 때문입니다. 최근의 핫-이슈 '최저임금제' 논란도 마찬가지입니다. 최저임금의 적절한 인상 폭을 놓고 매년 노동자와 사용자가 상반된 입장을 내세우며 첨예하게 대립하곤 합니다. 양쪽 모두가 만족하는 해결책을 찾기가 쉽지 않습니다.

여러분이 읽게 될 이 책은 바로 이런 고민을 나누려는 마음에서 출발했습니다. 이 책에는 지금 우리 사회를 둘러싼 10가지 주요 쟁점에 대한 찬성 입장과 반대 입장이 나란히 제시되어 있습니다. 하나의 문제를 바라보는 상반된 생각이 뚜렷하게 드러나 있지요. 하지만 단지 찬성과 반대, 양쪽의 선명한 입장 차이만 보여주려는 것은 아닙니다. 서로 다른 생각을 통해 문제의 본질을 좀 더 깊이 있게 들여다보고, 대립하고 갈등하는 두 입장 사이에서 소통의 가능성을 찾아보자는 것, 그것이 이 책을 만들게 된 가장 중요한 이유입니다.

평범하고 사소한 일상사에서부터 세계를 떠들썩하게 만드는 국제 관계에 이르기까지, 우리를 둘러싸고 있는 삶과 사회는 서로 다른 입장 사이의 끊임없는 갈

등으로 이루어져 있습니다. 저마다 다른 생각을 가진 사람들이 자신의 입장만을 주장한다면, 모두가 자신의 것은 손아귀에 움켜쥐고 내놓지 않은 채 상대방을 자기 입장 속으로 끌어들이려고만 한다면, 그 결과는 극단적인 충돌뿐일 것입니다. '토론'은 그런 감정적 충돌로부터 우리를 지켜 주는 이성의 방화벽 같은 것입니다. 자기의 입장을 갖되 이를 정연하게 표현할 줄 알며, 다른 생각을 가진 사람들의 이야기에도 귀 기울여 보는 것, 또 그 과정에서 나타나는 생각의 한계를 인정하고 함께 새로운 해결책을 찾아보고자 노력하는 것, 이러한 토론의 과정들은 한 개인이 어떤 결정을 내릴 때에나 사회 전체가 나아갈 방향을 모색할 때에 반드시 따라야 하는 절차입니다.

이제 여러분은 우리 삶을 가로지르는 다양한 사회적, 윤리적 쟁점들을 만날 것입니다. 세상에 똑같은 입장은 없습니다. 사람마다 생김새가 다르듯 각자가 처한 상황과 추구하는 가치 또한 다릅니다. 따라서 자기와 다른 입장을 가진 사람을 무시하거나 탓하기보다 '다름'을 자연스럽게 받아들일 필요가 있습니다. 그리고 상대방의 입장에 서 보려 노력해야 합니다. 상대방의 입장에 서 보아야 내 주장만을 고집하는 흑백논리에 빠지지 않고 함께 지혜를 모아 새로운 미래를 궁리할 수 있으니까요.

자, 그럼 이제 서로를 향해 마음의 문을 활짝 열고 소통을 꿈꾸며 토론을 시작해 볼까요?

2019년

김범묵, 윤용아

차례

소통을 꿈꾸는 토론학교

사회 · 윤리

1 외모지상주의

그래,

외모도 능력이고

경쟁력이야

아니야,

외모는 또 다른

차별일 뿐이야

우리가 살아가는 21세기는 이미지의 시대입니다. 우리가 어떤 상품을 구입할 때 이왕이면 디자인이 좋은 것을 고르듯 인간관계에서도 좋은 이미지로 보이는 사람에게 호감을 갖는 것은 자연스러운 일입니다. 잘생긴 외모는 우리에게 자신감을 주고 원만한 대인 관계를 맺을 수 있게 해주며 이에 따른 사회적 이익까지 가져다주므로, 사람들이 외모를 가꾸느라 시간과 노력을 들이는 것은 당연해 보입니다. 그러나 외모에 대한 관심이 지나치게 높아진 데다 의학 기술의 발달로 돈만 있으면 누구나 원하는 이미지를 얻을 수 있게 되면서, 외모 가꾸기는 더 이상 개인의 취향과 선택으로만 볼 수 없는 문제가 되었습니다. 대중매체에 의해 상업적인 목적으로 유포되는 획일적인 겉모습은 다양한 아름다움을 볼 수 있는 눈을 가려 버리고, 경제적인 부를 소유한 사람들만 외모를 가꿀 수 있는 현실이 차별과 불평등을 낳고 있기 때문입니다. 모두가 갖고 싶은 아름다운 외모, 그것이 진짜 경쟁력이라면 노력해서 갖추어야 하겠지만 상업주의에 의해 조장되고 불필요하게 강요되는 것이라면 극복해야 할 문제입니다.

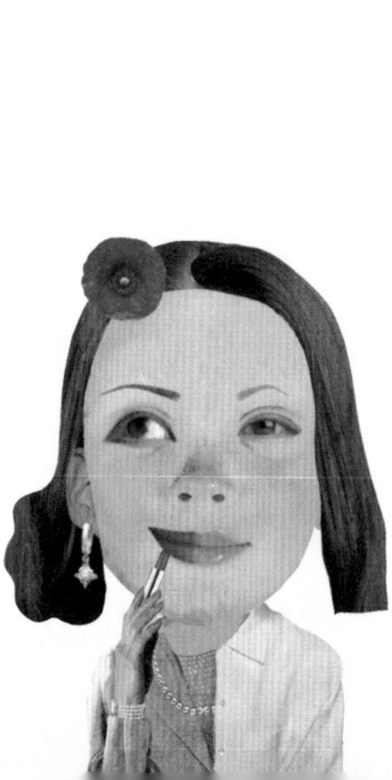

생각열기

● 이야기 하나

은수는 현재 거식증으로 치료를 받고 있는데 음식물이 몸 안에 있다는 생각을 하면 너무 불쾌하고 또 그런 음식물들이 모두 살로 갈까 봐 불안한 마음에 식욕이 없다고 했다. 어려서는 마른 편이었는데 중학교 졸업 후 갑자기 살이 쪘다가 그 뒤 남자 친구를 사귀며 한꺼번에 살을 뺀 뒤로 음식을 먹으면 뱉거나 토하는 습관이 생겼다. 사람들은 은수가 너무 말랐다고 하지만 은수가 보기에 자신의 몸은 너무 통통하다. 은수의 취미는 국내 외의 마른 모델과 배우들의 사진을 스크랩하는 것이다. 은수는 언제나 자신의 몸을 거울에 비춰 보며 겉모습에 뼈가 드러날 정도로 야위기만을 바라고 있다.

● 이야기 둘

푸른 눈, 날씬한 허리, 볼륨 있는 몸매의 금발 인형 바비는 전 세계 어린이들 사이에서 날개 돋친 듯 팔려 나가고 있다. 바비 인형이 이란을 비롯한 이슬람권에서 큰 인기를 얻자, 어린이들이 백인을 아름다움의 기준으로 삼는 것을 우려한 몇몇 국가에서는 바비 인형의 판매를 금지했고, 이란 정부는 검은 머리에 피부색이 짙고 히잡을 두른 인형 '사라와 다라'를 만들어 판매했다. 그러나 사라와 다라는 잘 팔리지 않았고, 바비 인형과 똑같은 몸매, 똑같은 얼굴에 피부색이 짙고 히잡을 두른 인형 라잔과 풀라가 조금 인기를 얻었지만, 모두 바비 인형의 인기를 따라잡지는 못했다.

어떤 학자들은 현대사회를 디지털Digital, 디자인Design, 유전정보DNA 이 세 가지가 지배하는 3D 사회라고 부른답니다. 외모는 디자인에 해당되겠죠. 하지만 아무리 예뻐도 너무 똑같은 디자인은 개성도 없고 쉽게 질리지 않나요? 외모는 DNA에도 해당합니다. 태어날 때부터 정해지니까요. 고치면 된다고요? 어떤 모습으로요? 그런데 여러분이 아름답다고 믿는 외모의 기준은 어디서 왔을까요? 다음에 이어지는 이야기를 읽고 외모에 대해 생각해 봅시다.

● 이야기 셋

1960년대 미국 흑인 인권 운동의 이슬람 지도자였던 말콤 X는 대부분의 흑인 젊은이들이 하듯이 독한 약을 사용해 두피의 쓰라림과 고통을 참아가며 백인들처럼 머리카락을 곧게 펴 왔다. 그러던 어느 날 그 약이 눈에 들어가 참을 수 없는 고통을 느끼게 된 후, 흑인으로서의 정체성을 깨닫고 '검은 것이 아름답다'라고 외치며 흑인 인권 운동에 나서게 되었다. 흑인 인권 운동이 활화산처럼 타오르던 시절, 둥글게 부풀어 오른 검은 곱슬머리는 흑인 인권의 상징으로 여겨졌으나 그 불길이 사그라지자 흑인들은 다시 약품으로 머리를 곧게 펴기 시작했다. 미국 대통령 오바마도 젊은 시절엔 곱슬머리를 자랑스러워하며 길게 길렀으나 흑인 특유의 머리카락이 인종주의자들을 자극한다는 이유로 현재는 머리카락을 최대한 짧게 자르고 있다.

흑인으로 태어난 프랑스의 정신분석학자 프란츠 파농은 알제리 흑인들이 곱슬머리는 곧게, 피부는 하얗게, 코는 높게 바꾸는 것을 보며 흑인들이 자신의 진정한 아름다움을 모른 채 검은 피부에 하얀 가면을 쓰고 살아간다고 말했다. 파농도 어린 시절엔 흑인이면서도 백인으로서의 교육을 받았고, 자신이 흑인인 줄도 몰랐다고 한다. 그러나 성인이 된 후 백인 식민주의자들의 시각을 그대로 갖고 살아왔음을 깨달은 파농은 알제리의 독립 운동에 나섰다. 파농은 세상에 많은 인종과 종족들이 있는 것은 다양한 아름다움을 보라는 신의 뜻이라고 말하며 흑인들이 자기가 가진 아름다움에 눈을 뜨길 원했다.

그래,
외모도 능력이고
경쟁력이야

아름다움을 추구하는 것은 인간의 본능

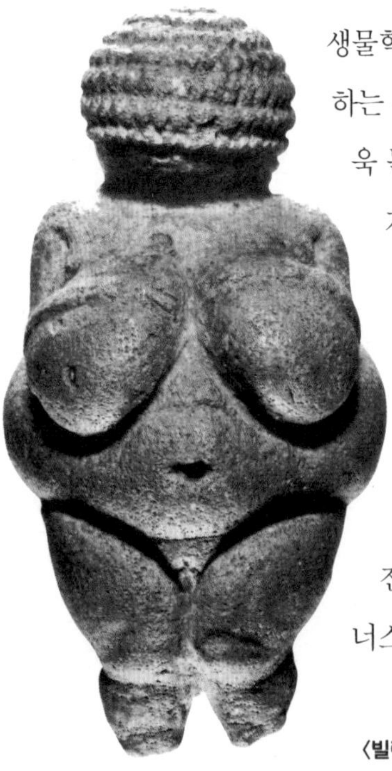

생물학자들은 새들이 짝짓기를 위해 화려한 깃털과 장식을 사용하는 것처럼, 인간 역시 종족 번식을 위해 자신의 성적 매력이 더욱 돋보이도록 외모를 꾸며 왔다고 말합니다. 다시 말해 외모를 가꾸는 것은 인간의 본능이라는 것이지요. 그러나 인간이 꼭 짝짓기만을 위해서 아름다움을 추구하는 것은 아닙니다.

지금으로부터 2만 5천 년 전 구석기시대의 유물인 빌렌도르프의 비너스 상을 살펴보면 땋아서 감아올린 머리에 두건을 쓰고 있고 리본과 망사와 같은 장식물을 달고 있습니다. 이 구석기시대의 작고 뚱뚱한 몸매의 비너스와 기원전 2세기 후반의 풍만하고 아름다운 몸매를 가진 밀로의 비너스, 그리고 15세기 보티첼리의 그림 속 비너스의 모습을 비

〈빌렌도르프의 비너스〉, 기원전 3만 년

교해 보면, 시대마다 기준은 달라도 인류가 인간의 몸 자체에 대한 아름다움을 중요시했다는 사실을 분명히 알 수 있습니다. 아름다움을 추구하는 것 자체가 인간의 본능인 것이지요. 기원전 3천 년 전 이집트의 피라미드 안에서는 향기 나는 연고가 출토되었는데, 이 인류 최초의 화장품은 주름 없는 피부를 유지하기 위해 남녀 모두에게 광범위하게 사용되었다고 합니다. 아름다움을 향한 노력은 예나 지금이나 변함이 없는 것입니다.

더구나 현대사회는 옛날처럼 작은 마을에 살면서 모두가 얼굴과 이름을 알고, 죽을 때까지 마을을 떠날 일이 없던 세상과는 매우 다릅니다. 인간은 자신을 둘러싼 타인을 의식하고 행동하는 존재입니다. 전혀 알지 못하던 사람과 처음 만나 인사를 나누고 하루에도 몇 번씩이나 새로운 인간관계를 맺게 되는 사회에서 외모의 중요성이 점점 커지는 것은 당연합니다. 스마트폰으로 사람들과 소통하는 것이 일반화된 지금, 수많은 사람이 '얼짱 각도'로 셀카를 찍고 프로그램을 이용해 보정하기도 하면서 SNS에 사진을 올립니다. 그 모습은 십중팔구 실제 외모와 다릅니다. 왜 그럴까요? 타인에게 비춰지는 내 모습이 판단의 기준이 된다고 믿기 때문입니다. 실제로 많은 사람을 순간적으로 대하는 시대에 외모는 상대방이 어떤 사람인지에 대한 중요한 판단 기준이 될 수밖에 없습니다. 우리는 키, 몸무게, 몸매, 얼굴 모양, 머리카락의 길이와 스타일, 입고 있는 옷과 신발 등 당장 눈에 보이는 겉모습으로 상대방의 첫인상을 결정하니까요. 남과 다른 개성을 드러

산드로 보티첼리, 〈비너스의 탄생〉, 부분, 1482

〈밀로의 비너스〉, 기원전 2세기

내 차별화되고 싶은 마음, 동시에 상대방이 나를 좀 더 좋게 보아 주길 바라는 마음은 자연스럽게 외모를 꾸미도록 만듭니다.

아름다움을 추구하는 것은 권리

아름다운 외모를 가꾸는 일은 자신감을 갖기 위한 노력입니다. 자신감이 있으면 사람들은 자기 자신을 꽤 괜찮은 사람이라고 생각하며, 다른 사람들에게 인정받을 수 있다는 믿음을 갖게 되는 것이지요. 성형수술로 신체적, 정신적 콤플렉스■를 극복한 후에 성격이 긍정적으로 변한 사례는 얼마든지 있습니다. 많은 성형외과 전문의들에 따르면 수술 전에는 지나치게 어두운 분위기 속에 주눅이 들어 있던 사람도 수술 후에는 세련되고 화사한 옷차림과 화장으로 주위의 시선을 끌게 되며, 외모의 변화만큼이나 표정도 밝아지고 말투와 행동도 적극적으로 변한다고 합니다. 열등감에서 벗어나 자신감 넘치고 활기찬 모습을 되찾는 일은 외모를 가꾸는 노력이 가져오는 부정할 수 없는 효과인 것입니다. 또한 사람들은 인정 욕구를 충족시키기 위해서도 외모를 가꿉니다. 인간이 가지고 있는 고차원적인 욕구 중에는 타인에게 인정받고자 하는 욕구가 있는데, 이 욕구가 만족되지 않으면 인간은 다양한 결핍증에 시달리게 됩니다. 심할 경우 자신의 삶을 완전히 부정하기도 하고요. 따라서 타인에게 자신을 인정받으면서 형성되는 '자아 긍정성■'은 인간이 행복한 삶을 유지하는 데 있어서 매우 중요한 요소입니다. 이처럼 외모를 가꿈으로써 자신감도 높아지고 자아 긍정성도 형성된다면 결국 개개인의 삶의 질도 높아질 수 있을 것입니다.

외모를 가꾸는 일은 또 다른 측면에서 삶의 질과 밀접한 관련이

■ **콤플렉스complex**
열등감, 욕구불만, 강박관념과 동의어. 오이디푸스 콤플렉스, 신데렐라 콤플렉스 등 다양한 심리 현상을 설명할 때 사용. 스위스의 분석심리학자 융은 콤플렉스를 행동이나 지각에 영향을 끼치는 무의식적인 감정으로 정의했다.

■ **자아 긍정성**
자기 자신을 가치 있고 긍정적인 존재로 평가하는 태도. 자아 존중감과 같은 말. 자신감보다 더 근본적인 심리로 부모나 주변 사람들의 칭찬과 인정으로 만들어진다.

있습니다. 외모 가꾸기를 비판하는 사람들은 겉모습보다 마음가짐이 훨씬 중요하다며 외모를 가꾸려는 노력을 외모에만 집착하는 외모 지상주의로 몰아갑니다. 그러나 인간이 외모에 신경을 쓰는 이유는 더 나은 삶, 아름답고 행복한 삶을 살고 싶다는 마음 때문입니다. 사실 영화배우나 예술가, 극소수 부유층의 사람들을 제외하고 일반 사람들이 외모를 중요하게 생각하게 된 시기는 얼마 되지 않습니다. 외모 가꾸기는 경제성장과 더불어 우리 사회 구성원들이 어느 정도 경제적 여유를 누리게 되자 비로소 가능해진 일인 것이지요. 지난 반세기 동안 우리나라 사람들은 경제를 발전시키고 군사 독재에 맞서 민주화를 이루어 내는 등 급격한 사회 변화에 시달려 왔습니다. 하지만 시간이 흘러 사회와 경제가 안정이 되자 앞만 보고 달리던 사람들은 비로소 고개를 돌려 자기 자신을 돌아볼 수 있는 여유를 갖게 되었고, 여행을 하고 문화생활을 누리는 등 점차 자신만을 위한 시간을 보낼 수 있게 된 것입니다. 외모에 대한 관심은 이처럼 생존보다 삶의 질을 중요시하는 사회 분위기 속에서 자신을 되찾고자 자연스럽게 분출된 욕망입니다. 패션 산업과 미용 산업, 그리고 성형 기술의 발달로 사람들은 조금만 노력하면 외모를 개선시킬 수 있게 되었고, 이제야 비로소 자기 자신을 가꾸고 돌아볼 수 있게 된 것이지요. 과거에는 일부 부유층의 전유물이었던 아름다운 외모가, 누구에게나 행복한 삶을 위한 중요한 요소가 되었습니다. 외모를 가꾸는 노력은 행복할 권리를 추구하는 행위와 마찬가지입니다. 따라서 이를 위한 성형수술, 다이어트, 근육을 만드는 운동, 이 모두가 미에 대한 권리를 찾고자 하는 노력과 수단인 것이지요. 과거에는 아름다움이 타고나는 것이었다면, 이제 아름다움은 스스로 노력해 얻을 수 있는 권리가 되었습니다.

사회적 이익을 가져다주는 외모 가꾸기

외모는 개인의 권리일 뿐 아니라 각자의 경쟁력을 높여 주는 중요한 요소입니다. 여러분이 어느 기업의 신입 사원을 뽑는 인사 담당자라고 가정해 봅시다. 당신은 성형을 반대하는 사람입니다. 그런데 못생기고 능력 있는 지원자와 잘생기고 능력 있는 지원자 중에 한 명을 선택해야 한다면 어느 쪽을 택할까요? 자신의 개인적 취향뿐 아니라 조직이나 기업의 이익을 생각한다면 어느 쪽을 택하게 될지 답은 자명합니다. 못생기고 능력 있는 사람과 잘생기고 능력이 모자란 사람 중에 후자를 택하는 것은 옳지 못한 일이지만, 못생기고 능력 있는 사람과 잘생기고 능력 있는 사람 중에 잘생긴 사람을 택하는 것을 옳지 못하다고 말할 수는 없습니다. '이미지'라는 것은 어느 시대 어느 사회에서나 매우 중요한 조건이고, 사람들에게 긍정적인 이미지를 줄 수 있는 외모를 갖춘 것은 그 나름대로의 능력이라고 볼 수 있기 때문입니다.

직원이 직접 고객과 자주 만나야 하는 산업일수록 직원의 외모를 중요시한다. 이런 직원은 기업의 이윤을 증대시켜 주므로 기업들은 잘생긴 사원을 수익을 창출하는 '미적 자산', '인간 자본'으로 간주한다.

호감형의 이미지를 가진 사람은 그렇지 못한 사람보다 인간관계를 효과적으로 만들어 나갈 수 있다는 장점이 있습니다. 이들은 조직 안에서 좋은 인간관계를 유지하며 고객과의 관계도 잘 풀어 나가기 때문에 기업들은 호감이 가는 외모의 사원을 선호합니다. 기업의 이윤 증대와 밀접한 관련이 있기 때문이지요. 실제로 2018년 4월 취업 포털 사이트 '사람인'에서 기업 인사 담당관 1,000명을 대상으로 조사한 결과, 채용 평가에서 외모가 끼치는 영향이 57.4퍼센트로 집계됐습니다. 영향을 미치는 이유로는 '자기 관리를 잘할 것 같아서'(41.8%), '외모도 경쟁력이라서'(34%), '대인관계가 원만할 것 같아서'(26.1%), '자신감이 있을 것 같아서'(24%), '근무 분위기에

에비 콘·마크실버스테인 감독, 〈아이 필 프리티〉, 2018

활력을 줄 것 같아서'(20%) 순이었습니다. 실제 지원자의 외모 때문에 감점 또는 탈락시킨 경험이 있다는 기업은 45.8퍼센트였고, 지원 스펙이 부족해도 합격시킨 경험이 있다고 답한 기업도 37.6%로 조사되었습니다. 기업이 외모를 얼마나 중요한 경쟁력으로 생각하고 있는지 실감할 수 있는 조사 결과입니다.

물론 사회생활을 하는 데 업무 능력이나 인성, 인간관계를 이끌어 가는 친화력 등은 외모보다 중요한 요소입니다. 그러나 외면의 이미지가 좋지 않다면 자신의 내면을 보여 줄 수 있는 기회조차 박탈당하는 것이 현실입니다. 이미지가 좋지 않아 기업에 취업하지 못한다면 그 기업에서 능력을 발휘할 기회는 애당초 없는 것과 마찬가지니까요. 우리는 내실뿐 아니라 이미지까지 강조하는 시대를 살고 있습니다. 이런 사회적 분위기는 무시한 채 경쟁력을 갖추기 위해 애쓰는 행동을 놓고 '주체성 말살이다', '상업적이다'라고 비난하면서 도덕적 잣대를 들이대는 현상은 옳지 못합니다. 취업뿐 아니라 결혼을 할 때에도 마찬가지입니다. 보다 능력 있고 훌륭한 배우자를 만나고 싶은 마음은 자연스럽고 당연한 욕망입니다. 학력이나 경제적 능력과 마찬가지로 외모도 노력하면 바꿀 수 있는 세상에서, 더 나은 배우자를 만나 좋은 가정을 꾸리기 위해 외모를 가꾸는 일을 무조건 비난만 할 수 있을까요?

아름다운 외모를 갖기 위한 노력은 경쟁력을 갖추려는 개인의 노력일 뿐이며 그 이상도 그 이하도 아닙니다. 그래서 사람들은 시간과 비용을 들여 자신의 경쟁력을 높여 갑니다. 이러한 노력을 통해 좋은 외모를 습득했을 때 얻을 수 있는 더 많은 선택의 기회와 수많은 이익은, 공부를 열심히 해서 좋은 성적을 얻고 좋은 대학에 진학해 좋은 직장을 갖게 되는 일과 전혀 다르지 않습니다. 아름다워지고 싶은 마음은 남녀노소와 시공을 초월한 인간의 보편적인 욕구입니다. 우리는 외모 가꾸기를 통해 자신감을 얻고 자신을 되돌아보며 아름다움에 대한 감수성도 일깨울 수 있습니다. 더구나 외모를 통해 많은 사회적 이익을 얻을 수 있다면, 외모를 가꾸는 노력은 존중되어야 할 것입니다.

아니야, 외모는 또 다른 차별일 뿐이야

외모에 따른 차별은 정의롭지 못하다

외모 지상주의는 외모가 개인 간의 우열뿐 아니라 인생의 성공과 실패까지 좌우한다고 믿는 태도입니다. 한마디로 외모에 지나치게 집착하는 경향을 말하는 거죠. 현대사회에서는 외모가 연애, 결혼 등과 같은 사생활은 물론 취업과 승진 등 사회생활 전반까지 좌우하기 때문에 외모를 가꾸는 데 많은 시간과 노력을 기울이게 됩니다. 외모에 대한 관심은 성형과 다이어트 열풍을 불러왔고 얼짱, 몸짱, 초콜릿 복근 등 끝임없이 신조어를 만들어 가며 사회 구석구석 그 위력을 발휘하고 있습니다. 이렇게 외모가 생활 모두를 좌우하게 되면서 사람들은 내면적 성숙이나 진정한 실력을 쌓기보다는 외모를 가꾸는 데 대부분의 시간과 노력을 기울이고 있습니다. 그러나 내면의 아름다움을 추구할 시간에 외모를 가꾸느라 시간을 낭비한다는 비

"우리는 이미 인종차별주의, 성차별주의, 연령차별주의라는 용어를 갖고 있다. 이제 우리는 새로운 단어를 갖게 되었는데, 그것은 바로 외모차별주의Lookism이다. 외모차별주의는 겉모습에 따른 편견과 차별을 뜻한다." —윌리엄 새파이어 칼럼 「On Language」에서

| 성형수술 경험 및 목적과 미용 목적으로 성형수술을 한 이유 |

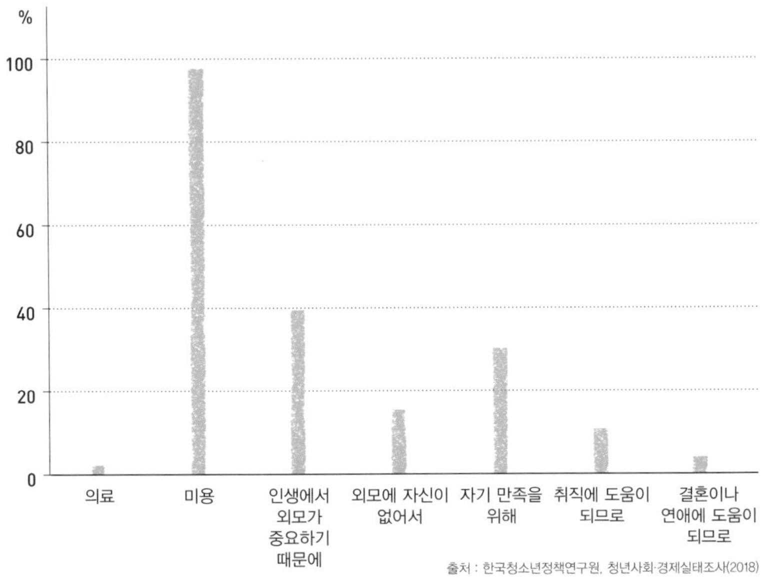

출처 : 한국청소년정책연구원, 청년사회·경제실태조사(2018)

| 성형 의료분쟁 조정 신청 |

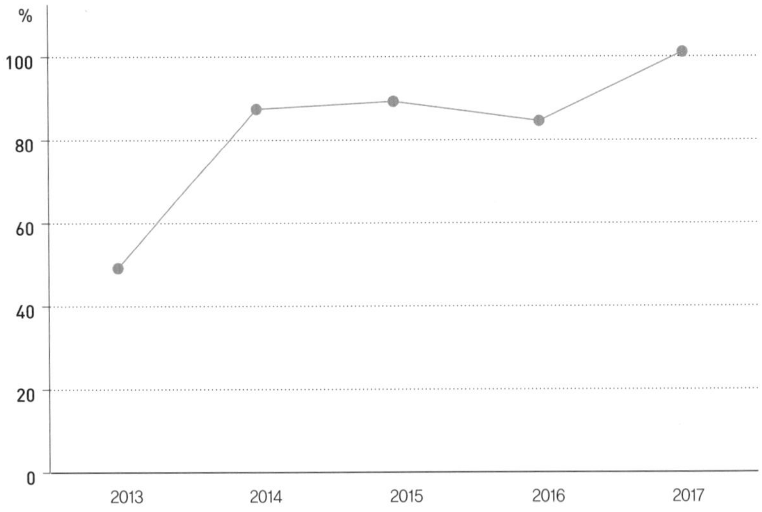

출처 : 한국의료분쟁조정중재원(2018)

한국의료분쟁조정중재원의 성형 의료분쟁 조정 신청의 경우 2013년 51건에서 2017년 102건으로 두 배나 늘었다.

판은 외모 지상주의가 가져오는 문제들 중 극히 일부분만을 지적한 것입니다. 외모 지상주의의 가장 큰 문제점은 외모가 새로운 차별 요소로 자리 잡았다는 사실입니다.

잘생긴 외모를 선호하는 사회 풍조는 외모 지상주의를 강화시키고 있습니다. 아무리 좋은 성격을 가졌다 하더라도 외모가 사회적인 기준에 미치지 못하면 결혼하기도 어렵고, 학창 시절에 아무리 공부를 열심히 했더라도 역시 외모 때문에 번번이 면접에서 탈락하는 일이 현실로 일어나고 있습니다. 경제학자 대니얼 S 해머메시는 자신의 저서『미인 경제학』에서 잘생긴 사람은 그렇지 않은 동료에 비해 더 빨리 직장을 얻고 급여 협상에서도 더 유리할 가능성이 크다고 이야기했습니다. 노동 시장에 외모의 효과가 분명히 존재한다는 것이지요. 그의 분석 결과에 따르면 평균 이상 외모를 가진 사람은 여성의 경우 8%, 남성의 경우 4%의 임금 프리미엄을 받았습니다. 반대로 외모가 좋지 않은 사람은 여성의 경우 4%, 남성의 경우 13% 가량의 임금 패널티를 받는 것으로 나타났습니다. 외모가 좋지 않은 사람들은 업무에 아무 문제가 없었는데도 외모에 대한 고용주의 차별 때문에 임금을 적게 받았던 것입니다.

"사회가 정의로운지 묻는 것은, 우리가 소중히 여기는 것들, 이를테면 소득과 부, 의무와 권리, 권력과 기회, 공직과 영광 등을 어떻게 분배하는지 묻는 것이다. 정의로운 사회는 이것들을 올바르게 분배한다." – 마이클 샌델, 정의란 무엇인가 에서

외모 지상주의는 결국 외모에 따른 차별을 의미합니다. 문제는 이 차별이 결코 정의롭지 않다는 데 있습니다. 자본주의사회에서 능력에 따라 대우를 달리 하는 것은 일반적으로 공정하게 여겨집니다. 하지만 업무 능력과 전혀 관계없는 외모 때문에 차별과 불이익을 받는다면 그것은 '정의'의 관념에 위배됩니다. 우리는 인종이나 성별, 종교나 이념에 따라 차별을 받으면 격렬하게 저항하며 인권을 되찾기 위해 노력합니다. 외모로 인한 차별 역시 다르지 않습니다. 우리는 이에 맞서 차별을 시정하기 위해 싸워야 합니다. 잘생긴

사람에게 호감을 갖는 것을 넘어서서 외모가 개인의 능력이나 인성보다 더 높게 평가되어서는 안 됩니다. 외모가 연애, 결혼은 물론 취업, 승진 등 사회생활 전반에 큰 영향을 미치기 때문에 성형수술을 통해서라도 아름다운 외모를 가지려는 노력이 당연하다는 주장은, 선천적으로 주어진 외모에 대한 사회적 차별을 합리화하는 논리일 뿐입니다. 자신의 의지로 바꿀 수 없는 외모로 사람을 차별하는 일은 권력을 가진 사람이 아랫사람에게 부리는 횡포, 경제적 부를 누리고 있는 사람들이 가난한 사람들에게 보내는 무시, 경멸과 다르지 않습니다. 우리는 그러한 횡포와 무시, 경멸이 잘못되었다고 비난하면서도 외모에 의한 차별은 어쩔 수 없는 것으로 받아들이는 경향이 있습니다. 그러니 더욱 사람들은 외모에 집착할 수밖에 없습니다. 외모에 대한 사회적 차별은 당연히 성형수술 붐으로 연결됩니다. 그러나 성형수술의 비용이 상당하다는 점을 생각하면 결국 외모가 돈이 없는 가난한 계층의 빈곤을 심화시키는 요인으로 작용한다는 사실을 금방 알 수 있습니다. 왜냐하면 돈이 많은 부자들만 성형수술을 할 수 있게 되어 부유한 계층은 더 우월한 외모로 다시 여러 가지 사회적 이익을 얻고, 빈곤 계층은 외모로 인한 차별까지 더해져 더욱 빈곤해지는 현상이 나타나기 때문입니다. 미국의 미래학자 페이스 팝콘은 이처럼 돈으로 외모를 사는 씁쓸한 현실 속에 '성형 하층민■'이 등장할 것이라고 경고했습니다. 경제적 여유가 없어

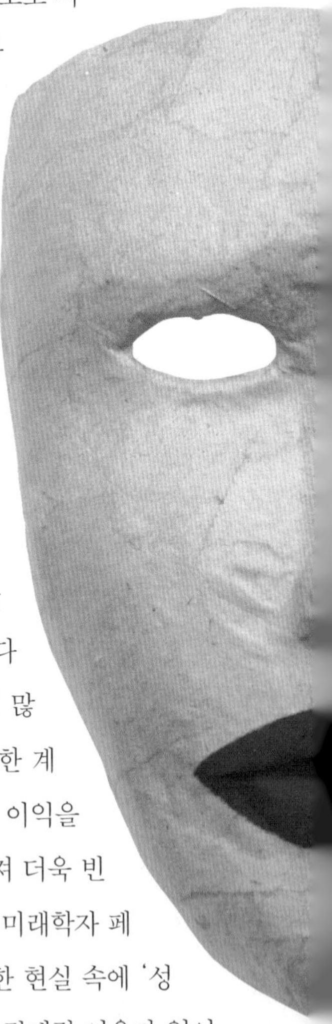

■ **성형 하층민**
경제적으로 여유가 없어 외모에 투자하지 못하는 사람. 미국의 미래학자 페이스 팝콘이 그의 저서 『미래생활사전』에서 언급한 개념.

외모에 투자하지 못하는 사람들이 생겨나 소득의 양극화는 결국 외모의 양극화로 이어진다면서요.

대중매체와 상업주의에 희생되는 사람들

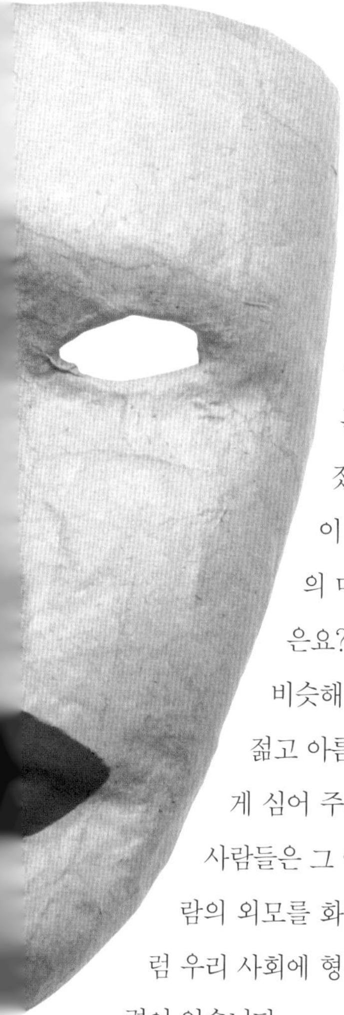

그럼에도 사람들이 외모로 인한 차별을 당연하게 받아들이는 이유는 TV와 영화 등 대중매체의 역할이 매우 크기 때문입니다. 언제부터인가 예쁘고 잘생긴 사람들이 텔레비전 화면을 지배하게 되면서, 대중매체는 외적 아름다움이 하나의 미덕임을 우리들의 무의식 속에 전달하게 되었습니다. 연예인부터 심지어 뉴스 앵커에 이르기까지 TV에 등장하는 사람들은 대부분 비슷한 기준으로 분류할 수 있는 외모를 가졌습니다. 평균 체중 이상인 뉴스 앵커를 본 적이 있나요? 남성 앵커와 특별히 다르지 않을 정도의 메이크업을 하거나 안경을 쓴 여성 앵커를 본 적은요? TV에 나오는 아이돌의 신체 사이즈는 대부분 비슷해 보이지 않나요? 매체 속 인물들은 성공하려면 젊고 아름답고 날씬해야 한다는 고정관념을 시청자들에게 심어 주고, 성별에 따라 정형화된 외모로만 등장하며, 사람들은 그 이미지를 판단의 기준으로 삼아 자신과 다른 사람의 외모를 화면 속 이미지와 언제나 비교하게 됩니다. 이처럼 우리 사회에 형성된 외모 지상주의의 배경에는 대중매체의 위력이 있습니다.

그러나 대중매체보다 더 큰 힘으로 우리를 외모 지상주의자로 몰아가는 것은 바로 무엇이든 돈벌이의 대상으로 바라보는 상업자본입니다. TV와 인터넷을 통해 하루 종일 쏟아져 나오는 광고는 왜곡된 미의 기준을 이용해서 상품을 파는 기업의 상업주의를 여실히 보여 줍니다. 피부를 깨끗하고 촉촉하게 만들어 준다는 화장품, 대머리를 예방해 준다는 헤어 용품, 먹으면 바로 살이 빠진다는 다이어트 식품과 운동기구들, 연예인처럼 만들어 준다는 성형수술, 다이어트에 성공한 연예인들의 식이요법과 운동요법이 담긴 책 등 기업들은 하루 종일 우리에게 외모 관련 상품을 만들어 팔면서 이윤을 추구하고 있습니다. 대중매체와 상업자본은 우리 사회 아름다움의 기준을 획일화시켜 하나로 만들어 버린 다음 다시 광고, 드라마, 영화, 버라이어티 쇼 등을 통해 더욱 표준화, 규격화시켜 사람들에게 전파합니다. 그 과정 속에서 그들이 제시한 규격에 맞지 않는 외모는 열등하고 비정상적인 것으로 취급됩니다. 많은 프로그램에서 외모를 놀림의 대상으로 삼는 일이 그 증거입니다. 여기에 그치지 않고 성형수술을 통해 규격화된 외모를 얻고 인생 역전을 한 사람들의 이야기를 공공연하게 들려주어 자신의 외모에 만족하고 있던 사람들조차도 마음에 상처를 받거나 성형수술을 고려하도록 만듭니다. 결국 사람들은 대중매체와 상업자본이 강요하는 아름다움을 추구합니다. 인간이 아름다움을 추구하는 것은 자연스러운 본능이라고 하지만 오늘날의 외모 가꾸기는 인간의 자연스러운 욕망에서 한참 비켜나 있습니다. 더구

© Picklepud

나 인간이 본래부터 추구해 온 아름다움이란 것이 이처럼 부도덕하게 상업적으로 획일화된 아름다움일 리가 없습니다. 조장되고 강요된 욕망 역시 진짜 자신의 욕망일 리도 없지요. 사람들이 각자의 개성 있는 외모를 존중하는 대신 왜곡된 미의 기준을 따라가느라 정신이 팔려 있는 동안 기업과 대중매체들은 엄청난 상업적 이익을 누린다는 사실을 잊지 말아야 합니다.

외모가 주는 가짜 자신감의 허울

성형수술이나 다이어트를 통해 외모를 가꾸면 자신감도 회복되고 자아 긍정성도 높아진다고 흔히 말합니다. 물론 자신감은 외모와 어느 정도 상관은 있습니다. 하지만 외모가 자신감의 절대적인 요소가 될 수는 없습니다. 각자 개성 있고 다양한 외모를 가진 우리들 모두가 다 아름답습니다. 상업적으로 왜곡된 미의 잣대를 들이대어 사람들의 자신감을 위축시키는 사회 분위기가 문제일 뿐입니다. 더구나 현재의 예쁘고 잘생긴 외모는 영원한 것이 아닙니다. 인간은 누구나 시간이 지나면서 늙어 갑니다. 외모가 주는 자신감은 시간이 지나면서 퇴색할 수밖에 없습니다. '좋은 외모'에 대한 기준도 시대에 따라 바뀌기 마련이지요.

"아름답다는 것은 선하다는 것과 같이 보이는데, 사실 수 세기 동안 미美와 선善은 밀접하게 연관되어 있었다. 영웅의 장렬한 죽음, 헌신적으로 나병환자를 돌보는 일, 목숨을 바쳐 자식을 구하는 부모들의 희생, 우리는 그 고결한 행위를 '아름다운 행동'이라고 말한다." 움베르토 에코 『미의 역사』에서

진정한 자신감은 외모가 아니라 내면에서 나옵니다. 예쁘고 잘생긴 사람이 자신감이 있다지만 사실 자신감을 가진 사람이 더 호감 있고 멋지게 느껴집니다. 당당한 내면의 힘 때문이지요. 진짜 자신감을 가진 사람은 평생 아름다움을 유지합니다. 아름다움이란 단순히 외적인 것만 지칭하는 말이 아니라 일종의 도덕성을 내포하고 있기 때문입니다. 더구나 외모에 대한 지나친 집착은 개인뿐 아니라

"당신의 사이즈가 어떤지, 몇 살인지는 중요치 않아요. 나도 완벽하지 않잖아요. 몸의 곡선을 받아들이세요."—플러스사이즈 모델 애슐리 그레이엄

"시간이 좀 걸리더라도, 있는 그대로의 나를 사랑하세요."—플러스사이즈 모델 이스크라 로런스

사회를 잘못된 방향으로 이끌어 갑니다. 정상적인 신체를 가지고도 결점이 있다고 잘못 생각하는 사회적, 의학적 병리 현상을 일컬어 신체 변형 장애라고 합니다. 아무런 문제가 없는 외모와 신체를 갖고 있으면서도 어떤 부분에 결점이 있다고 생각해 막대한 돈과 시간을 투자해 자꾸만 바꾸고 고치는 사람들을 우리는 가끔 발견하곤 합니다. 이들의 마음만 병들어 있을까요? 키가 작다고, 몸집이 크다고, 남다른 용모를 가졌다고 자기도 모르게 무시하고 차별하는 우리 모두가, 선천적으로 타고난 신체적 특징을 차별하는 우리 사회 모두가 병들어 있는 것과 마찬가지입니다.

물론 표준화된 아름다움을 강요하는 거대한 자본이나 미디어에 맞서 싸우는 것은 어렵습니다. 사회에서 쏟아지는 외모에 대한 압박 속에서 다이어트나 성형을 하는 사람들이 겪는 문제를 개인의 경험으로만 여겨 비난할 수는 없습니다. 하지만 우리 각자가 한 가지 기준으로 사람을 바라보지 않는다면, 아름다움의 기준은 사회를 구성하고 있는 사람들의 수만큼이나 다양해질 것입니다.

자신의 존재 자체로 다양한 외모의 소중함을 이야기하는 사람들의 사례 몇 가지를 소개하겠습니다. 2017년에는 '가슴이 너무 납작하다.', '남자처럼 보인다.'는 무례한 비난에 시달려 온 아이돌 그룹 에프엑스의 엠버가 자신의 유튜브 채널에 '내 가슴은 어디에?'(Where is my chest?)라는 영상을 올려 악플에 유쾌하게 반격했습니다. 여성이라면 당연히 '위로 솟은' 가슴이 있어야 한다는 폭력적인

국내에서 플러스사이즈 모델의 인지도를 높인 김지양 씨.
미국에서 가장 큰 플러스사이즈 모델 패션쇼인 'FFF Week'로 데뷔했다.

© Yonhap Photo

프랑스 칸에서 열린 제71회 칸 국제영화제에서 배우이자 심사위원인 크리스틴 스튜어트가 하이힐을 들고 맨발로 레드카펫 위를 걷고 있다.

시선을 재치 있게 풍자하는 영상을 직접 제작한 것입니다. 트위터에서 "너는 여자처럼 언제 할 거야?"라는 질문에 "저는 여자예요. 여자는 원하는 스타일로 사는 거예요. 이런 거 이제 그만합시다."라고 직접 쓴 글도 인터넷에서 오랫동안 회자되었지요.

2018년 열린 제71회 칸 국제영화제에서는 배우 크리스틴 스튜어트가 맨발로 레드 카펫을 걸어 주목을 받았습니다. 이 영화제에 참석하는 여성 배우라면 치마를 입고 굽 높은 구두를 신어야 한다는 '노-플랫(no-flats)' 규칙에 자신만의 방식으로 멋지게 항의한 것이지요. 2014년에 배우 엠마 톰슨 역시 골든 글로브 시상식에서 수상할 때 하이힐을 벗은 맨발로 무대에 올라 화제가 되기도 했습니다. 여성에게 유독 남성과 다른 외모 기준을 요구하는 것은 부당하다는 목소리를 낸 것입니다. 외모에 대한 미디어의 압력에서 결코 자유롭지 않을 아이돌 그룹 멤버와 배우들이 이런 목소리를 냈다는 것은 더욱 의미 깊습니다. 이제는 획일적인 외모가 중요한 경쟁력이 되어 버린 현실에 맞춰갈 것이 아니라, 이러한 현실을 변화시켜야 할 때입니다. 우리 사회에 필요한 것은 극단적으로 획일화 된 미의 기준이 아니라 외모 다양성에 대한 존중입니다.

입장 정하기

● 두 글에서 주장의 근거로 제시한 내용을 각각 요약해 봅시다.

● 다음 쟁점에 대하여 자신의 입장을 정하고 근거를 제시해 봅시다.

쟁점1 외모를 가꾸면 자아 긍정성이 높아진다.

	그렇다	아니다
근거		

쟁점2 외모를 가꾸는 일은 대중매체가 주입시킨 획일화된 미의 기준을 따라가는 일이다.

	그렇다	아니다
근거		

쟁점3 외모 가꾸기는 개인의 선택에 관한 문제이므로 사회적으로 비난하거나 간섭해서는 안 된다.

	그렇다	아니다
근거		

● 자신의 외모 중 마음에 드는 부분은 어디인지, 그 이유가 무엇인지 친구들과 이야기를 나누어 봅시다.

얼굴이 바뀌면 운명도 바뀔까?

성형수술의 세계

아, 내 키가 조금만 더 컸다면, 내 코가 조금만 더 높았다면 그 사람이 나를 떠나지 않았을 텐데. 어쩐지 풀리지 않는 일상, 만족스럽지 않은 내 모습. 외모가 조금만 바뀐다면 한번에 다 해결될 것 같죠? 연예인들도 고치기 전엔 누가 봐도 평범했으니까요. 얼굴과 몸매만 바뀌면 운명도 화악 바뀔 것 같은 기분, 사실은 아주 오래된 생각이랍니다. 성형수술의 역사 속으로 들어가 볼까요?

성형수술의 발전을 이끈 '코'

성형수술은 기원전 1500년에 인도에서 시작되었다고 한다. 당시 인도에서는 죄인이나 전쟁 포로의 코를 잘라 버렸기 때문에 이마의 피부를 떼어 내 코에 붙이는 수술이 필요했던 것이다. 수술은 의사가 아니라 도자기공이 했다고 한다. 16세기에 매독이 유럽 전역을 휩쓸자 성형수술의 수요도 늘어났다. 매독균 치료에 쓰이던 수은 때문에 코가 녹아내리자, 사람들은 자신이 성병 환자임을 감추려고 필사적으로 코 수술을 했던 것이다.

19세기 말에는 유대인들 사이에서 차별과 편견을 피하고자 유대인 특유의 매부리코를 없애는 수술이 유행했다. 미국으로 건너간 아일랜드 이민자들 역시 켈트 족 특유의 각진 코를 수술해 앵글로 색슨 족 사이에서 자신의 얼굴이 두드러지지 않도록 했다.

남과 달라지고 싶은 거야, 같아지고 싶은 거야?

두 차례의 세계대전은 성형 기술에 큰 발전을 가져다주었다. 전쟁으로 훼손된 신체를 복원하고 상처를 없애길 원하는 사람들 덕분이었다. 우리는 흔히 남들보다 더 예뻐지고 눈에 띄기 위해 성형수술을 한다고 생각하지만, 성형수술의 역사를 살펴보면 오히려 남들의 눈에

떠지 않고, 남과 같아지기 위해 성형수술이 발전해 왔다는 것을 알 수 있다. 다른 사람들과 비슷한 외모로 자신이 속한 집단의 일원이 되고 싶다는 마음이 성형의 역사를 이끌어 온 것이다. 미용 성형이 흔해진 지금, 너도 나도 연예인과 비슷한 얼굴로 성형하길 원하는 것도 혹시 연예인 세계에 속하고 싶다는 마음 때문은 아닐까?

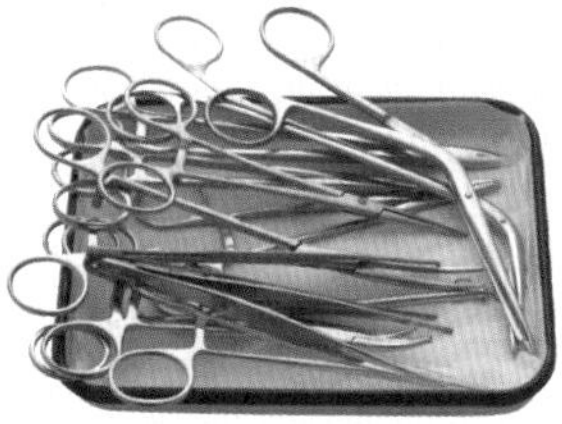

성형이 가져다준 비극

미국 텍사스 콘로에 사는 델리스 윌리엄스는 못생긴 턱과 비뚤어진 치아, 처진 눈과 납작한 가슴에 콤플렉스를 갖고 있었고, 무료 성형수술을 해 주는 TV 프로그램인 '익스트림 메이크오버'에 출연 신청을 했다. 촬영이 시작되자 쇼의 제작자들은 그녀의 얼굴이 추하다는 사실을 강조하며 가족과 친구들에게 그녀가 얼마나 힘들어 했는지, 어떤 놀림과 불이익을 받았는지 말하도록 했다. 그때까지 그녀의 외모에 크게 신경 쓰지 않던 친구들은 당황했다. 우울증이 있던 여동생 켈리 맥기는 자기 언니를 이렇게 취급하는 방송사에 항의하고 장점만을 말했으나 소용이 없었고, 제작진이 지시한 잔인한 말들로 얼룩진 인터뷰가 촬영되었다. 델리스는 모욕감에 힘들었지만 예뻐진다는 생각으로 참았고, 드디어 그녀의 대변신을 예고하는 첫 번째 방송이 전파를 탔다. 그러나 거기까지였다. 수술 회복에 걸리는 시간과 방송 일정이 맞지 않는다는 이유로 제작진은 모든 걸 취소해 버린 것이다. 프로그램 연출을 위해서 언니에게 욕설을 퍼부었던 여동생은 양심의 가책을 안고 괴로워하다 알코올과 약물복용으로 숨졌다. 결국 델리스는 방송사가 그녀에게 과다한 모욕을 주고 동생을 자살로 몰고 갔다며 소송을 제기했지만 방송사는 언제든 촬영이 중단될 수 있다는 사실을 미리 알리고 계약을 했으므로 책임이 없다며 맞섰다. 이처럼 성형은 다른 방식으로 인생과 운명을 바꾸기도 한다.

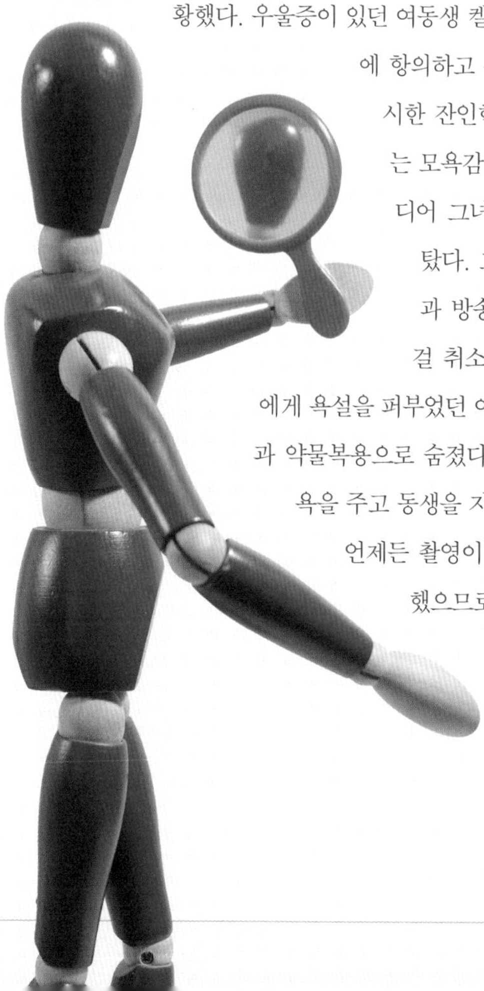

2 개인주의

그래,

나에겐 나만의

자유가 필요해

아니야,

사람은 혼자서는

살 수 없어

도시화, 산업화가 심화되고 있는 우리 사회에 따뜻한 인간미를 잃게 만드는 주범으로 흔히 개인주의가 지목됩니다. 더구나 개인주의 성향을 가진 사람들은 이기적이기 때문에 사회 전체의 발전도 가로막는다고 주장하면서요. 그러나 개인주의자들은 개인주의와 이기주의는 엄연히 다르며, 자신들은 개별 인간의 존엄성과 자유를 최우선 가치로 삼을 뿐이라고 항변합니다. 가족이나 학교, 국가 등 집단을 우선시하는 태도는 공동체라는 이름으로 개인의 다양성을 억누르고 획일화시켜 버린다고 비판하면서요. 우리 사회는 전통적으로 공동체를 우선시하는 분위기가 강한 데다, 식민지와 분단, 군사독재와 경제 우선 정책 등 험난한 현대사를 거치며 개인들에게 눈을 돌릴 여유가 없었습니다. 하지만 민주화를 거치며 갑자기 높아진 개인의 권리 의식은 물질 만능주의와 결합해 인간소외 현상을 심화시키고 가족해체와 저출산 등 사회문제를 불러온 것이 사실입니다. 이러한 현실 속에 개인과 사회 중 누가 우선이고 무엇이 더 중요한가라는 소모적인 논쟁보다, 개인과 사회는 상호 의존적인 관계이므로 자율적인 동시에 타인을 배려하는 성숙한 개인들이 모여 건강한 사회를 만들어 가자는 목소리가 높아지고 있습니다.

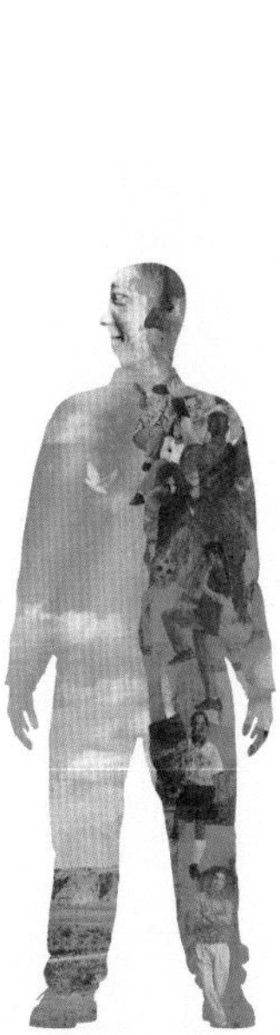

생각 열기

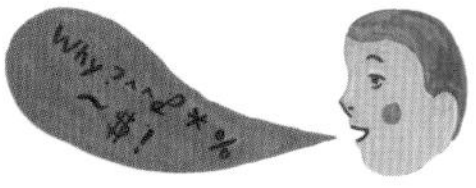

오늘 선생님은 너무하셨어. 영호가 휴대폰 사용 금지 규칙을 어긴 건 사실이지만 그렇다고 정말 문자를 애들 앞에서 읽으시다니. 영호네 엄마한테 온 문자이니 다행이지, 여자 친구한테 온 문자였어 봐. 생각만 해도 식은땀이 난다.

할 수 없지. 규칙은 지키라고 있는 거니까. 일단 규칙이 정해지면 엄격하게 적용해야 교실 분위기가 유지되지 않을까? 안 그러면 애들이 제멋대로 휴대폰을 사용할 거야.

휴대폰 사용은 개인의 판단에 맡겨야 하는 것 아니야? 학교에서 늦게까지 공부하니 부모님께서 전화하실 수도 있고, 온라인 강의도 들어야 하고. 아무리 금지해도 쓰는 애들은 쓴다고. 휴대폰 사용을 금지하는 건 기본적인 자유도 줄 수 없다는 거잖아.

각자의 기본적인 자유도 중요하지만 우리는 학생이니까 공부가 더 중요해. 휴대폰 사용 때문에 다른 사람이 수업받을 권리를 침해할 수도 있고, 선생님께도 방해가 되고. 누구도 다른 사람의 권리를 침해하면서까지 자유를 누릴 권한은 없어.

집단 따돌림이 일어났을 때 여러분은 어떻게 했나요? 혹시 친구들의 눈치만 보았나요? 우리는 함께 모여 있을 때 모임에 영향을 받기도 하지만 반대로 영향을 주기도 합니다. 또 어떤 일을 결정할 때 나의 만족보다는 가족이나 학교처럼 내가 속한 집단의 이익을 먼저 생각하기도 하고요. 사람은 자기가 속한 집단에 따라 달라질까요, 아니면 개인이 집단을 만들어 가는 걸까요? 이어지는 대화를 읽고 생각해 봅시다.

나도 수업 시간에 휴대폰 사용을 금지하는 것은 찬성이야. 하지만 그걸 어겼다고 애들 앞에서 문자를 읽는 것은 사생활 침해야. 규칙이 잘못되었으면 언제라도 바꿀 수 있어야 해.

강력한 규칙이 아니면 아이들이 지키기 못하기 때문에 그렇게 정한 거잖아. 자꾸 규칙이 바뀌면 혼란만 생기고 누구도 제대로 지키려하지 않을걸. 교실 분위기도 나빠질 거고.

교실 전체 분위기보다 우리들 한 명 한 명의 생각이 더 중요해. 우리 학교 분위기는 너무 엄격해. 하도 규율이 세서 아이들 성격까지 억누르고 있어. 활발하고 재미있던 애들도 다 순종적으로 만들어 버리고. 사람은 개성이 생명인데.

분위기 때문에 사람이 달라지는 것은 당연한 거야. 우리 학교가 규율이 센 것도 애들을 바꾸기 위해서라고. 그래서 항상 시험에서 좋은 결과를 얻잖아. 우리 반, 우리 학교를 위한 일이 다 우리를 위한 일이라고 생각해.

그래,
나에겐 나만의
자유가 필요해

개인의 희생은 누구를 위한 것인가?

여러분이 성장해 결혼 상대자를 결정하는 시점이라고 가정해 봅시다. 만약 상대방이 능력 있고 성격도 매력적이지만 집안이 가난하고 학벌도 보잘것없다면 여러분은 어떤 결정을 할까요? 사람은 자신을 둘러싼 환경을 극복하지 못한다는 생각과, 개인의 능력과 인성으로 어려운 환경을 뛰어넘을 수 있다는 생각이 서로 대립할 것입니다. 대부분의 사람들은 아무리 개인의 능력이 뛰어나도 환경을 벗어날 수는 없다고 생각합니다. 사람의 운명이란 그가 속한 집단과 사회에 따라 결정된다고 말하면서요. 이 생각을 좀 더 발전시키면 사회학자인 스펜서■나 콩트■가 주장하는 사회실재론이 됩니다. 사회실재론이란 사회나 집단은 생명력을 갖고 실재하는 존재로, 개인은 단지 사회를 구성하는 하나의 단위에 불과하며 사회에 따라 그 모습이 결

■ **허버트 스펜서**
Herbert Spencer
1820~1903, 영국의 사회학자. 자연과 인간 사회의 모든 것을 진화의 원리에 따라 설명한 사회진화론자. 적자생존설, 사회유기체설을 주장함. 저서로 『종합철학체계』 등이 있다.

■ **오귀스트 콩트**
Auguste Comte
1798~1857, 프랑스의 사회학자, 사회학의 창시자. 사회적 문제를 과학적이고 수학적인 방법으로 설명하는 사회학을 창시했다. 저서로 『실증철학강의』 등이 있다.

정된다는 주장입니다. 이 주장이 너무 지나치다는 생각이 들겠지만, 우리는 의외로 이를 쉽게 받아들이면서 살아갑니다. 일상에서 우리가 속한 집단과 사회의 규범을 크게 문제 삼지 않고 묵묵히 따르며, 어떤 일을 결정할 때도 사회나 집단의 이익을 먼저 생각하는 태도가 바로 그것이지요.

하지만 이런 관점은 인간을 너무 수동적이고 타율적인 존재로 바라보는 생각이 아닐까요? 만약 여러분이 자동차에 물건을 싣고 돌아다니며 파는 장사꾼이라면 G20의 원활한 진행을 위한 차량 통제를 기꺼이 받아들일 수 있나요? 아이를 낳아 기르면 직업도 포기해야 하고 생활비도 부담되며 지금의 자유로운 생활도 사라지는데, 국가의 미래를 위한 의무감만으로 자녀를 출산할 수 있을까요? 전쟁이 일어난다면, 나라를 지키기 위해 사랑하는 사람을 남겨 두고 미래가 보이지 않는 전쟁터로 망설임 없이 떠날 수 있을까요?

사회실재론이란 사회를 개인들이 모여 있는 집합체 이상의, 생명력을 가지고 실재하는 존재로 보는 입장으로 사회의 제도, 조직, 규범을 중요시한다. 이에 반해 사회명목론은 사회는 개인들이 모여 있는 집합체일 뿐 실재로 존재하지 않는다고 보는 입장으로 개인의 자율적인 의지를 가장 중요시한다.

이처럼 개인의 이익과 사회의 이익이 충돌하는 상황이 되면, 그동안 의심 없이 믿어 왔던 생각들이 흔들리게 됩니다. 국가적인 행사를 무사히 치르는 것과 나의 생존권 중 무엇이 더 중요한지 따져 보게 되겠지요. 원하지 않는데도 임신과 출산을 강요하는 분위기라면 국가가 여성을 사회 유지를 위해 아이를 낳는 도구로 취급한다는 느낌을 받게 되고, 개인의 목숨을 건 희생이 필요한 전쟁 앞에선 커다란 의문이 생겨날 것입니다. 무엇을 위한, 누구를 위한 전쟁인지 혹시 나는 국가를 유지하기 위한 부속품처럼 취급되는 것은 아닌지 하고 말입니다.

생각해 보면 사회 전체의 이익이란 너무나 막연하고 추상적인 말입니다. 더구나 자세히 살펴보면 소수의 사람들에게만 이익이 되는데도 모두에게 이익이 된다고 주장하는 일들도 많고, 권력을 가진

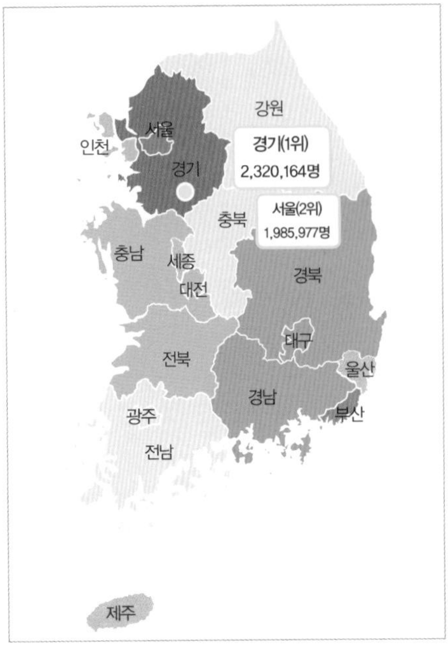

© yonhap photo

(좌)'나는 경기 지역 2,320,164호 자궁?' 행정자치부가 2015년 '저출산 극복 프로젝트'로 공개한 대한민국 출산지도. 가임기 여성 수로 지역별 등수를 매겨 큰 논란이 일자 페이지가 삭제되었다.
(우)이 사건과 관련해 시민들이 '여성을 출산 기계로 취급하는 국가에 항의한다.'는 의미의 퍼포먼스를 하고 있다.

강자들이 자신의 이익을 위해 사회의 이름을 빌려 개인의 희생을 강요하는 일도 많습니다.

개인의 이익이 사회 전체의 이익을 이끌어 낸 인간의 역사

물론 인간은 사회적 동물입니다. 이 말은 인간은 결코 혼자 살 수 없는 존재이며 반드시 사회를 구성하여 집단의 일원으로서 생활한다는 의미입니다. 바로 인간이 가지고 있는 본래적 속성인 사회성을 말하고 있는 것이지요. 하지만 사회의 모습은 사회를 구성한 개인들의 속성에 따라 달라집니다. 인간의 역사는 그 다양한 모습을 보여 줘 왔고요. 앞에서 예로 들었던 것처럼 개인과 사회 중 어느 것을 우선시해야 하는가의 문제를 만날 때, 우리는 이에 대한 해답의 열쇠를 역사 속에서 찾아볼 수 있습니다.

비교적 계급의 구분 없이 평등한 사회였던 원시공동체 사회를 거쳐 계급이 발생하면서 인간 사회는 소수의 지배자가 다수를 지배하는 형태가 오래도록 지속되었습니다. 원시시대에는 생존 자체가 문제였기 때문에 개인의 자유와 권리를 생각하기 힘들었고, 이는 노예제도와 신분제도가 강하게 남아 있던 고대사회와 중세 봉건사회에서도 마찬가지였습니다. 그것의 극단적인 정치형태가 16세기부터 18세기까지 유럽에서 나타났던 절대왕정■이지요. 이 시대에 개인의 자유와 권리는 극도로 억압받았고 개인들은 그들이 속한 사회의 규범에 수동적으로 복종해야 했습니다. 그러나 오랫동안 자유와 평등을 억압당하며 살아왔던 인간은 드디어 권리를 찾고자 노력하기 시작합니다. 이러한 노력이 결실을 맺은 것이 바로 시민혁명입니다.

일반적으로 민주화의 진전을 이야기할 때 사람들이 시민혁명을 그 출발점으로 설명하는 사실에 주목할 필요가 있습니다. 개인의 자유와 권리는 천부인권■이며, 그 누구도 침해할 수 없는 권리라는 인식이 시민혁명을 낳고 민주주의를 탄생시켰기 때문입니다. 민주주의에서 개인의 권리가 얼마나 중요한지 말해 주는 사실이지요. 인간은 개인의 자유와 권리를 보장하고 자율성을 확대해 나감으로써 사회를 발전시켜 왔습니다. 인간의 역사는 결국 외부의 억압으로부터 벗어나 개인의 자율성을 회복해 온 과정인 것입니다. 그리고 개인의 자율성이 확대되면서 자신의 행복과 이익을 추구하고자 하는 사람들의 욕망은 우리에게 풍요와 편리함을 주는 자본주의사회를 탄

■ **절대왕정**
군주가 국가의 모든 권력을 장악하고 중앙집권적 관료 기구와 군인, 경찰을 통해 모든 것을 지배하는 정치체제. 전제군주제, 절대주의라고도 함.

■ **천부인권**
인간이 태어날 때부터 가지는 권리. 근대 자연법론에 의하여 형성, 확립된 개념으로 법률 이전의 자연법적 권리이기 때문에 국가가 법률로써 이를 제한하거나 침해할 수 없다.

생시켰습니다. 자신을 위해 살고자 하는 마음, 좀 더 나은 삶을 살고 싶은 마음은 정치와 경제를 활성화시켜 오늘날에 이르렀습니다. 개인의 권리와 이익을 추구한 역사가 결국 사회 전체의 발전을 이끌어 낸 것입니다.

물론 개인과 사회의 관계가 어느 것 하나를 포기하고 다른 하나를 선택할 수 있는 문제는 아닙니다. 이 둘은 당연히 상호 보완적인 관계이며, 서로 영향을 주고받는 관계이지요. 하지만 역사는 개인의 자율성을 높이려는 노력을 통해 사회 전체의 민주화가 진전되었음을 분명히 알려 줍니다. 이러한 사실에서 볼 때 만약 개인과 사회의 이익이 상충된다면 개인의 이익을 통해서 사회의 이익을 실현하고자 하는 태도가 바람직하지 않을까요?

개인주의는 이기주의가 아니다

사회제도에 억눌려 있던 개인이 역사의 전면에 떠오른 것은 앞에서도 말했듯이 시민혁명부터인데 이때부터 사람들은 개인이 단순히 사회의 부속품이 아니라 독자적인 개성과 의미를 지닌 존재라는 사실을 깨닫게 되었습니다. 개인의 자유와 권리를 최고의 가치로 내세우는 가치관이 전면적으로 등장하게 되었던 것이죠. 이것이 바로 개인주의입니다. 그러나 우리는 흔히 개인주의를 부정적으로 보고 나쁘게 생각합니다. 개인주의라고 하면 마치 이기주의처럼 들리기 때문입니다. 하지만 개인주의는 이기주의와는 매우 다릅니다. 개인주의가 이기주의와 혼동되는 이유는 개인주의가 무한 경쟁 속에 승자가 모든 것을 차지하는 공간인 '시장'과 만났기 때문입니다. 남을 밟고 올라서야만 성공할 수 있는 자본주의 경제체제의 속성은 인간의

외젠 들라크루아, 〈민중을 이끄는 자유의 여신-1830년 7월 28일〉, 1830

이기심과 공격성을 한없이 부추기고, 이 소용돌이 속에서 자신을 위해서 사는 삶이 오로지 자신만을 위해 사는 삶으로 바뀌는 순간 개인주의는 이기주의로 전락해 버립니다. 이처럼 가혹한 자본주의사회에서 개인주의는 한계가 있을 수 있지만, 원래 진정한 개인주의는 타인의 자유도 평등도 침해하지 않습니다. 다른 사람에 대한 배려와 책임감이 분명하지요. 이렇게 책임이 부여된 개인주의를 바탕으로 사회제도를 만들고 이를 사회 구성원인 개인들이 잘 합의하고 지켜나간다면, 개인주의야말로 민주주의의 완성에 커다란 역할을 할 수 있습니다. 이런 생각은 시민혁명의 시기에 등장한 사회계약설■에 잘 드러나 있습니다. 홉스, 로크, 루소와 같은 근대의 철학자들은 개인들이 자신의 존엄성과 자유와 평등, 그리고 각자의 권리와 이익을

■ **사회계약설**
사회나 국가 성립의 근거를 개인 간의 계약에서 구하려는 정치 이론. 17~18세기 영국과 프랑스에서 토머스 홉스, 존 로크, 장 자크 루소 등에 의해 전개됨.

확실히 보장받기 위해 계약을 통해 국가와 사회를 만들었다고 이야기합니다. 따라서 사회가 이를 효과적으로 보장해 주지 못한다면 개인들이 사회를 해체할 수 있다고 주장하는 것이지요. 사회란 애초부터 개인의 행복한 삶을 위해 만들어 낸 것이므로, 만약 사회가 그 역할을 제대로 하지 못한다면 개인들이 힘을 모아 사회를 해체하고 다시 건설할 수 있다는 주장입니다. 사회계약설은 실제로 시민혁명의 중요한 배경이 되었고, 국가와 사회가 개인의 자유와 권리를 보장해야 한다는 오늘날의 민주주의 기본 이념에도 묻어 있습니다.

개인이 자신의 권리와 이익을 극대화하기 위해 노력하면 결과적으로 사회도 민주화되고 부유하게 되므로, 개인의 이익 추구가 사회 전체의 이익과 일치하게 됩니다. 이런 믿음은 개인들이 적극적이고 능동적으로 사회를 이끌어 나갈 수 있게 만들어 줍니다. 우리는 쉽게 개인주의를 이기주의로 치부해 버리지만, 사실 이기주의는 개인주의에서만 나타나는 문제도 아닙니다. 쓰레기 소각장이나 화장장, 장애인을 위한 시설을 세울 때 사람들이 보여 주는 집단 이기주의와 지역 이기주의의 수많은 사례들을 보면 잘 알 수 있습니다. 집단의 이익을 내세울 때 사회적 갈등의 골은 오히려 더욱 깊어집니다. 책임감 있는 개인주의가 확립된다면 이토록 심한 갈등은 일어나지 않을 것입니다.

사회의 이익을 우선시할 때 비극이 일어난다

개인이 우선이라고 말하면 사람들은 인간이란 이기적인 존재이기 때문에 그런 개인들이 서로의 이익을 추구하는 과정에서 사회 혼란만 일어날 뿐이라고 비판합니다. 그러나 사회 전체의 이익이 우선이라

는 생각, 이를 통해 사회적 갈등을 해결하고 동시에 개인의 이익도 끌어낼 수 있다는 생각은 사회의 가치나 목표를 절대적인 것으로 만들어 전체주의■나 권위주의■를 정당화시키는 위험을 가져옵니다. 히틀러의 나치즘이 민족 우월주의에 빠져 얼마나 잔혹하게 수백 만 명의 유태인을 학살했는지, 일본의 군국주의■가 국가를 위한 희생이라는 명목으로 가미카제라는 자살 특공대를 만들어 얼마나 많은 젊은이들을 희생시켰는지, 스탈린이 독재 체제를 유지하기 위해 얼마나 많은 사람들의 피를 흘리게 했는지 우리는 너무나도 잘 알고 있습니다. 국가와 사회를 위한 개인의 희생을 영웅적 행동으로 치켜세웠지만, 결국 수많은 개인의 자유와 권리를 침해하고 민주주의를 후퇴시켰을 뿐인 역사적 경험을 우리는 반드시 기억해야 합니다.

다양한 개인들이 모여 사는 사회에서 혼란이란 언제나 존재할 수밖에 없지만, 이를 해결할 수 있는 방법 또한 개인들에게 있습니다.

■ **전체주의**
국가나 민족을 절대적 우위에 두는 이념과 체제. 전체의 발전을 위해 국민과 개인에 대한 강력한 통제와 희생을 강요함. 집단주의, 절대주의, 독재, 파시즘과 같은 말이다.

■ **권위주의**
신분, 연령, 권력에 따른 수직적 위계질서와 지배와 복종의 관계를 중요시하는 태도.

■ **군국주의**
강한 군사력과 전쟁을 통한 발전을 국가의 최고 가치로 삼아 국민 생활을 이에 맞춰 통제하려는 이념과 체제.

사회나 집단이 강제로 혼란을 해결하려 하면 문제만 더욱 커질 뿐입니다. 진정한 사회적 갈등의 해결은 사회 구성원 한 명 한 명이 합의에 도달하고자 노력할 때에만 가능합니다. 이렇게 끌어낸 원칙과 합의를 지키는 개인들의 힘으로만 사회적 갈등은 해결될 수 있습니다. 그리고 사회가 개인들의 자유와 권리를 최대한 보장해 주고 자율성을 증진시켜 주면 줄수록 사회적 합의가 원활하게 이루어진다는 사실은 두말할 필요도 없습니다.

개인은 자율적이고 독립적인 존재

"세상에서 가장 중요한 일은 자기 자신이 될 줄 아는 것이다. 모든 사람이 자신을 직시해야 한다. 나는 내 안을 들여다보고, 오직 나 자신과 관계하며, 끊임없이 자신을 생각하고 다스리며 음미한다. 우리의 한 부분은 사회의 몫이지만, 가장 귀중한 부분은 우리 자신의 몫이다." —몽테뉴 『수상록』에서

우리 사회는 전통적으로 개인보다 집단이 강조되어 온 데다 그동안 경제성장을 최우선 가치로 놓고 개인의 권리와 자유를 억압해 온 것이 사실입니다. 오늘날 민주화가 진전되면서 개인의 자율성과 독립성을 중요하게 생각하는 방향으로 나아가고 있지만, 아직도 '나보다는 우리가 먼저'라는 생각이 사회를 지배하고 있습니다. 그러나 인간은 사회가 규정한 틀과 원칙에 묶인 존재가 아니라 이를 넘어 자신만의 삶을 추구하는 독립적이고 자율적인 존재입니다. 지구상에 존재하는 60억 인류 중 어느 누구도 똑같은 사람은 없습니다. 내가 속한 사회인 가족, 학교, 국가의 이익이 우선이라는 생각은, 그 사회 속에서 각자 동등한 개개인 하나하나를 소중하게 여기는 데에서 출발해야 합니다. 그 무엇도, 그것이 인간 자신이 속한 가족과 사회라 할지라도 인간이 자기 자신의 행복을 위해 살지 못하도록 희생을 강요할 수는 없습니다. 독립적이고 자율적인 삶, 이것이 바로 인간다운 삶이기 때문입니다.

아니야,
사람은 혼자서는
살 수 없어

개인을 만드는 것은 사회

역사가 시작된 이래 어느 시대를 막론하고 인간은 사회를 구성하고 그 안에서 살아왔습니다. 개인과 사회는 떼려야 뗄 수 없는 불가분의 관계에 있습니다. 개인이 없는 사회는 존재하지 않지만 거꾸로 개인 역시 사회를 구성하지 않고는 존재할 수 없습니다. 사회성은 인간의 본래적 속성인 것입니다. 이처럼 개인과 사회는 서로가 있어야만 존재할 수 있기 때문에 서로 상호 보완적인 관계에 있지만, 개인과 사회의 이익이 늘 같은 방향으로 가는 것은 아닙니다. 이럴 때 무엇의 이익을 우선시해야 할까요? 한 인간인 개인이 이 세상에 태어나 사회의 구성원으로 성장하는 사회화■의 과정을 살펴보면 우리는 당연한 해답을 얻을 수 있습니다.

■ **사회화**
인간이 사회적 존재로 변화하는 과정을 지칭하는 개념. 어린 시절 성장기에 집중적으로 이 과정을 겪지만 그 이후에도 평생에 걸쳐 사회화가 이루어짐.

인간은 백지상태인 개인으로 태어나 가족이라는 사회를 처음 만나 인간으로 살아가기 위해 필요한 언어와 입고 먹고 자는 의식주의 방식, 그리고 사랑을 표현하는 법, 원하는 것을 얻는 방법, 자기의 감정과 욕구를 표현하는 법을 배워 나갑니다. 태어나자마자 사회의 구성원이 된 개인은 사회의 속성인 다양한 문화 속에 감싸이게 되는 거죠. 기본적인 의사소통과 삶의 방식을 익혀 성장하면서 인간은 자신이 속한 사회의 제도와 규범을 습득하게 되고, 이를 통해 자신의 정체성을 만들어 가게 됩니다. '나란 존재는 무엇인가'를 생각할 때 그 '나'라는 속성에서 자신이 속한 사회의 속성이 아닌 것은 없습니다. 진학하고 싶은 학교, 갖고 싶은 직업이나 꾸리고 싶은 가정의 모습 모두가 내가 속한 사회의 틀 속에서 정해집니다. 이것은 무엇을 의미할까요? 개인에게 자체의 본래적인 속성이 있다기보다는 개인이 속한 사회가 개인의 모든 것을 만들어 낸다고 볼 수 있는 것입니다.

요즘 같은 세계화 시대에는 길을 가면서 만나는 외국인이 매우 다양해졌습니다. 그들이 먹는 음식이나 생각하는 방식은 어느 사회에서 왔는지에 따라 모두 다릅니다. 우리와 그들이 접하는 기회가 많아지면서 서로의 사회에 대한 이해의 폭은 넓어지지만 각자 처음 속하고 자랐던 사회에서 만들어진 특징과 성격 자체는 잘 변하지도 않고 변화시키기도 어렵습니다. 그리고 우리가 다른 문화권에서 온 사람들과 접촉할 때 그들의 문화에 대한 이해의 폭을 넓히고 더 많은 교류를 통해 서로의 이익을 나누고자 하지, 그들에게 우리 사회의 속성을 강요하고 우리와 똑같은 방식으로 살기를 원하지는 않습니다. 그리고 그런 일은 가능하지도 않지요. 이것은 사회가 거기에 속한 개인의 속성을 이미 결정해 놓았음을 우리 모두 인정하기 때문입니다.

어느 사회에 속하느냐에 따라 개인의 모습이 결정된다는 점에서 개인은 사회의 그림자라고 할 수 있습니다. 따라서 사회의 여러 측면에서 이익을 증진시키는 일이 그 사회의 구성원이자 그 사회에 따라 삶이 결정된 개인들의 이익을 증진시키는 일로 이어지는 것은 당연하지 않을까요? 태어나면서부터 기아와 빈곤, 내전에 시달리며 살아가는 제3세계 국가의 많은 사람은 자신이 조금만 더 잘살고 전쟁이 없는 나라에서 태어났다면 얼마나 좋았을까를 늘 생각할 것입니다. 사회의 이익 증진은 그에 속한 수많은 개인의 이익 증진으로 이어지기 때문에 개인들의 이익을 살피는 것보다 우선되어야 하며, 개인보다 사회의 이익에 초점을 맞출 때 훨씬 많은 이익을 한꺼번에 만들어 낼 수 있습니다. 그리고 그 이익은 다시 개인에게 돌아가게 되고요.

개인주의의 한계

사회보다 개인의 독립성과 자율성이 우선이라고 생각하는 사람들은 개인의 자유와 권리를 최대한 보장하기 위해 개인과 사회의 이익이 충돌할 때 개인의 이익을 우선시해야 한다고 주장합니다. 그러나 개인의 자유와 권리를 최대한 보장해 주면 인간의 이기심 때문에 사회에는 많은 혼란과 문제점이 발생합니다. 자본주의의 흐름 속에서 개인의 자율성을 최대한 보장하면 사회 전체의 이익이 만들어진다고 했던 애덤 스미스의 자유방임주의■는 어떻게 되었을까요? 규제가 없는 시장에서 개인들은 이익을 극대화하기 위해 극도로 이기적이 되어 갔습니다. 그로 인해 부자는 계속 더 많은 돈을 벌고 가난한 사람들은 경쟁에서 밀려 더욱 빈곤해지는 빈익빈 부익부 현상이 심화되었습니다. 소수 대기업들이 시장을 독점하면서 나머지 기업들은

■ **자유방임주의**
개인의 경제활동 자유를 최대한 보장하고, 이에 대한 국가의 간섭을 가능한 한 배제하려는 경제사상 및 정책. 프랑스어로 Laissez-faire인 이 용어의 원래 뜻은 '하게 내버려 두다'이다.

피해를 입었고, 이렇게 시장을 독점한 기업들은 사회 구성원들이 필요로 해도 이익이 없으면 물건을 생산하지 않았습니다. 도로, 국방, 치안과 같은 공공재■들은 외면받았고, 자신의 이익만 챙기고 나머지는 알게 뭐야 하는 식의 경제활동은 환경을 극도로 오염시켰지요. 힘이 약한 서민과 노동자들은 점점 빈곤해져 물건을 살 수 있는 능력이 떨어져 갔고, 이렇게 구매력이 떨어지자 공장에서 만든 물건이 팔리지 않아 회사가 도산하고, 회사의 도산은 실직자를 만들어 물건을 살 수 있는 사람은 더 줄어들고, 이런 악순환이 쌓이고 쌓여 대공황■이라는 비극을 만들어 냈던 것입니다. 해결책은 결국 어떤 방향으로 갔을까요? 이러한 문제들을 개인들에게 맡겨 두면 풀 수 없다는 사실을 깨닫고 국가가 나서서 빈부 격차를 해결하는 각종 복지제도를 만들고 독점 금지법 등의 제도를 정비하여 자유방임주의에서 나타났던 문제를 해결하게 되었습니다.

■ **공공재**
국방, 외교, 소방처럼 모두에게 꼭 필요하고 모두가 혜택을 누릴 수 있는 재화. 비경합성, 비배제성이 특징임. 시장에서 충분히 공급될 수 없어 국가나 공공기관이 생산한다.

■ **대공황**
1929년 10월 뉴욕 증권시장의 주가 대폭락을 계기로 1930년대에 세계를 휩쓴 불황. 기업의 연쇄도산으로 실업자가 천만 명을 넘어서자 미국 정부는 뉴딜 정책으로 시장에 적극 개입해 자유주의 경제를 수정하기 시작했다.

공유지의 비극이라는 이론이 있습니다. 어떤 마을에 누구나 가축을 방목할 수 있도록 개방된 공동의 땅이 있는데, 사람들은 공유지의 풀이 자신과 다른 농가의 가축들을 모두 기르기에 충분한가를 걱정하기보다는 어떻게 하면 자신의 가축을 공유지에 많이 풀어놓을까만을 생각하다가 결국 공유지는 풀이 하나도 자라지 않는 황량한 땅으로 변해 버렸다는 이야기입니다. 지하자원이나 공기, 초원, 호수에 있는 물고기처럼 공동체의 모두가 사용해야 할 자원을 개인들에게만 맡겨 두고 자유롭게 사용하도록 하면 이를 남용해 자원이 고갈될 위험이 있다는 내용을 담고 있는 이론입니다. 개인의 자유와 권리를 우선시하면 개인의 이기심 때문에 결국 사회 전체의 비극을 초래하게 됩니다. 개인들 전체의 행복은 그들에게 맡겨 둘 때보다 사회적 제도와 틀에 의해서 오히려 더욱 증진될 수 있습니다. 저마

다 개인의 이익을 추구할 때, 사회 전체의 공익을 생각해 이를 조정하고 통제하는 제도나 규율, 그리고 외부적 강제력이 필요하다는 점은 두말할 필요가 없습니다.

인간을 더 인간답게 만드는 공동체

개인의 권리와 자유를 중시하는 사람들은 사회란 그저 개인들의 집합체일 뿐 실재하지 않으며 중요한 것은 개인들이라고 말하지만 실상은 그렇지 않습니다. 개인을 뛰어넘는 집단의 존재는 분명히 있습니다. 제18대 박근혜 전(前) 대통령의 국정 농단을 비판하며 탄핵을 이끌어 낸 촛불 집회는 2016년 겨울 시작해 2017년 봄까지 이어졌습니다. 이 시위에는 무려 1,700만 명의 시민이 183일 동안 참여했으며 전국 150여 개 광장을 비롯, 전 세계 30여 개국 70여 개 도시에서 한국 사람들이 모여 "이게 나라냐"는 구호를 외치며 함께했습니다. 국가라는 실체가 없다면 이렇게 많은 사람이 힘을 모을 수 있었을까요? 도대체 무엇이 사람들을 움직인 것일까요? 바로 개개인을 뛰어넘어 존재하는 국가라는 사회입니다. 실체가 없는 것이 그럴 수 있을까요?

사회유기체설이라는 이론이 있습니다. 사회는 개인들을 뛰어넘는 생명력을 가진 실재하는 존재로, 마치 살아 있는 생물체처럼 부분과 전체인 개인과 사회가 밀접하게 연관되어 있다는 이론입니다. 개인에 대한 사회의 우월성을 잘 설명해 주지요. 우리 몸의 팔, 다리, 심장과 폐 같은 각각의 기관이 저마다 다른 역할을 하는 것처럼, 개인도 사회 속에서 역할을 부여받아 사회의 유지와 성장을 위해 살아갑니다. 개인이 존재하기 때문에 사회가 있다기보다 사회가 존재하기 때문에 개인이 있습니다. 사회가 개인들의 집합체일 뿐이라는 말과 달리 오히려 사회의 구성 요소인 개인들은 각자의 기능을 수행하면서 실체인 사회를 유지, 존속시키는 역할을 하는 것이지요. 이 이론은 사회 전체의 이익이 증대되면 그 구성원인 개인들의 이익이 증대되므로 개인들이 사회 발전을 위해서 맡은 바 임무를 잘 수행해야 한다고 주장합니다. 개인들이 각자 맡은 기능을 성실하게 수행해야 사회가 유지되고 발전되니까요. 우리가 가정에서 아들과 딸의 역할을 잘 수행하고, 부모님이 부모님의 역할을 제대로 수행할 때 우리 가정이 행복해지고, 가정이 행복해야 구성원들도 행복해진다는 사실을 생각해 보면 너무나 잘 이해할 수 있지요?

개인의 자유와 권리를 중요하게 생각하는 사람들은 사회를 우선시하는 생각이 극단적인 전체주의로 갈 위험이 크다고 경고하지만, 공동체가 바람직한 공공의 목적을 추구하고 사회 구성원들이 이를 끊임없이 성찰한다면 이런 문제는 얼마든지 해결될 수 있습니다. 더

많은 사람의 이익을 먼저 생각하는 마음, 나보다는 다른 사람과 나를 둘러싼 사회를 먼저 생각하는 마음이 얼마나 인간적이고 훌륭한 태도인지 굳이 설명하지 않아도 될 것입니다. 인간은 사회 속에 던져진 존재로 온전히 자신의 판단과 선택에 따라서만 살아갈 수 없으며, 사회와 완전히 분리되어서는 더더욱 인간답게 살아갈 수 없습니다. 결국 개인은 자신의 정체성을 공동체 안에서 발견하고 공동체에 참여함으로써 자아를 실현하는 존재입니다. 홀로 세계와 맞서 자기 자신을 발견하는 삶도 물론 의미가 있겠지만, 사회라는 공동체 속에서 다른 사람과 더불어 자아를 실현하는 일이 인간에게 훨씬 더 큰 기쁨과 만족을 안겨 줍니다. 공동체가 우리에게 주는 따뜻한 인간적 온기는, 우리가 사회라는 공동체를 위해 자신의 자아를 실현할 때 더욱 빛을 발하게 됩니다. 더구나 현대사회는 환경오염, 물질 만능주의, 인간소외와 같은 여러 심각한 문제들을 안고 있습니다. 많은 사람이 치열한 경쟁 속에 고립된 채 익명의 삶을 살아가는 오늘날, 자신의 이익보다는 우리가 함께 살아가는 사회를 먼저 생각하는 태도가 그 어느 때보다 절실합니다. 개인이 그가 속한 사회를 우선시하는 것은 당연하고도 가치 있는 일임에 틀림이 없습니다.

입장 정하기

● 두 글에서 주장의 근거로 제시한 내용을 각각 요약해 봅시다.

● 다음 쟁점에 대하여 자신의 입장을 정하고 근거를 제시해 봅시다.

쟁점1 개인은 그가 속한 사회의 그림자이다.

	그렇다	아니다
근거		

쟁점2 개인의 이익을 추구하면 할수록 사회 전체의 이익은 증대된다.

	그렇다	아니다
근거		

쟁점3 개인보다 사회를 중시하는 생각은 필연적으로 전체주의로 발전한다.

	그렇다	아니다
근거		

● 저출산으로 대한민국에 살고 있는 한국 사람들이 거의 사라지고 다른 나라 사람들로 국민이 구성된다면 그 나라도 대한민국이라고 할 수 있을까요? 대한민국 국민들이 모여 있는 곳은 그곳이 대한민국 땅이 아니라 다른 나라라 할지라도 대한민국 사회라고 할 수 있을까요? 두 질문에 대한 자신의 생각을 하나로 이어 사회와 사회 구성원의 관계를 설명하는 문장을 만들어 봅시다.

공유지의 비극

나와 우리가 함께 사는 방법

여러분도 무임승차를 해 본 적이 있나요? 무임승차free-riding란 말 그대로 차비를 내지 않고 차를 타는 것, 즉 대가를 지불하지 않고 재화나 서비스를 이용하는 일을 말합니다. 미국의 생물학자 개럿 하딘은 1968년 〈사이언스〉에 무임승차에 관한 논문 한 편을 발표했는데, 이 짧은 논문 한 편은 수십 년 동안 수많은 선량한 개인과 학자들을 고민에 빠뜨렸어요. 그 고민을 함께 나눠 봅시다.

나 하나쯤이야

가축을 기르는 것이 주업인 어느 마을이 있다. 이 마을의 소들은 자유롭게 풀을 뜯어 먹으며 자란다. 만약 이 마을에 아무런 제약도 없이 소들이 실컷 풀을 뜯어 먹을 수 있는 풀밭이 있다고 해 보자. 이 풀밭은 누구의 소유도 아닌 마을 사람 모두의 것인 공유지이다. 농부들은 자신의 소가 다른 사람들의 소보다 더 많이 살찌고 더 빨리 자랐으면 하는 마음에 공유지에 자신의 소를 가능한 한 많이, 조금이라도 더 오래 풀어놓으려 할 것이다. 이들은 공유지의 신선한 풀이 자신과 다른 사람들이 가진 모든 소를 기르기에 충분한가를 걱정하기보다는 공유지에 방목하는 자신의 소가 어떻게 하면 많이 먹고 잘 자랄 것인가에만 신경을 쓸 것이다. 결국 소들이 풀을 뜯어 먹는 속도가 풀이 자라는 속도보다 빨라져 공유지는 점점 황폐해질 것이고, 급기야 공유지의 풀이 모두 사라져 공유지는 못쓰게 될 것이다. 풀이 사라진 마을에서는 당연히 소를 기를 수 없게 되었다.

공유지의 비극을 해결하기 위한 더 큰 비극

공유지의 비극을 해결하려면 어떤 방법이 필요할까? 목초가 제대로 자랄 시간을 충분히 갖기 위해 농부 한 사람당 이틀에 한 번 꼴로만 소를 풀어놓을 수 있다거나, 한 번에 6시간 넘도록 풀을 뜯겨서는 안 된다는 식의 약속을 정하면 되지 않을까? 하지만 다른 농부들이 약속을 지켜 공유지의 풀이 잘 자라고 있을 때, 나 하나쯤 약속을 어겨 내 소를 하루 종일 놓아먹이면 어떨까? 내 소가 가장 빨리 자랄 것이다. 하지만 다른 농부들도 모두 그렇게 생각하고 슬금슬금 소를 풀어놓기 때문에 공유지는 결국 황폐해지고 말 것이다. 개럿 하딘은 이런 비극을 해결하기 위해 공유지를 사유지로 바꿀 것, 공유지 사용에 세금을 물릴 것, 출산 및 이민을 억제해 공유지에 더 이상 사람을 늘리지 않을 것 등을 해법으로 제시했다. 실제로 현실 속에서 물이나 전기와 같은 공유 자원을 함부로 사용하는 것을 막거나, 잘사는 나라에 가난한 나라 사람들이 들어와 풍요를 나눠 가지는 것을 막기 위해 행하는 방법들이다. 그러나 공유지를 사유지로 바꾸거나 세금을 물리면 비용 때문에 공유지를 사용하지 못하는 사람들이 생기게 되고, 이들은 다른 사람의 가축을 돌봐 주는 사람으로 전락하거나 공유지를 떠나 낯선 곳에서 힘든 생활을 하게 될 것이다. 무임승차를 막는 일이 결국 가난하고 힘없는 사람들을 소외시키게 되는 것이다.

비극을 넘어서 희망으로

2009년 노벨 경제학상 수상자인 엘리너 오스트롬은 방목장을 함께 쓰는 스위스의 마을, 쌀 농사용 관개시설을 공유하는 필리핀의 마을 등 세계 각지에서 사적 재산권이나 시장 기능의 도입 없이도 천 년 이상 공유물을 잘 관리해 온 집단을 연구해 공유지의 비극을 해결하는 열쇠를 발견하였다. 이 연구는 오랫동안 얼굴을 맞대고 살아가는 사람들 사이에서는 개개인의 자기 규제와 절제가 잘 지켜지고 있음을 보여 주었다. 규율을 지키는 개인이 모여 전체 사회의 이익을 생각하는 사회라면, 무임승차와 이기적인 태도보다 공공의 이익을 위해 서로 협력하는 태도가 효율성도 높고 모두에게 이익이 되는 것이다. 서로 존중하면서 동시에 협력하는 사회라면 누구도 소외시키지 않으면서 공유지가 주는 혜택을 천 년 동안이나 누릴 수 있는 것이다.

3 대학입시

그래,

대학 입학은

나의 미래를 위해

반드시 필요해

아니야,

무조건 대학 가는 대신

내 인생을 살겠어

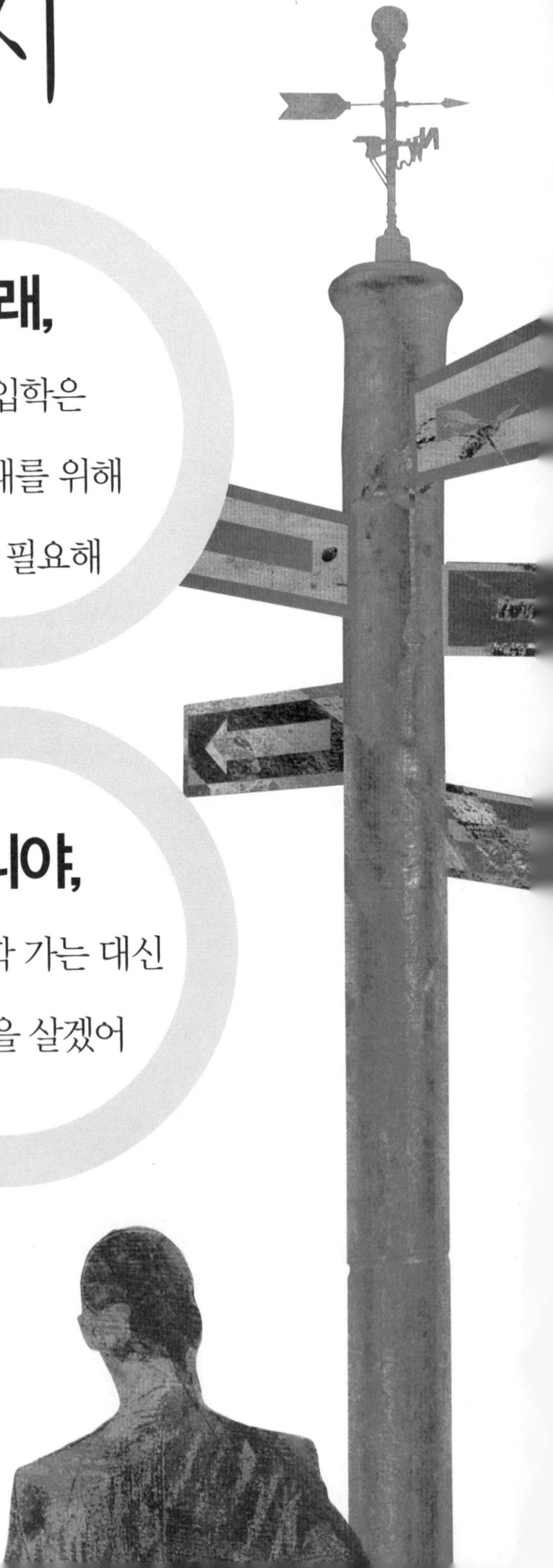

우리 사회의 교육열은 정말 대단합니다. 약소국가였던 우리나라가 식민지 시대와 전쟁을 겪고도 이만큼 발전한 것은 따지고 보면 이 뜨거운 교육열 덕분입니다. 대한민국은 성실히 공부하고 노력한 실력파 엘리트를 중심으로 발전해 온 나라라는 사실에 대부분의 사람들이 동의합니다. 그러나 사실 높은 교육열은 대학 입시의 다른 이름일 뿐입니다. 우리 사회는 대학을 나와야 성공도 출세도 할 수 있고, 그것도 좋은 대학을 나와야만 보장되는 사회입니다. 극소수의 명문대학을 졸업한 사람들이 권력과 부와 명예를 독점하고 있는 학벌 사회인거죠. 이 때문에 학생들은 자신의 꿈을 실현하고 미래를 준비하기 위해서가 아니라, 그저 남들에게 뒤처지지 않기 위해 대학 입시만을 위한 공부에 떠밀려 갑니다. 그러나 학벌주의가 지배하는 우리 사회의 비정상적인 교육열을 비판하며, 무조건 대학에 가는 일에 의문을 제기하는 사람들이 있습니다. 사람마다 자신의 개성과 장점을 살릴 수 있는 직업과 미래를 준비해야 한다는 상식마저 무시되고 있다면서요. 이들은 학교에서는 적성에 맞는 진로 찾기가 이루어져야 하며, 사회는 취업 차별이나 임금 차별 등 학력에 따른 사회적 차별을 줄여야 한다고 강하게 주장합니다.

생각 열기

● 스스로 묻고 답하기 1 : 대학 꼭 가야 하나?

2019학년도 대학수학능력시험일인 2018년 11월 15일, 고3 학생 13명이 기자 회견을 열고 대학 입시 거부를 선언했습니다. '투명가방끈'이란 모임으로 2011년에 시작해서 이번이 여섯 번째 거부 선언입니다. 이들은 "매년 학생 10명 중 3명은 대학을 가지 않지만 대학을 가지 않는 사람들을 위한 정책과 지원은 찾기 어렵고, 대학을 가지 않는 삶에 대한 비하 또한 여전하다"며, "대학에 가지 않는 선택과 우리 모두의 다양한 삶이 존중받는 세상을 만들기 위해 이 행사를 진행한다"고 주장했습니다.

• 여러분은 대학에 가지 않는 삶에 대해 생각해 본 적이 있습니까?

있다	없다
□	□

• '대학 거부 선언'에 대해 어떻게 생각합니까? 아래 빈칸에 자신의 생각을 써 보세요.

: 대학 거부 선언은 [   ] 이다.

한 고등학교에서 내신 부정 사건이 일어나 온 나라가 떠들썩했습니다. 'SKY'를 제목으로 내건 드라마가 높은 시청률을 기록하며 온 사회의 얘깃거리가 되기도 했습니다. 대학 입시는 언제나 국민적 관심사입니다. 우리는 왜 이렇게 대학 입시에 목을 매는 걸까요? 한편, 그토록 힘들게 들어간 대학에서 많은 학생이 '대2병'을 앓는다고 합니다. 별생각 없이 대학에 진학한 탓에 뒤늦게 2학년이 되어서야 '나는 누구인가?'에 대해 고민하고 방황하는 병이라고 합니다. 우리는 왜 대학에 진학하는 걸까요?

● 스스로 묻고 답하기 2 : 대학 왜 가야 하나?

1. 여러분은 대학에 진학할 예정입니까?

진학하지 않을 예정이다	진학할 예정이다	잘 모르겠다
□	□	□

2. 대학에 진학할 예정이라면 그 이유는 무엇입니까?

가장 중요한 이유 하나만 골라 □에 V 표 하세요.		중요하게 생각하는 순서대로 ( )에 번호를 쓰세요.
↓		↓
□	능력과 소질을 계발하기 위해서	( )
□	학력을 차별하는 분위기 때문에	( )
□	원하는 직업을 얻기 위해서	( )
□	인격과 교양을 쌓기 위해서	( )
□	남들도 다 가기 때문에	( )
□	주위의 기대 때문에	( )
□	기타 :	( )

그래,
대학 입학은 나의 미래를 위해 반드시 필요해

학력이 곧 세상을 사는 힘

'인적 자원'이라는 말이 있습니다. 사람도 석유나 식량처럼 나라를 움직이고 발전시키는 중요한 자원의 하나라는 뜻입니다. 한때 우리나라의 교육을 담당하는 부서를 '교육인적자원부'라고 부른 적이 있듯이, 사실 사람이야말로 우리 대한민국의 거의 유일한 자원이라고 해도 틀린 말은 아닙니다. 우리나라가 이만큼 발전한 것은 교육을 통해 인적 자원을 잘 길러 내어 사회 여러 분야에 이들의 능력을 적극 활용했기 때문입니다. 세계적인 경영학자인 피터 드러커■는 한국이 세계적으로 승승장구할 수 있었던 것은 특유의 높은 교육열 덕분이라고 설명했고, 미국의 대통령 버락 오바마도 여러 차례 한국의 교육열을 칭찬하고 부러워했습니다. 실제로 우리나라 학생들의 상급 학교 진학률은 그야말로 세계 최고 수준으로 높은 교육열과 학력

■ **피터 드러커**
Peter F. Drucker
1909~2005, 미국의 경영학자, 사회생태학자. 현대를 대량생산 원리에 입각한 고도 산업사회로 보고 경영관리 방법을 연구. 최고의 기업가 정신이 발휘되는 국가로 한국을 지목했다. 저서로 『경영의 실제』 『단절의 시대』 등이 있다.

의 성장을 보여 주고 있습니다. 'OECD 교육지표 2018'에 따르면 2017년 우리나라 성인(25~34세)의 70퍼센트가 전문대학교 이상의 고등 교육을 받았습니다. OECD 평균인 44퍼센트를 훨씬 앞서며 2008년 이후 최고의 수준을 유지하고 있습니다. 바로 이것이 대한민국 경쟁력의 비결입니다.

사람은 누구나 성공하고 출세하고 싶어합니다. 그러나 그 꿈을 이루려면 남들보다 더 많이 노력해서 더 많은 능력을 갖춰야 합니다. 각자가 성취한 배움과 학력에 따라 사회적 역할이 다르게 주어지고 대우 또한 달라지기 때문입니다. 그래서 사람들은 끊임없이 더 높은 단계의 배움과 더 높은 수준의 학력을 추구하며 서로 경쟁하게 됩니다. 그래서 점점 더 많은 사람이 대학에 진학하게 되었고, 그 결과 대한민국은 자연스럽게 우수한 인재들이 많은 경쟁력 있는 나라로 성장할 수 있었습니다. 우리나라 학생들은 경제협력개발기구(OECD)가 회원국을 대상으로 시행하는 국제학업성취도평가(PISA·만 15세 대상, 3년 주기 실시)에 2000년에 처음 응시한 이후

© Yonhap Photo

| 우리나라 고교 졸업자의 대학진학률 현황 |

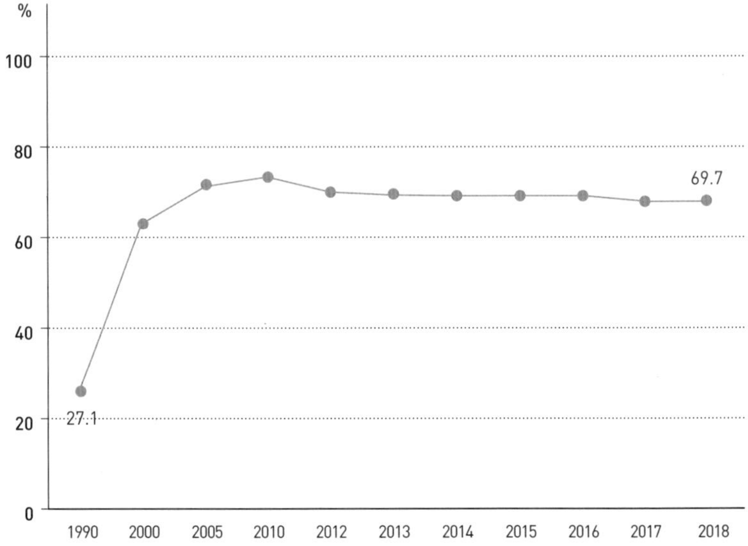

출처 : 한국교육개발원 교육통계분석자료집

| 세계의 대학 진학률 |

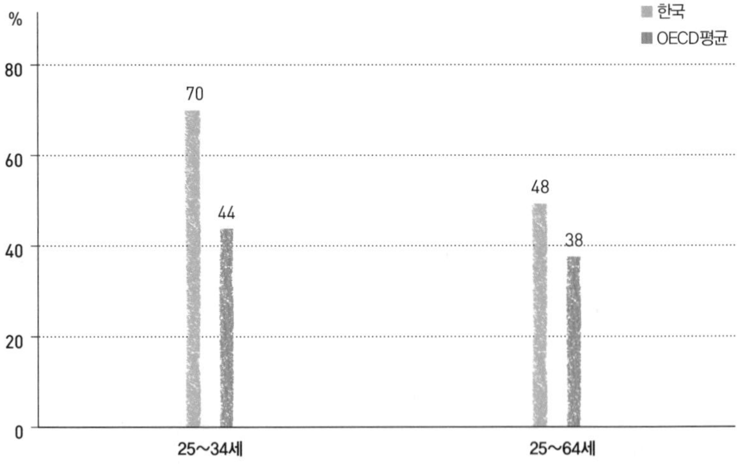

출처 : 교육부 OECD 교육지표(2018)

2017년 우리나라 성인(25~64세)의 고등 교육 이수율은 48%(1%p↑)로 OECD 평균(38%)보다 높았고, 특히 청년층(25~34세)은 70%(전년 수준)로 2008년 이후 OECD 최고 수준을 유지 중이다.

꾸준히 상위권 성적을 유지해 왔습니다. 2015년 PISA에서 한국이 35개국 중 읽기 3~8위, 수학 1~4위, 과학 5~8위로 높은 성취 수준을 보였지요. 21세기에는 전문적인 지식을 다룰 수 있는 고급 인적 자원이 더욱 필요합니다. 평균적인 지식을 필요로 하는 제조업 중심의 사회가 아니라, 높은 전문성과 창의성을 갖추어야 살아남을 수 있는 정보화사회이기 때문입니다. 이제 대학 수준의 학력은 기본입니다. 가능하면 대학원까지 진학해서 날로 새롭게 발전하는 지식을 배우는 것이 바람직합니다. 최근에 대학들이 그 시스템의 중심을 대학에서 대학원으로 옮기고 있는 것도 이런 시대적인 변화의 흐름을 반영하고 있는 것입니다. 따라서 우리 청소년들이 대학 진학을 목표로 책과 씨름하며 밤낮으로 노력하고 있는 것은 개인적으로도 국가적으로도 경쟁력을 기를 수 있는 좋은 일이며 꼭 필요한 과정입니다. 피터 드러커는 이러한 우리나라의 모습을 일컬어 "지식이 현대 경제의 유일한 자원이라는 명제를 실현한 최고의 모범 국가"라며 칭찬을 아끼지 않았습니다. 학력의 힘이 곧 우리 자신과 우리 대한민국 발전의 원동력인 것입니다.

경쟁력 없는 평등주의의 허상

그럼에도 우리나라의 높은 대학 진학률을 오히려 비판하는 사람들이 있습니다. 이들은 무조건 대학을 가야 한다고 생각하는 우리 사회의 진학 열풍이 돈과 시간의 심각한 낭비를 불러온다고 주장합니다. 그리고 그 원인으로 학벌이 사회의 모든 것을 지배하는 학벌주의■를 지목합니다. 일등부터 꼴등까지 대학별로 줄을 세우고, 순위가 높은 몇몇 대학을 중심으로 자기 학교 출신들만을 특별히 우대하

■ **학벌주의**
학벌을 중요하게 여기는 입장이나 태도를 말하며 정확한 사전적 개념이 있는 말은 아니다. 학벌은 출신 학교나 학파에 따라 이루어진 집단을 말한다.

는 학벌이 만들어졌기 때문에 사람들이 일류대에 가기 위해 맹목적으로 대학 입시에 매달리게 되었다는 것입니다. 그 결과 대학의 수도 늘어나고 대학 진학률도 높아졌지만, 일류 대학에 가기 위한 경쟁은 입시 지옥이라 불릴 만큼 치열해졌고, 일류대 학벌의 지배력은 더욱 단단해졌을 뿐이라고 비판합니다. 차별을 싫어하는 우리들의 정서를 자극하는 말이기에, 언뜻 귀가 솔깃할 수 있습니다. 하지만 냉정히 생각해 보면, 학벌은 피할 수 없는 현실로 다른 나라 어느 곳에도 다 존재합니다. 대학이란 본래 한 나라를 이끌어 갈 지도자와 엘리트를 길러 내는 곳이므로 학력 경쟁이 필요하고, 그 결과로 자연스럽게 학벌이 만들어지기 때문입니다. 우리나라와 마찬가지로 서양의 경우에도 사회적으로 기여한 인물을 많이 배출한 대학을 명문 대학으로 대접합니다. 동서를 막론하고 대학은 사회 여러 분야의 지도자가 될 엘리트를 기르는 최고 수준의 교육기관입니다. 명문 대학을 중심으로 학벌 간의 선의의 경쟁을 통해 또 다른 새로운 발전이 촉진된다는 사실은 말할 것도 없습니다.

대학의 어원은 유학의 고전인 『대학大學』이라는 책의 이름에서 따온 것으로, 책 속의 수신제가치국평천하修身齊家治國平天下라는 표현은 대학이 지도자 양성을 위한 학문을 하는 곳임을 말해 준다.

대학의 서열을 완전히 없애고 중학교나 고등학교처럼 공통 입학시험만 거치면 어느 대학이든 원하는 곳에 입학할 수 있도록 하자며 대학 평준화를 주장하는 사람들이 있습니다. 그리고 이들이 특히 강조하는 것이 프랑스 일반대학의 평등 시스템입니다. 그러나 흔히 평준화의 나라로 알려진 프랑스의 대학에도 학벌은 엄연히 존재합니다. 파리에서는 대학 입학 자격시험인 바칼로레아만 통과하면, 1대학부터 13대학까지 숫자로만 구분되는 일반대학에 누구나 입학해서 거의 무료로 대학을 다닐 수 있습니다. 하지만 그것이 전부가 아닙니다. 흔히 '대학 위의 대학'이라고 불리는 최고의 엘리트 대학 그랑제콜이 있기 때문입니다. 그랑제콜은 엄격한 입학시험을 통해 상

| 세계 대학 평가 주요 순위 |

국가별 대학	2018년
MIT	1위
스탠퍼드대	2위
하버드대	3위
캘리포니아 공대	4위
옥스퍼드대	5위
서울대	26위
카이스트	40위
포스텍	83위
고려대	86위
성균관대	100위

| THE 세계 대학 순위 |

톱 20				
순위	대학명	국가	2018 순위	추이
1	옥스퍼드대	영국	1	–
2	케임브리지대	영국	2	–
3	스탠퍼드대	미국	3	–
4	MIT	미국	5	▲
5	칼텍	미국	3	▼
6	하버드대	미국	6	–
7	프린스턴대	미국	7	–
8	예일대	미국	12	▲
9	임페리얼칼리지런던	영국	8	▼
10	시카고대	미국	9	▼
11	취리히연방공대	스위스	10	▼
12	존스홉킨스대	미국	13	▲
13	펜실베니아대	미국	10	▼
14	유니버시티칼리지런던(UCL)	영국	16	▲
15	UC버클리	미국	18	▲
16	컬럼비아대	미국	14	▼
17	UCLA	미국	15	▼
18	듀크대	미국	17	▼
19	코넬대	미국	19	–
20	미시건대	미국	20	▲

출처 : QS(Quacquarelli Symonds), 더 타임스The Times

영국의 세계대학평가기관 QS(Quacquarelli Symonds)에서 발표한 2019년도 세계 대학 순위에서 최초로 국내 5개 대학이 상위 100위권에 들었다. 우리나라는 세계 대학 평가에서 꾸준히 순위를 올리고 있지만 아직 경쟁력이 떨어진다.

위 0.1퍼센트의 수재들을 선발한 후, 각 분야 최고 수준의 교육으로 프랑스 사회를 이끌어 갈 소수 정예 엘리트들을 길러내고 있습니다. 그리하여 이곳 출신들이 오늘날 프랑스의 학계, 정관계, 재계, 산업계의 최고위직에 대거 포진되어 있습니다. 생화학자 루이 파스퇴르, 수학자 앙리 푸앵카레, 24대 대통령 프랑수아 올랑드, 25대 대통령 에마뉘엘 마크롱 등이 모두 그랑제콜 출신입니다. 한마디로 그랑제콜은, 인재 양성을 통해 사회의 발전을 선도하고 있는 학력 수준의 상징입니다.

이처럼 학벌과 학력이 사회적 지위를 결정하는 중요한 요인으로 작용하는 것은 미국도 마찬가지입니다. 미국 통계청의 자료에 따르면, 성공하려면 대학에 가야 한다고 생각하는 미국인이 2000년 31퍼센트에서 2010년에는 55퍼센트로 급격히 증가했다고 합니다. 미국인들도 우리 못지않게 대학 졸업장을 중시하게 되었다는 얘긴데, 왜 그럴까요? 우선 임금 격차 때문입니다. 사실 고졸자와 대졸자 간의 임금 격차는 미국이 우리보다 더 큽니다. OECD에 따르면, 2015년 고졸자의 평균 임금을 100으로 놓았을 때 한국 대졸자의 평균 임금은 141인데 미국은 174나 됩니다. 다음으로, 미국에서도 고등학교만 졸업한 사람들은 직업을 얻고 가정을 꾸리기가 점점 더 어려워지고 있다고 합니다.

특히 4차 산업혁명은 이들의 처지를 더욱 불리하게 만들 것으로 전망되고 있습니다. 이에 따라 학력 신장에 대한 사회적 관심이 커지고, 대학 입시 경쟁도 예전보다 더욱 치열해지고 있습니다. 하지만 대학 진학률이 생각만큼 많이 오르지는 않았습니다. 미국 대학들의 등록금이 워낙 비싸기 때문입니다. 이 상황을 해결하기 위해 오바마 대통령은 2020년까지 미국의 대학 졸업률을 세계 최고로 만들자며 국민들의 교육열을 자극했고, 모든 미국인에게 적어도 2년간 대학 교육을 받게 하는 것을 목표로 커뮤니티 칼리지를 무료로 하는 프로그램을 추진했습니다. 대학 중퇴생인 빌 게이츠까지도 대학생들의 졸업을 돕는다며 2조 원이 넘는 돈을 기부하였습니다.

이와 같은 프랑스와 미국의 사례는 학벌이 세계 어디에나 있는 것일뿐만 아니라, 개인과 사회의 발전을 위해 꼭 필요하다는 사실을 다시금 확인시켜 줍니다. 학벌을 부정하는 것은 배움의 과정에서 당연히 나타나는 개인의 능력 차이를 무시하는 일입니다. 아무리 학벌주의에 문제가 있다 하더라도 무조건 평등주의만을 주장해서는 안

됩니다. 앞서 말한 프랑스의 경우, 권력 학교와 학문 학교라는 개념이 있어 구조적으로 학문과 권력 사이를 떨어뜨려 놓았기 때문에 우리 사회처럼 책임 의식도 없으면서 견제도 되지 않는 학벌 엘리트 집단이 형성되지 않는 대신, 학력 수준이 높고 실력이 뛰어난 진정한 엘리트들을 양성하고 있습니다. 우리 사회도 진짜 엘리트를 길러낼 수 있도록 효율과 경쟁을 중시하는 방향으로 대학 개혁을 추진해 나가야 합니다. 맹목적인 절대적 평등주의 교육으로는 글로벌 시대를 이끌어 갈 경쟁력 있는 고급 전문가 인력을 확보할 수 없기 때문입니다.

대학 학력은 21세기 삶의 필수 요소

학력의 중요성을 인정하고 대학 평준화를 반대한다고 해서 대학 교육이 엘리트만을 위한 교육이 되어야 한다고 주장하는 것은 결코 아닙니다. 대학의 일류화도 중요하지만 대학 학력의 대중화 역시 매우 중요합니다. 오늘날의 대학 교육은 21세기가 요구하는 각 분야 최고 수준의 엘리트를 양성하는 일과 국민 전체의 학력 수준을 높이는 일을 동시에 맡고 있습니다. 이미 우리의 대학 진학률은 세계 최고 수준을 유지하고 있으며, 높은 대학 진학률은 세계적인 추세입니다. 다시 말해서, 이제는 대학 학력의 대중화와 대학의 일류화를 함께 추구해야 하는 것입니다.

대학 학력의 대중화란 무조건 '모두 다 대학 가자!'고 외치는 것이 아닙니다. 우리 국민 누구나 높은 수준의 교육이 필요함을 말하는 것입니다. 예전에는 한글을 읽고 쓸 줄 알면 일상적인 삶이 가능했지만, 지금처럼 매일 새로운 지식과 기술이 쏟아져 나오는 사회에서는 이를 배우고 활용할 수 있는 능력이 반드시 필요합니다. 대학 이상의 고등교육을 통해 여러 방면에 전문적인 소양을 갖추지 않고는 변화하는 사회를 따라잡기조차 힘들기 때문입니다. 컴퓨터에 비유하면, 하드웨어가 대학 학력 정도는 되어야 빠르게 진화하는 세상살이의 소프트웨어를 스스로 운용할 수 있다는 뜻입니다. 또, 21세기는 대중의 사회참여가 활발해지는 자율과 자치의 시대입니다. 대중의 교양 정도와 의식 수준이 개인은 물론 국가와 사회의 삶의 질과 경쟁력을 결정짓는 핵심 요소입니다. 그래서 우리나라는 의무교육의 단계를 점차 확대해 왔고, 많은 선진국에서 이미 대학교 학비까지 적극 지원하고 있는 것입니다.

다음으로 대학의 일류화란 '세계 최고의 명문 대학■'을 여럿 만들자!'는 것입니다. 이는 대학 교육이 대중 전체의 학력 수준을 높이는 데에만 머물러서는 안 되고, 우리 사회를 이끌어 갈 뛰어난 인재의 양성에 집중해야 한다는 뜻입니다. 특히, 이들 인재들은 각 분야의 전문 지식과 기능은 물론 지도자로서의 책임감과 인성까지도 두루 갖추도록 교육되어야 합니다. 그것이 참된 배움이고, 진정한 일류를 추구하는 길이기 때문입니다. 즉 실력과 품성을 갖춘 인재를 길러 내어 학벌이 학벌주의로 악용되는 것을 막고, 존경받는 엘리트 문화를 가꾸어 간다면 우리나라는 세계와의 경쟁에서 당당히 우위를 차지할 것입니다.

이처럼 대학은 점점 복잡해져 가는 현대사회를 살아갈 기본적인 능력을 길러 주며, 남들에게 뒤처지지 않고 꿈을 실현할 수 있는 토대를 마련해 주는 동시에, 우리 사회를 더욱 발전시키고 이끌어 나갈 인재를 만드는 곳입니다. 그렇기 때문에 우리는 모두 대학에 가기 위해 노력하고, '대학 입학'이 우리 사회에서 그토록 큰 관심을 받는 것입니다. 더구나 지금은 평생교육을 당연하게 생각하는 시대입니다. 초등학교에서 중학교, 다시 고등학교에서 대학교로 자연스럽게 이어지는 학업 과정인 대학 교육은 반드시 필요한 과정입니다. 마치 대학 진학이 쓸모없는 일인 듯이 '대학에 갈 필요 없다'라고 말해서는 안 될 것입니다.

■ 세계의 명문 대학
미국의 브라운, 컬럼비아, 코넬, 다트머스, 하버드, 펜실베이니아, 프린스턴, 예일의 8개 대학을 일컫는 아이비리그와 영국의 케임브리지와 옥스퍼드를 합쳐 부르는 옥스브릿지, 중국의 베이징, 칭화가 포함된 국가중점대학, 일본의 와세다, 게이오를 비롯한 명문 사립대학 그룹이 있다.

아니야,
무조건 대학 가는 대신
내 인생을 살겠어

'무조건 대학!'은 인생 낭비

2016년 취업 포털 사이트 인크루트와 MBC 다큐스페셜팀이 대학생을 대상으로 실시한 설문 조사 결과 63.4%가 '대학 진학을 한 번이라도 후회한 적 있다.'고 답했습니다. 대학생 10명 중 6명이 대학 진학을 후회한다는 것이지요. 그토록 노력해서 대학에 입학했는데, 왜 후회를 하는 걸까요? 바로 취업 문제 때문입니다. 대학 진학을 후회하는 이유 중 '취업이 안 돼서'(혹은 안 될 것 같아서)라고 대답한 비율이 22.6퍼센트로 가장 높았습니다. 전문대를 나와 괜찮은 일자리를 구한 친구를 보고 전문대학이나 전문학교, 사이버 대학에 다시 입학하는 학생들도 늘고 있습니다. 한국전문대학교육협의회가 발표한 '2018학년도 전문대학 입시 결과'에 따르면, 4년제 대학교를 졸업하고 전문대에 다시 입학하는 이른바 '전문대 유턴 입

| 4년제 대학 졸업자와 전문대학 졸업자의 취업률 현황과 격차 |

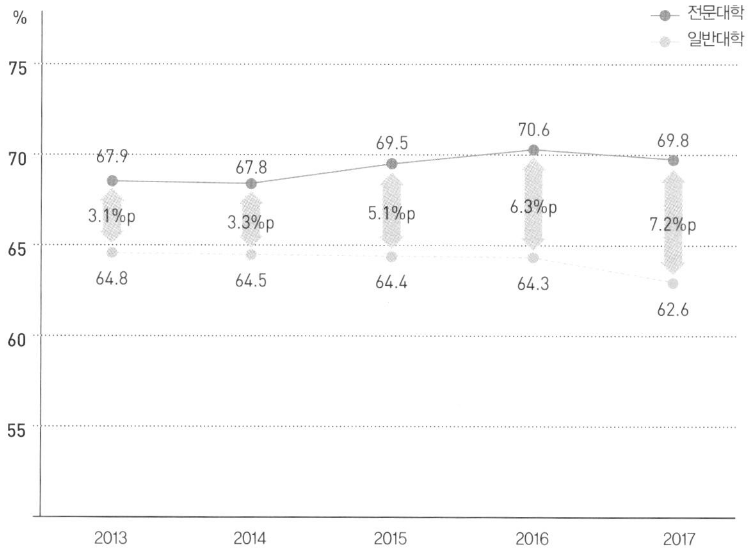

출처 : 교육부, 한국교육개발원 고등교육기관 졸업자 통계자료

학자'가 1,537명으로 역대 최고 수준을 기록했습니다. 2016학년도에는 1,391명, 2017학년도 1,453명 등 해마다 늘고 있는 것이지요. 2018년도 전문대학 입시를 분석한 결과 16만 2,290명을 선발해 신입생 충원율이 96.9퍼센트로 매우 높게 나타났습니다. 취업을 할 때에는 더 높은 학력인 4년제 대학보다 전문 기술을 가르치고 배운 전문대가 훨씬 유리하기 때문입니다. 이런 현실에도 불구하고 우리들은 모두 무조건 대학, 그것도 가능한 한 반드시 4년제 대학을 가려고 합니다. 우리나라에서 성공하고 출세하고 잘살기 위해서는 최소한 4년제 대학교 졸업장이 있어야 한다고 생각하기 때문입니다.

우리 사회가 대학 진학을 위해 쏟아 붓고 있는 비용과 에너지는 실로 엄청납니다. 해마다 50~60여 만 명이 대학 입시에 매달립니다. 대학수학능력시험을 보는 날이면 온 나라가 그야말로 야단법석입니다. 어쩌면 당연합니다. 최소 고등학교 3년과 사실상 중학교 3년을 포함한 꿈 많은 청소년기는 물론, 심지어 초등학교 때조차 오로지 이날을 위해 살아왔기 때문입니다. 더욱이 다람쥐 쳇바퀴 돌듯 학교와 학원을 오가며 그저 달달 외우는 공부 방식 속에서 정말 재미없이 지내 온 세월입니다. 반면에 그 대가로 지불하는 사교육비는 한 해 20조 원을 넘나드는 천문학적 금액으로, 이로 인해 수많은 가정경제가 파탄이 날 지경에 처해 있습니다. 그럼에도 학생들과 학부모들은 이 모든 고충을 감내하고 있습니다. 그 이유는 분명합니다. 일단 대학에만 가면 다 보상받을 것이라고 믿기 때문입니다. 그렇기에 연간 천만 원에 달하는 등록금에 또다시 등골이 빠지면서도 선택받은 미래를 생각하며 기쁘게 웃음 짓습니다. 하지만 안타깝게도 그 웃음은 그리 오래가지 못합니다. 앞에서 본 설문 결과처럼 취업이 안 되기 때문입니다. 그런데 요즘처럼 고학력자의 실업률과 청년실업률이 높은 시대에, 대학 진학이 정말로 실용적인 가치가 있을까요? 왜 우리는 무조건 4년제 대학에 진학했다가 취업이 안 되어 또다시 좌절하는 것일까요?

조금만 더 깊이 생각해 보면, 사실 이런 결과는 처음부터 자신의 적성은 생각하지도 않고 오직 사회적인 출세와 성공을 위해서 무조건 대학에 가려 했기 때문에 벌어진 일입니다. 원서를 문어발식으로 5~6여 개씩 넣어 놓고 하나만 걸리기를 바라는 오늘날 우리 사회의 대학 입시 풍경은, 적성과는 전혀 관계없이 일단 대학 합격이라는 눈앞의 목표에만 치중하는 그릇된 진학 풍토를 잘 보여 줍니다. 문제는 이러한 풍토에서 설혹 대학에 진학하더라도, 대학 생활이 그다지 만족스럽게 이루어지긴 어렵다는 것입니다. 진로 교육을 담당

피터 브뤼겔, 〈장님들의 우화〉, 16세기경

하는 교사들에 따르면, 실제로 우리나라의 대학생들 중에는 일단 합격을 목표로 또는 사회적 성공을 기준으로 대학과 학과를 선택하고는 입학 후에야 뒤늦게 자신의 적성과 맞지 않는다며 후회하는 경우가 많다고 합니다. 그 결과 대학 생활을 불행하게 보내거나, 중도에 포기하거나, 졸업 후에야 비로소 새로운 길을 찾아 나서는 경우까지 적잖이 발생하고 있다고 하지요.

우리 청소년들이 최소 3년에서 길게는 10여 년 이상의 세월을 공부 외의 모든 것을 포기한 대가로 얻은 대학 생활에서마저 활기 넘치는 청년의 삶을 가꾸지 못하고 찡그린 얼굴로 방황하고 있는 것은 참으로 슬픈 현실입니다. 하지만 더 슬프고 안타까운 일은, 여전히 많은 사람이 그 허망한 삶의 질곡에서 빠져나오지 못한 채 헤매고 있다는 사실입니다. 이 순간에도 수많은 학생이 행복한 삶을 위해 적성에 맞는 진로를 선택하는 대신 다른 사람들의 시선을 의식하며 사회적 성공과 출세를 목표로 진로를 선택하고 그로 인해 한 번뿐인 소중한 삶, 그것도 한창 생기 넘치는 청소년기와 청년기를 헛되이 낭비하고 있습니다. 다름 아닌 우리들 스스로가 '무조건 대학!'을 부르짖는 세태에 눈멀어, 대학은 결코 행복한 삶의 필수 조건이 아니라는 사실을, 또 대학이 취업이나 성공처럼 실용적인 이득마저도 보장해 주지 못한다는 엄연한 사실을 아직도 미처 깨닫지 못하고 있기 때문입니다.

해체되어야 할 학벌주의

지금 우리 사회에서는 많은 사람들이 대학 진학의 손익을 제대로 셈하지 않은 채 무조건 대학에 진학하고 있습니다. 우리 사회가 개인의 능력보다 대학을 나왔느냐 안 나왔느냐에 따라, 더 나아가 어떤 대학을 나왔느냐에 따라 사람을 판단하는 학벌주의 사회■이기 때문입니다. 우리 사회의 대학은 철저히 서열화되어 있습니다. 전문대가 아닌 4년제 대학, 그중에서도 지방이 아닌 서울에 있는 대학, 또 그중에서도 이른바 일류 대학이라고 불리는 대학, 이렇게 꼴찌부터 일등까지 차례차례 순위가 매겨져 있는 것이지요. 그러나 단지 입학 성적순으로 대학에 서열이 정해져 있다는 이유로 사람들이 그토록 대학을 차별하고 일류 대학에 목숨을 거는 것은 아닙니다. 대학 서열을 따라 만들어진 학벌 집단이 국가의 권력과 명예, 중요한 직책과 자리를 모두 차지한 채 우리 사회를 지배하고 있기 때문입니다. 예를 들어 우리나라 고위 공직자 중 서울대학교, 연세대학교, 고려대학교 이 세 대학 출신자들이 차지하는 비율은 대략 50퍼센트 내

■ **학벌주의 사회**
학벌의 '벌閥'은 문벌, 파벌처럼 출신이나 이해관계를 같이하는 사람끼리 서로 뭉친 패거리를 뜻하는 말로, 학벌주의 사회란 같은 학교를 졸업한 소수의 사람들끼리 이권과 특혜를 독차지하는 사회를 가리킨다.

| 한국 고위 공무원의 출신 학교별 비율 |

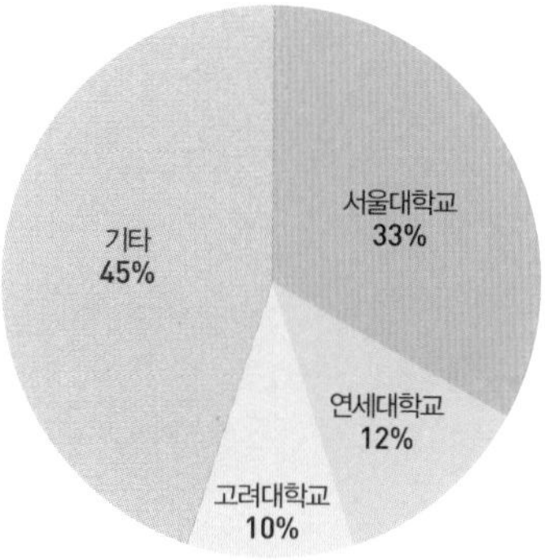

출처 : 행정안전부 보고서(2016)

한국은 고위 공무원의 출신 학교 비율 중 3개 대학이 55%를 차지하는 기형적인 모습이다.

외입니다. 특히 서울대학교는 30퍼센트 내외의 독보적인 위치를 차지하고 있습니다. 정말 심각한 문제는 이러한 현상의 배후에 불공정한 학벌주의가 개입되어 있다는 것입니다. 출신 대학별로 패거리를 만들어 능력과 상관없이 자신과 같은 학교를 나온 사람을 밀어주고 끌어 주는 부조리한 관행이 바로 그것입니다. 더구나 이들은 사회적 지위와 부를 독차지하는 데 그치지 않고 이를 다시 자녀들에게 대물림하며 더욱 심한 사회적 불평등을 만들고 있습니다.

이러한 학벌주의의 문제점은 너무나도 명백합니다. 개인의 능력과 상관없이 학벌로만 그 사람을 평가한다면, 그것은 결코 공정한 판단이 될 수 없습니다. 학벌은 개인의 능력이나 실력과 일치하는 것도 아닙니다. 실제로 서울대학교 대학생활문화원이 밝힌 서울대학교 졸업생들의 특성 조사 결과를 살펴보면 논리적이고 과학적인 사고력은 뛰어나지만 리더십과 협동 능력, 예술적 안목은 오히려 미흡하며 글쓰기 능력, 컴퓨터 활용 능력, 영어 회화 능력은 다른 대학 졸업생들과 차이가 없었습니다. 능력이 있는데도 학벌 때문에 기회조차 얻지 못하는 사회에 미래가 있을까요? 대한민국은 점점 더 실력이 있어도 학벌이 없으면 인정받을 수 없고, 학벌만 좋으면 능력이 없어도 우대받는 불공평한 사회가 되어 가고 있습니다. 그럼에도 사람들은 어떻게든 최상층에 끼고 싶은 욕망과 경쟁에서 낙오될 수도 있다는 두려움 때문에 무조건 대학을 향해 질주합니다. 그러나 사람들이 대학에 매달리면 매달릴수록 학벌주의는 더욱 단단해지고 사회의 불평등과 양극화는 더욱 빠른 속도로 진행될 뿐입니다. 꽉 막힌 서열 체계 속에서 최상류층을 위한 문호는 언제나 극소수에게만 열려 있기 때문입니다. 따라서 불공정한 학벌주의를 거부하고 무조건 대학에 가야 한다는 공포에서 벗어나는 지혜와 용기가 필요합니다. 그리고 그것은, 정말 형편없이 망가지고 있는 우리의 학교교육을 살리기 위해서도 절실합니다. 다 알다시피, 우리 사회에서는 단 한 번의 시험으로 정해진 학벌이 평생을 따라다니기 때문에 학교교육이 오로지 대학 입시만을 위해 존재하고 있는 상황입니다. 인간의 능력은 다양하며 누구나 잘할 수 있는 분야가 다 다름에도 불구하고, 이를 발견하고 계발해야 할 학교교육이 제구실을 다하지 못하고 있는 것입니다.

이런 점에서 최근에 우리 교육이 배워야 할 모델로 많이 이야기되는 핀란드의 교육을 생각해 볼 필요가 있습니다. 핀란드에서는 유치원 때부터 예체능은 말할 것도 없고 언어, 도덕, 윤리, 자연환경까지 두루 가르치며 선생님이 학생들을 한 명씩 면밀하게 관찰한다고 합니다. 그래서 이 학생은 무엇을 잘하고 저 학생은 어떤 적성이 있다는 평가서가 그대로 초등학교에 전달되고, 다시 중학교와 고등학교에서 개인별 특성이 축적되는 가운데 적성에 맞게 진학이 이루어진다는 것입니다. 핀란드는 인문계 고등학교 진학률과 기술 직업학교로 진학하는 학생들의 비율이 비슷합니다. 직업학교를 졸업해도 좋은 일자리를 얻을 수 있고 학력에 따른 임금 격차가 적기 때문입니다. 대학 진학이 아니라, 적성에 맞는 진로 찾기가 학교 교육의 목적으로 시행되고 있는 것입니다. 한국 학생들은 울면서 공부하고, 핀란드 학생들은 웃으면서 공부한다는 말이 나온 것은 이 때문입니다. 하지만 우리도 할 수 있습니다. 무조건 대학에 가야 한다는 고정관념을 과감히 버린다면, 그래서 입시만을 위해 교육하기를 멈춘다면, 한국의 학생들도 얼마든지 웃으면서 행복하게 공부할 수 있습니다.

"입시를 위한 20여 년은 아이들에게 돌이킬 수 없는 손상을 준다. 내가 '대학은 꼭 가야 한다'고 생각하지 않는다는 내 딸과 아들의 의견을 존중하기로 한 이유도 그래서다. 나는 그들이 유리한 학벌과 경제적 안락을 가진 로봇으로 사는 가능성보다는, 소박하게 살더라도 정상적인 인성과 감성을 가진 사람으로 사는 쪽을 선택한 것이다" 김규항 칼럼「이제, 됐어?」에서

대학 대신 내 인생을 살자

"왜 대학에 가려고 하는가?" 누구보다도 우리 청소년들이 스스로에게 꼭 물어야 할 질문입니다. 그리고 무조건 대학에 가야만 성공할 수 있다는 강박에서 벗어나 자신을 돌아보는 시간이 절대적으로 필요합니다. 현실적으로 5퍼센트의 승자와 95퍼센트의 패자로 구분될 수밖에 없는 학벌주의 구조에서는 스스로 원하는 삶이 아니라 누군가가 만들어 놓은 틀 속의 삶, 혹은 남에게 보여 주기 위한 삶을 선택할 수밖에 없기 때문입니다. 즉 지금 한국 사회에서 무조건 대학에 가는 것은, 성공의 길이 아니라 자기 삶의 진정한 주인공이 되기를 스스로 포기하겠다는 선언이 될 수도 있습니다. 이런 점에서 최근 우리 사회에서 대학 진학이나 졸업 대신 세상을 폭넓게 경험하는 일에 뛰어드는 용기 있는 젊은이들이 종종 등장하고 있는 것은 격려할 만한 일입니다.

2010년 3월에 한 대학생이 자기 손으로 꾹꾹 눌러쓴 대자보를 담

벼락에 붙이고 찬바람 부는 학교 정문 앞에서 1인 시위를 하며 공개적으로 대학 자체를 거부한 사건이 있었습니다. 바로 고려대학교에 재학 중이던 김예슬 학생의 자퇴 선언이 그것입니다. 김예슬 학생은 경쟁과 취업에 매몰된 대학에는 진리도 정의도 우정도 없다며 "왜 대학을 그만두는 거냐?"고 묻는 사람들에게 거꾸로 "왜 대학에 가느냐?"고 되물었습니다. 그는 입학시험도 졸업장도 없는 대학, 자신의 잠재된 재능을 찾아 사회에 꼭 필요한 창업을 하고 경영하는 법을 익히는 '세상에 없던 대학'을 스스로 만들어 가겠다고 말합니다.

또, 고등학교 1학년을 마치고 자퇴한 후 세계 여행을 떠난 이도 있었습니다. 자신의 꿈인 NGO에서 일하려면 세계 여러 나라에 대해 알아야 한다며, 스스로 여행 경비도 모으고, 주변 사람들에게 도움도 청하고 자문을 구하는 등의 노력으로 결국 세계 여행길에 오른 이보라가 그녀입니다. 그녀는 8개월 동안 인도와 베트남, 라오스 등 아시아 8개국을 배낭 하나 달랑 메고 봉사 활동을 하며 여행한 후 한국에 돌아왔습니다. 그리고 세계 여행 경험과 학교 밖 이야기 등을 〈로드스쿨러〉(2008)란 다큐멘터리로 제작한 뒤에, 자신의 여행기를 담은 『길은 학교다』(2009)라는 책을 출간했습니다. 이후에 한국예술종합학교에 입학해 다큐멘터리를 공부하고 다큐 감독이 된 그녀는 이길보라■라는 이름으로 여전히 '길 위에서의 배움'을 계속하고 있습니다.

■ 이길보라
이길보라의 '이길'은 부모의 성씨이자, 길을 통해 세상을 배운 스스로의 성장 과정을 모두 아우르는 말이다.

그런가 하면 '대학 입시 거부로 삶을 바꾸는 투명가방끈'이라는 단체도 생겼습니다. 이 모임은 청소년 활동가들의 대학 입시 거부 제안으로 연대가 이루어져서, 2011년 '대학거부선언'과 '대학입시거부선언'을 시작으로 현재까지 다양한 활동을 펼치고 있습니다. 2018년도 수능일에도 어김없이 대학 입시 거부를 선언했던 참여자

© Yonhap Photo

'대학입시거부로 삶을 바꾸는 투명가방끈' 모임 참여자들이 기자회견을 하고 있다.

들이 사회에 전하고자 한 이야기는 다음과 같습니다. "현재 우리 사회에 대한 분노를 드러내기 위함이다", "대학이라는 보험을 들지 않기로 했다", "틀린 게 아니라 다른 것이다", "입시에 빼앗겼던 무언가에 대한 박탈감을 해소하고, 내 삶의 주도권을 잡기 위함이다", "더는 버리지 않기 위함이다."

어떤가요? 멋져 보이나요, 아니면 무모해 보이나요? 지금의 현실에서는 아마도 '멋지지만 무모하다'는 답이 대부분일 것입니다. 우리 누구나 한 번쯤 그러고 싶어도, 쉽게 그럴 수가 없기 때문입니다. 그러나 앞의 이야기는 멋져 보이거나 무모해 보일 필요가 없는 평범한 모습입니다. 우리 사회의 학벌주의와 입시 위주의 학교교육 때문에 특별하게 보일 뿐입니다. 대학 아닌 길을 찾는 것, 학교 밖에서 배움을 쌓는 것, 사실 이는 경계하거나 외면해야 할 특별한 행위라기보다는 스스로의 주체적인 삶을 만들어 가는 과정에서 당연히 선택할 수 있는 하나의 경우로서 존중하고 지원해야 할 과정이기 때문입니다. 실제로 선진국에서는 청소년들이 고등학교 졸업 후 바로 대학으로 가는 대신 세상을 경험하는 일이 흔합니다. 또한 신중현, 서태지, 보아, 스티브 잡스, 빌 게이츠 등 학교를 중퇴하거나 대학을 졸업하지 않고도 당당히 자신만의 꿈을 가꾸어 낸 사람들은 수없이 많습니다. 이제 우리들도 오로지 대학 대신 행복을 선택하는 삶을 설계할 필요가 있습니다. 다른 사람의 시선이 아니라 자신의 내면에서 솟구치는 울림에 답하는 삶의 당당한 주인공이 되어야 합니다. 무엇보다 대학이 아니라 좋은 삶이 우리들 인생의 목표가 되어야 합니다.

입장 정하기

● 두 글에서 주장의 근거로 제시한 내용을 각각 요약해 봅시다.

● 다음 쟁점에 대하여 자신의 입장을 정하고 근거를 제시해 봅시다.

쟁점1 대학 학력은 21세기 정보사회의 필수 조건이다.

	그렇다	아니다
근거		

쟁점2 학력 차이에 따른 차별 대우는 당연하다.

	그렇다	아니다
근거		

쟁점3 대학 학력 없이는 행복을 누리기 어렵다.

	그렇다	아니다
근거		

● 브라질의 룰라 대통령은 거리에서 행상과 구두닦이를 거쳐 금속 공장 선반공으로 일했던 노동자 출신으로, 그의 정식 학력은 초등학교 4학년이 전부라고 합니다. 만약 이런 경력과 학력을 가진 사람이 우리나라의 대통령 후보로 출마한다면 사람들의 반응은 어떨까요? 대통령이 될 사람의 학력은 최소한 어느 정도가 되어야 하는지 친구들과 이야기를 나누어 봅시다.

유니버시티? 멀티버시티!

대학의 역사

요즘 우리나라의 대학은 취업을 위해 자격증을 따는 곳이 되어 버렸지만, 원래 대학은 진리를 탐구하는 학문의 전당이었습니다. 게다가 특정 계급 극소수의 사람만이 다닐 수 있었던 특별한 곳이었지요. 누구나 대학을 갈 필요가 없던 옛날이 오히려 부럽다고요? 사회가 변하면 대학도 따라 변하는 법. 고대 그리스에서 오늘날의 사이버 대학까지 대학의 역사를 따라가 볼까요?

최초의 대학 아카데미아

학문과 예술을 연구하는 곳을 우리는 흔히 '아카데미'라고 부른다. 아카데미는 고대 그리스 아테네의 '아카데미아'에서 나온 말로, 이곳이 인류 최초의 대학이다. 철학자 플라톤은 스승 소크라테스가 독배를 마시고 죽은 것을 목격한 뒤 정치에 뜻을 버리고 아카데미아를 세워 연구와 교육에 전념했다. 이곳에서 목표로 한 유능한 인재의 모습은 다름 아닌 '철학자'인데, 알렉산드로스 왕의 스승인 철학자 아리스토텔레스도 아카데미아 출신이다.

우니베르시타스에서 근대의 대학으로

진정한 의미의 대학이 꽃을 피운 곳은 이슬람 세계로, 7세기 '마드라사'(공부하는 곳이란 의미)를 시작으로 '자미아', '알아즈하르'(빛나는 꽃들이란 의미)라는 교육기관이 만들어졌다. 알아즈하르는 세계에서 가장 오래된 종합대학이다. 이슬람의 학문에 대한 열정은 십자군 전쟁을 통해 유럽으로 전파되어 르네상스를 낳는다. 12세기 무렵 유럽의 도시가 상업화되기 시작하자, 새로운 지식을 배우고 가르칠 '우니베르시타스'라는 중세 대학이 세워지기 시작했다. 볼로냐 대학, 파리대학 등이 이름을 떨쳤고, 영국의 옥스퍼드와 케임브리지도 이때 생겼다. 근대에 들어서 과학혁명, 산업혁명, 시

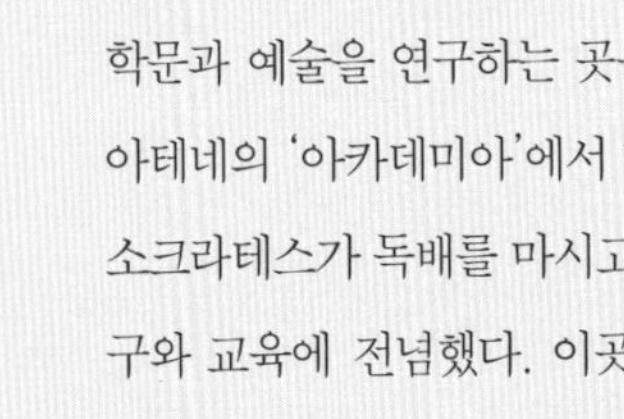

민혁명을 차례로 겪게 되자 다시 한번 전 세계에서 새로운 인재 양성을 위한 대학들이 생겨났다. 콜레주 드 프랑스나 베를린 대학, 베이징 대학, 도쿄 대학이 이때 만들어져 오늘에 이르렀고, 미국에서도 새로운 나라를 이끌어 갈 청년들을 길러 내기 위해 하버드, 예일, 윌리엄앤메리 등의 대학이 속속 생겨났다.

우리나라 대학의 역사

서양에서 대학은 스스로 생겨났지만 우리나라에서는 관리를 키워 내기 위해 처음부터 국가가 대학을 만들었다. 고구려의 '태학'과 신라의 '국학', 고구려의 '국자감'과 조선의 '성균관'이 모두 오늘날의 대학이다. 성균관에선 조선 최고의 수재 200명이 모여 의무적으로 기숙사 생활을 했는데, 등록금이 없는 것은 물론 학용품, 생활용품, 심지어 용돈까지 제공되었다. 임금과 조정이 정치를 제대로 못하면 단식 농성과 수업 거부도 마다하지 않았고, 졸업이 따로 없이 과거 합격이 곧 졸업이라 쉰 살이 넘도록 공부하는 사람도 많았다고 한다. 1906년 우리나라 최초의 4년제 대학인 숭실학교를 시작으로 세브란스, 보성전문, 이화여전 등이 문을 열었고 1924년 조선총독부가 설립한 경성제국대학이 1946년 국립 서울대학교가 되었다.

멀티버시티와 사이버 대학, 미래의 대학

20세기에 들어와 산업화와 정보화 덕분에 사회는 대학에 더 많은 전문적인 지식과 기술을 가진 인재를 요구하게 되었고 이에 맞춰 대학은 그 수가 폭발적으로 늘어났다. 이제 대학은 학문을 탐구하는 곳일 뿐만 아니라 직업교육을 통해 기업에 인재를 공급하는 곳, 사회의 평생교육을 책임지는 곳이라는 다양한 역할을 수행하는 멀티버시티로 다시 태어나고 있다. 한편 클릭 한 번으로 등교해 강의를 듣는 온라인 대학이 생겨나, 대학의 문턱은 이전보다 더욱 낮아지게 되었다. 그러나 21세기에 들어와 세계화와 신자유주의가 불러온 가혹한 경쟁 사회는 오히려 명문 대학의 문턱을 더욱 높게 만들었다. 대학의 양극화와 상업화가 점점 심해지는 가운데, 세계의 명문 대학들은 이제 국경을 넘어 전 세계의 부유하고 우수한 학생들을 불러 모아 글로벌 인맥을 만들고 있다.

4 학생인권

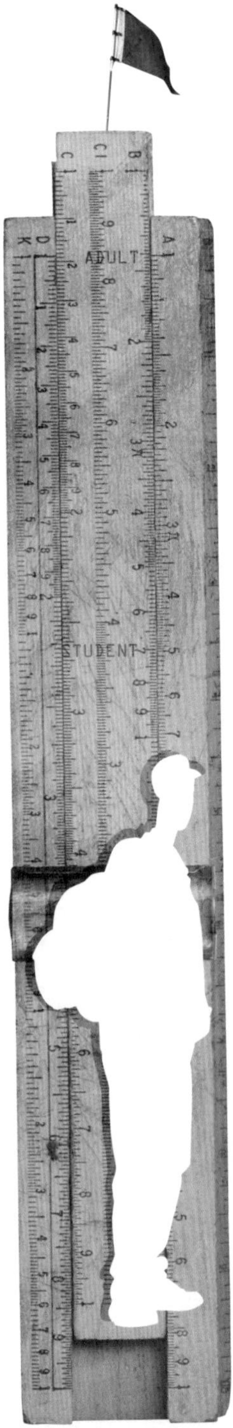

그래,

학생도 똑같은 사람이야

존중받아야 해

아니야,

학생은 아직 미성년자야

겸손하게 배워야 해

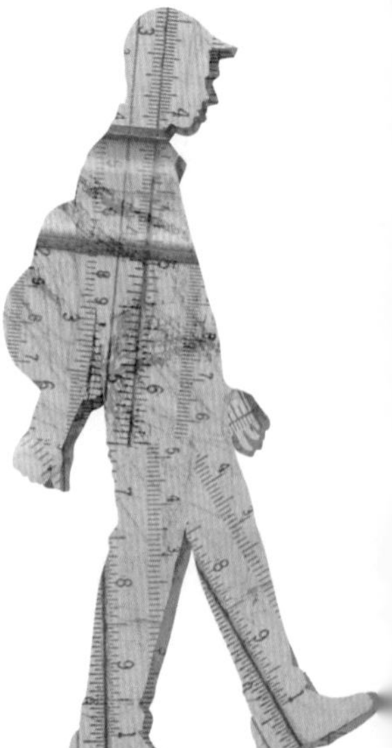

학생의 인권이란 헌법이나 유엔아동권리협약 등 국제법에서 인정하는 인간으로서의 존엄과 가치, 자유와 권리 중에 학생에게 적용될 수 있는 모든 권리를 말합니다. 학생 인권에 관한 논쟁은 매우 오래된 주제입니다. 예를 들어 두발 자유의 문제만 하더라도 지난 이십여 년 간 허용과 규제를 반복하며 우리나라 학생 인권의 위치를 가늠하는 좌표로 여겨지고 있으니까요. 학생 인권은 2010년 9월 경기도에서 처음으로 학생인권조례가 만들어지면서 더욱 뜨거운 이슈가 되었습니다. 학생인권조례에는 체벌 금지, 두발 및 복장 자유, 휴대전화 소지 허용, 야간 학습 및 보충학습의 선택권 보장, 학교 운영과 교육정책 결정 과정에의 참여 보장, 장애인·성소수자·이주민·탈북자 등 소수자 학생의 권리 보장, 사생활의 자유 보장, 사상의 자유 보장, 집회 결사의 자유 보장 등 학생 인권에 관한 거의 모든 내용이 다 담겨 있습니다. 그러다 보니 모든 사람이 학생의 인권을 법으로 보장하는 것에 찬성하는 것은 아닙니다. 경상남도에서는 학생인권조례가 2008년과 2012년 두 차례나 반대에 부딪혔다가 2019년에야 겨우 수정안을 도의회에 제출하는 우여곡절을 겪기도 했고요. 논란의 핵심은 아직 학생 신분으로 완전한 성인이 아닌 청소년들에게 모든 권리를 다 보장해 주는 것이 과연 타당한지 아닌지에 있습니다.

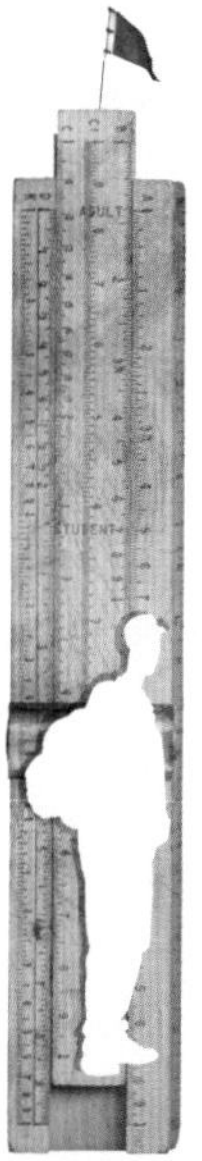

생각열기

● **자기 진단 테스트**

1. '사랑의 매'는 거짓이다. 체벌 금지는 문명사회의 보편적인 기준이다. 회초리로 시작하는 경우에도 쉽게 감정적인 폭력으로 전락하기 마련이다. 체벌은 수직적인 관계에서 비롯된 폭력일 뿐이다. 체벌 행위는 부모라도 처벌받아 마땅하다.

그렇다	글쎄	아니다
1	2	3

2. '사랑의 매'는 참이다. 사랑이 없다면 굳이 매를 들지도 않을 것이다. 사랑의 매는 자녀에 대한 부모의 관심과 애정의 또 다른 표현이다. 자녀가 이런 부모의 마음을 헤아린다면 '사랑의 매'는 성장을 위한 좋은 약이 될 것이다.

그렇다	글쎄	아니다
3	2	1

3. '사랑의 매'는 필요 없다. 오히려 자녀에게 폭력 성향을 심어 줄 수 있다. 체벌은 자녀를 순종적으로 만들기 위한 도구일 뿐이다. 부모가 자녀를 한 사람의 인격체가 아니라 자신의 소유물처럼 생각하기 때문에 체벌을 하는 것이다.

그렇다	글쎄	아니다
1	2	3

우리나라는 2011년부터 학교에서의 체벌을 법으로 금지하고 있습니다. 팔굽혀펴기 같은 간접 체벌은 허용되는 것이라는 등 다소 논란도 있었지만, 점차 모든 체벌을 금지하는 방향으로 자리 잡아 가고 있습니다. 가정에서의 체벌은 어떨까요? 캐나다에 사는 어느 한국인 아버지가 아들이 수업을 빼먹고 늦게 들어와 어머니에게 대들자, 회초리로 심하게 때린 일이 있었습니다. 아동 학대 혐의로 체포된 아버지는 법정에서 '사랑의 매'는 한국의 전통적인 교육 방식이라고 호소했다고 합니다. 여러분의 생각은 어떤가요? 자기 진단 테스트를 통해 체벌에 대한 자신의 생각을 확인해 보세요.

4. '사랑의 매'는 필요악이다. 체벌이 교육적 효과가 있기 때문이다. 예쁜 자식일수록 매를 아끼지 말라고 했다. 부모는 자녀가 잘 자랐으면 하는 마음에 자녀를 위해 체벌을 하는 것이다. 교육적 목적의 체벌은 꼭 필요하다.

그렇다	글쎄	아니다
3	2	1

● **점수를 모두 더해 보세요. 나는 어떤 유형일까요?**

• **4~6점 : 체벌 반대론자군요!** 어떤 경우이든 체벌은 안 된다고 생각하지요? 하지만 말로 통하지 않는 일탈 행위를 체벌 없이 바로잡을 수 있을까요?

• **7~9점 : 어느 쪽도 아니군요!** 체벌을 찬성하지만 너무 심한 체벌은 안 된다는 것인가요, 체벌을 반대하지만 부득이한 경우를 인정한다는 것인가요?

• **10~12점 : 체벌 찬성론자군요!** 체벌의 교육적 의미와 효과를 긍정적으로 생각하지요? 하지만 체벌의 폭력성에서 비롯되는 악영향이 더 크지 않을까요?

그래,
학생도 똑같은 사람이야
존중받아야 해

학생 인권은 교문 앞에서 멈춘다

우리 사회 학생의 일상을 한번 외국인의 시각으로 바라보면 어떨까요? 먼저 아침 등교 시간의 교문 모습입니다. 모든 학생이 교복을 입는 것은 그런대로 이해할 수 있습니다. 외국의 사립 명문 고등학교 학생들도 교복을 입음으로써 애교심과 자긍심을 표현하기도 하니까요. 그런데 등교 시간, 학교 정문에서 선생님은 치마가 무릎 중앙까지 왔는지, 혹시 바지 품은 줄이지 않았는지 조사합니다. 복장뿐 아니라 머리 모양도 중요합니다. 염색과 파마는커녕 미용 제품을 바르는 것도 금지됩니다. 이런 모습이 우리에게는 자연스럽게 보일지 몰라도 다른 나라 사람들의 눈에는 이해하기 어려운 모습으로 비칠 것입니다. 나라마다 다른 문화 차이에도 불구하고 어느 정도 보편적인 기준은 존재한다고 볼 때, 지금 우리들 학교는 21세기 문명사회가 지

2010년 10월, 전국 최초로 두발 자유, 체벌 금지를 담은 경기도 교육청의 학생인권조례 선포식

향하는 교육 모델로 국제사회에 떳떳이 내놓기에는 아무래도 좀 겸연쩍습니다. 옷을 검사하면 이제 가방, 사물함, 교복 주머니까지 들여다보며 소지품을 검사합니다. 휴대전화 사용을 금지하는 것도 모자라 가끔 휴대전화를 빼앗아 검사하기도 합니다. 사생활 침해는 집에서도 마찬가지입니다. 부모님들이 아무 말도 없이 서랍이나 일기장을 열어 보는 일이 허다합니다. 게다가 감추고 싶은 개인 정보인 성적은 언제나 만천하에 공개됩니다. 학생의 권리를 보장해 달라고 다른 학생들과 함께 단체 행동이라도 하거나 사회문제에 관심을 갖고 집회에라도 참여할라치면 학교와 집이 발칵 뒤집어집니다.

이러한 우리의 현실을 어떤 이는 '학생 인권은 교문 앞에서 멈춘다!'라고 표현합니다. 우리나라 학생들은 자신의 개성을 표현할 권리, 사생활을 보호받을 권리, 자유롭게 모여 의사를 표현할 권리는 거의 보장받을 수 없습니다. 그런데 학생의 권리는 제한하는 게 당연하다고 생각하는 사람들이 있습니다. 학교가 오히려 군대만도 못하다며 한없이 뒤떨어진 학생 인권의 후진성을 안타까워하는 사람들도 있지만, 학생 인권, 청소년 인권이라는 말에 여전히 고개를 갸웃하며 선뜻 동의하지 않는 사람도 많습니다. 심지어 2010년 경기도를 시작으로 각 지방자치단체에서 제정하고 있는 학생인권조례■에 반대하며 아예 학생 인권을 인정하지 않으려는 움직임도 있습니다. 전국 17개 시·도교육청 중에서 학생인권조례를 제정하여 공포한 교육청이 2018년 기준으로 경기도·광주광역시·서울특별시·전라북도청 등 4곳에 불과합니다. 우리 사회가 최소한 공식적으로는 인권의 가치를 중시하며 제한적이나마 여러 분야에서 상당한 진전을 이루어 왔음에도 불구하고, 왜 학교만은 예외라고 생각하는 걸까요? 왜 학생의 인권 보장은 가장 마지막으로 미루어지는 걸까요?

■ **학생인권조례**
학생의 인권을 보장하는 내용을 담은 조례. 지방자치단체가 법령의 범위 안에서 지방 의회의 의결을 거쳐 제정하므로 조례가 제정된 지방자치단체 안에서만 효력이 있다.

학생도 동등한 인간이다

학생 인권, 청소년 인권이 유보되어야 한다고 주장하는 가장 큰 이유는 바로 나이 때문입니다. '나이도 어린 것이 어디서 말대꾸야?'라는 꾸지람을 들은 적이 한 번쯤은 다 있을 것입니다. 사람이라면 누구나 소중히 대접받고 싶은 것인데, 단지 어리다는 이유로 무시당하고 차별당한다면 참으로 자존심 상하는 일이 아닐 수 없습니다. 안타깝게도 우리 사회에서는 그런 일이 종종 발생합니다. 사람은 단지 사람이라는 이유로 존중되어야 한다는 인권의 의미가 아직은 우리 사회 사람들의 마음에 깊이 자리 잡지 못했기 때문입니다. 또한 모든 인간을 똑같이 귀하게 대해야 하는 인권의 기본 개념이 가정,

학교, 회사, 길거리 등 일상생활의 공간 구석구석에 뿌리내리지 못했기 때문입니다. 특히 위아래를 강조하는 우리 사회의 권위주의 문화 탓에 어린이와 청소년의 권리에 대한 의식은 더욱 낮다고 볼 수 있습니다. 세계적으로 보아도 아동과 청소년의 인권은 다른 인권 분야보다 다소 늦게 주목받은 것이 사실입니다. 세계대전의 폐허 속에서 굶주림과 질병에 시달리던 어린이와 청소년을 보호하기 위해 이들의 권리를 최초로 주장했던 1923년의 아동권리선언■은, 아동 인권이란 어른들이 베풀어 주는 혜택이 아니라 존중해야 할 의무임을 명시한 오늘날의 아동권리협약■으로 발전해 왔습니다. 법적 효력을 가진 유엔의 아동권리협약에서 볼 수 있듯이 아동, 청소년이 단지 보호의 대상이 아니라 권리의 주체임을 인정하고 이를 국가가 보장하는 것은 세계적인 추세입니다.

그럼에도 청소년을 인권의 주체라고 말할 때면 항상 문젯거리로 떠오르는 것이 이들의 '미성숙함'입니다. 심지어 어떤 사람들은 학생들의 인권을 인정하는 것은 그들의 일탈과 방종을 방치하는 것이라고까지 말합니다. 이런 주장은 우선, 인권이란 어떤 자격이나 능력을 요구하는 권리가 아니라는 인권의 기본적인 명제를 이해하지 못한 데서 비롯된 것입니다. 인권은 자격을 따지지 않습니다. 인권에 자격을 따진다면 인권을 존중받을 자격을 갖춘 사람은 도대체 누구이며 얼마나 되겠습니까? 또한 서투른 인권 행사가 염려되니 아예 인권을 주지 말자는 것은, 어린아이가 넘어지지도 않고 걸음마를 배우기를 바라는 것과 다를 바 없는 억지입니다. 사실 어른들조차 때론 실수하고 잘못하면서 인권 감수성을 익혀 갑니다. 더구나 인권은 본래 자신의 당연하고 기본적인 권리를 침해받기 쉬운 사회적 약자들을 위한 것입니다. 따라서 학교에서 상대적으로 약자의 위치에

■ **아동권리선언**
아동, 청소년의 우선적 보호와 학대 방지를 위해 1959년 UN총회에서 채택된 아동의 기본 인권 보장을 위한 국제적 승인 선언문. 아동인권선언이라고도 한다.

■ **아동권리협약**
아동, 청소년의 권리를 보장하기 위해 1989년 UN총회에서 채택된 조약. 국제인권규약을 모델로 해 전세계 아동, 청소년의 인권 보장을 위한 세계 기준을 설정하였다. 아동권리조약이라고도 한다. 우리나라를 비롯해 192개국이 가입해 있다.

있는 학생들에게는 인권이 더욱 절실한 것입니다.

인권은 대학 가서 누리라고요?

그럼에도 여전히, 비록 청소년 또한 엄연히 한 인간으로서 존중받아야 한다는 주장 그 자체가 옳더라도 조금만 참으라고 합니다. 바로 청소년은 공부하는 학생이라는 이유 때문입니다. 사실 학교에서 학생 인권을 대수롭지 않게 여겨 온 배경에는 입시 위주의 교육 풍토가 자리하고 있습니다. 이런 풍토에서 결과만 중요하게 생각하는 경쟁과 효율성이 강조되면서, 학생에 대한 권위적인 통제가 효과적이고 불가피한 수단으로 인정받게 된 것입니다. 이런 상황에서는 학생 인권이 면학 분위기를 해치는 한낱 몹쓸 요소에 불과한 것이 되고 맙니다. 그래서 대부분의 학교에서 학생생활규정이 온갖 '금지'로 도배되고 '순종'만을 강요하고 있는 것입니다. 그리고 이런 분위기 속에서 체벌마저도 학생들을 통제하고 문제 행동을 바로잡는 수단으로 인정되고 있습니다.

체벌은 눈앞의 효과와 대다수 착한 학생들의 권리 보호를 명분으로 그 불가피성을 인정받곤 합니다. 교육적 목적으로 필요하다는 것입니다. 그러나 정말 체벌이 효과적인 교육 수단일까요?

영화 〈4등〉의 주인공 준호는 수영을 좋아하지만 늘 4등만 하는 수영 선수입니다. 엄마는 "너 때문에 죽겠다! 진짜 너 뭐가 되려고 그래?" 하며 메달을 따지 못하는 준호를 닦달합니다. 그런 준호를 엄하게 체벌하며 코치는 말합니다. "하기 싫지? 도망가고 싶지? 그때 잡아 주고 때려 주는 선생이 진짜다." 그렇게 매를 맞아 가며 연습한 준호가 은메달을 따자 모두가 기뻐하지만, "형, 정말 맞고 하니

© Mr. kim

까 잘한 거야? 예전에는 안 맞아서 4등 했던 거야?"라는 어린 동생의 물음에 준호는 결국 수영을 그만두지요.

체벌은 애당초 삼가해야 합니다. 아무리 작은 체벌도, 택하는 순간부터 이미 폭력이 시작된 것이기 때문입니다. 특히 교실에서의 체벌은 '사랑의 매'가 아니라 단지 수직적인 권력관계로 인식될 뿐입니다. 사실상 긍정적인 효과는 없고, 교사와 학생 사이의 믿음을 해쳐 오히려 교실 붕괴를 촉진하는 역효과를 가져오지요. 학생이 저 밑바닥에 있는데 교사의 자리가 높아질 수는 없기 때문입니다. 영화 〈말죽거리 잔혹사〉에 나타난 폭력의 악순환 구조는 이를 잘 보여 줍니다.

영화 〈말죽거리 잔혹사〉는 "대한민국 학교 다 XX라 그래!"처럼 전달하기도 민망한 욕설로 폭력이 일상화된 1970년대 우리의 학교 풍경을 묘사합니다. 교장 선생님은 다른 선생님들에게 폭언을 일삼

"좋은 폭력은 없다. 폭력은 폭력에 의해 제어되는 것일 뿐 폭력의 본질적 속성은 변화하지 않는다. 폭력의 근본적 원인도 해결하지 못한다. 어디까지나 남은 것은 폭력일 뿐이다. 아무리 좋은 폭력이라고 해도 누군가의 피를 전제한다. 폭력은 전염된다." 르네 지라르 『희생양』에서

고, 교장 선생님에게 시달린 선생님들은 학생들을 시도 때도 없이 때립니다. 그렇게 떠든다고 맞고, 공부 못한다고 맞고, 말 안 듣는다고 맞은 학생들은 서로 편을 갈라 상대방이 쓰러질 때까지 치고받고 싸우지요. 그런데 그로부터 30~40년도 더 지난 지금의 학교는 얼마나 달라졌을까요? 긍정적인 변화는커녕 오히려 학생이 교사에게 폭력을 행사하는 일까지 생긴 것을 보면 더욱 나빠진 것만 같습니다. 왜 이런 걸까요? 예전에는 군사독재의 폭압적인 정치 문화와 권위적인 사회 분위기가 교실에 반영되었다면, 지금의 학교에는 오로지 승자만이 살아남는 신자유주의■ 사회의 경쟁 제일주의 문화가 교실을 지배하기 때문입니다. 물질적 이익과 효율만을 중요하게 생각하는 사회, 대학 입시만을 위해 존재하는 교실에서는 어쩌면 당연한 일입니다.

■ **신자유주의**
국가의 시장 개입을 비판하며 경제적 자유방임주의를 중시하는 이론. 1970년대 이후 본격적으로 등장. 노동 시장의 유연화(자유로운 해고와 감원), 규제 완화나 공기업, 의료, 방송의 사유화 등으로 나타나고 있다.

인권 존중은 교실에서부터

우리는 오로지 대학을 목표로 학과 공부만을 강조하고 서로를 존중하고 배려하는 진정한 삶의 공부를 외면해 온 잘못을 반성해야 합니다. 학생 인권을 무시하고 일방적인 금지와 복종만을 강요하여 창의성 없는 수동적인 인간만을 양성해 온 퇴행적인 교육을 그만 멈추어야 합니다. 이제 학교는 민주 시민을 기르는 진정한 교육의 장으로 거듭나도록 노력해야 합니다. 그리고 이 과정에서 학생, 학부모, 교사가 함께 손잡고 노력하는 것이 특히 중요합니다. 사실 입시 위주 교육과 인권 경시의 풍조는 암암리에 모두가 공모하여 만든 공동의 결과물로서, 모두가 기꺼이 마음을 합치지 않는 한 결코 학생 인권을 바로 세울 수 없기 때문입니다.

인권은 일상에서 몸으로 경험하며 익힐 때 가장 잘 학습될 수 있습니다. 그리고 학교는 인권을 생생하게 배울 수 있는 최적의 장소입니다. 안타깝게도 우리 사회와 학교는 아직도 이를 제대로 깨닫지 못하고 있습니다. 여전히 학생들을 미성숙한 존재라고 여기며 그들의 기본 권리를 통제할 수 있다고 생각합니다. 물론 청소년은 성장 과정에 있고, 성인에 비해 권리 행사에 어려움이 크다고 할 수 있습니다. 그러나 그것은 고려하고 배려해야 할 특성이지, 머리는 몇 센티미터로 기르고 양말은 어떤 색 신으라며 시시콜콜 통제하는 것까지 당연하다고 주장할 근거는 될 수 없습니다. 청소년도 인간으로서 인권의 주체인 동시에 고유의 권리를 인정받아야 하는 엄연한 자기 삶의 주체입니다. 학생 인권을 존중할 때, 그들은 비로소 권리를 행사할 줄 아는 자유로운 사람이자 책임감 있는 민주 시민으로 성장할 것입니다. 그리고 그럴 때만이 우리 사회 역시 모든 사람이 서로 아끼고 사랑하며 인간다운 삶을 추구하는 아름다운 세상이 될 것입니다.

"인간성의 깊이는 자유와 권리가 확보해 준 공간 안에서만 싹틀 수 있기 때문에 학교 공간을 민주주의와 인권이 체험되는 공간, 다양성, 풍요성, 환대, 우정이 꽃피는 행복한 공간으로 만들어 주는 것이 중요합니다." 곽노현 〈교육감 메시지〉에서

아니야,
학생은 아직 미성년자야
겸손하게 배워야 해

청소년, 아직 보호가 필요하다

요즘 인권을 외치는 청소년들의 목소리가 드높습니다. 나이가 어려도, 공부를 못해도, 청소년도 한 사람의 인간이므로 당연히 행복할 권리가 있습니다. 또, 우리 사회의 지나친 입시 경쟁 때문에 학교나 일상생활에서 청소년들이 행복할 권리를 제대로 누리지 못하고 있는 것도 사실입니다. 그러나 청소년들의 인권을 진정으로 존중하기 위해서는 무조건 인권을 외치기보다는 먼저 청소년기의 특성을 제대로 알고 그에 맞는 권리가 무엇인지 살펴보는 게 중요하지 않을까요?

> 십대의 뇌는 한창 작업 중에 있는 작품이다. 청소년기의 좌충우돌은 뇌의 발달과 창조를 위한 두 번째 기회가 된다. 수상돌기와 시냅스 연결의 과잉 생산으로 청소년기는 잠재성을 일깨울 최고의 시기이다. 청소년들

의 일관성 없고 이해하기 힘든 행동, 설명하기 어렵고 때로는 실망스러운 행동은 십대들의 뇌가 성인들과는 다르게 기능하고 있기 때문이다.

S.페인스타인, 『청소년기의 뇌 이야기』 17쪽

청소년기는 성인기로 가는 성장 과정 중에 있는 시기임을 과학적 연구를 통해 객관적으로 밝힌 글입니다. 즉 청소년기는 아직 한창 발달이 진행 중이기 때문에, 성인들의 관심과 도움이 절대 필요한 시기임을 강조하는 글입니다. 이 말은 무조건 청소년은 성인에게 순종해야 한다는 뜻이 아닙니다. 청소년의 특성을 무시한 채 청소년을 성인의 기준으로 판단하고, 성인과 똑같은 자율적인 주체로 여긴다면 문제가 있다는 것입니다. 극단적인 예를 들어 청소년이 마약을 할 수 있느냐 없느냐의 문제를 청소년에게 권리가 있느냐 없느냐의 문제로 접근한다면 어떻게 될까요? 사회가 청소년을 완전한 인격체로 길러 낼 의무가 있다는 관점에서 청소년에 대해서는 당연히 마약 금지를 결정해야 합니다. 사회는 아직 성장하고 있는 청소년을 보호할 의무가 있습니다. 2019년, 문화체육관광부는 청소년 대중문화예술인을 위해 학습권, 인격권, 수면권, 폭행 금지 조항을 넣은 '표준계약서 부속합의서'를 만들었습니다. 아이돌 가수와 아역 배우 등 우리나라 청소년 연예인들이 학교 수업에도 제대로 참여하지 못하고 과도한 연습과 공연, 촬영에 시달리며 과다 노출 등 선정적인 행동까지 강요받고 있지만 외국과 달리 이들을 보호하는 제도가 거의 없었기 때문입니다.

이처럼 청소년은 스스로 권리를 쟁취할 능력을 가진 성인이 아니라, 성인의 도움과 보호, 양육과 교육이 절대적으로 필요한 존재입니다. 청소년이 범죄를 저질렀을 때 성인과 똑같은 책임을 묻지 않

| 청소년의 범죄 동기 |

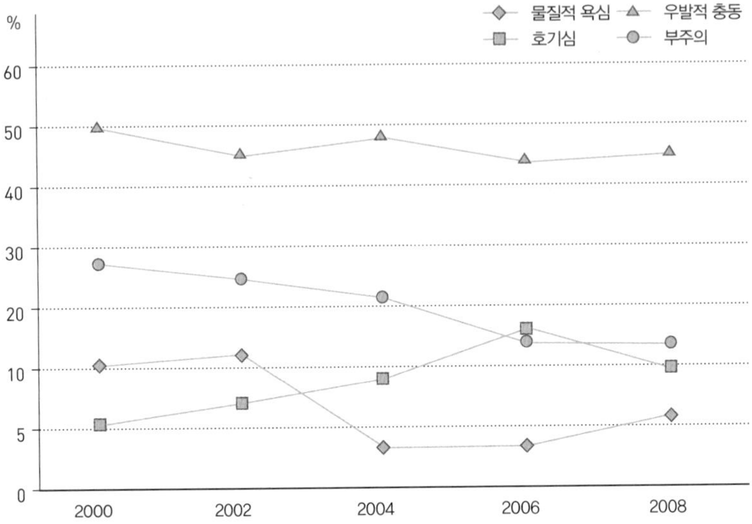

| 일반인의 범죄 동기 |

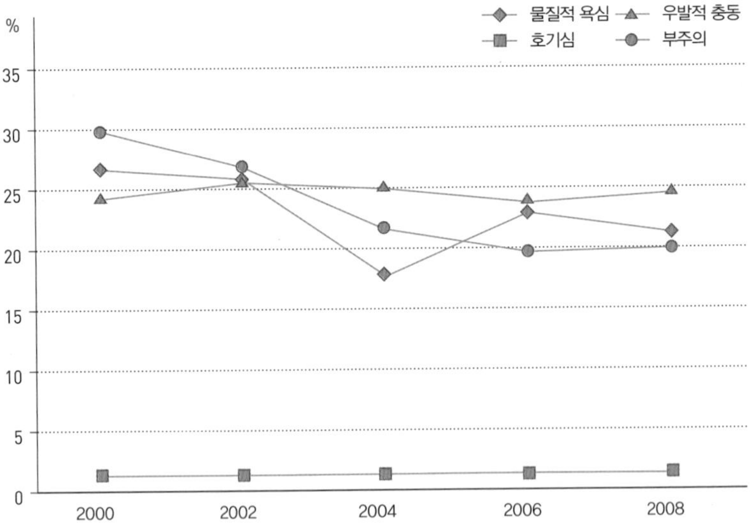

출처 : 통계청

일반인의 범죄는 경제적 이유로 많이 발생하는 반면 청소년은 청소년기 특유의 미성숙함이 범죄의 원인이 되고 있다. 호기심 항목이 이를 잘 보여 주고 있다.

고 다른 기준으로 처벌하는 것도 이 때문입니다. 청소년 인권을 주장할 때에도 청소년을 아직 보호가 필요한 존재로 규정하고 그 안에서 책임과 의무, 권리의 범위를 정해야 합니다. 흔히 청소년 인권을 주장하는 법적 근거로 유엔의 아동권리협약을 말하는데, 이 협약에서도 18세 미만 아동, 청소년의 권리를 실현하기 위해서는 성인이 원조자 역할을 다해야 한다고 강조합니다. 이 협약의 근거가 되는 세계인권선언■과 우리나라 헌법 역시, 아동은 특별히 성인이 보호하고 지원해야 할 대상이라고 규정하고 있습니다. 그리고 여기에 근거해 우리나라에서는 청소년보호법■을 통해 청소년에게 술과 담배의 제공을 금지하며, 성인물과 폭력물 같은 매체에의 접근을 허용치 않으며, 유해 업소에 대한 출입을 허락하지 않고 있는 것입니다.

물론 청소년의 입장에서는 타율적이고 강제적인 금지는 싫기도 할 뿐더러 자신의 권리에 대한 침해라고 생각할 수 있습니다. 그러나 청소년의 건강한 성장과 발전을 위해서는 청소년 인권에 대해 엄격한 기준을 적용할 필요가 있습니다. 청소년의 권리를 보장하고 학생 인권을 존중해야 한다는 말은 아직 미성년자인 청소년이 청소년기에 필요한 발달과제를 잘 수행할 수 있도록 지원하라는 뜻이지 아무 제약 없이 모든 권리를 다 인정해 주어야 한다는 의미가 아닙니다. 따라서 청소년의 자율성에 대한 제약은 불가피한 것입니다.

■ **세계인권선언**
1948년 UN총회에서 채택된 인권에 관한 세계 선언문. 전 세계 국가들의 헌법이나 기본법에 내용이 반영되었고, 1966년 법적 구속력을 가진 국제인권규약에 의해 뒷받침되고 있다.

■ **청소년보호법**
청소년을 음란·폭력적인 유해 매체와 약물, 유해한 사회 환경으로부터 보호하기 위해 1997년 제정된 법. 식품위생법, 미성년자보호법 등 법규마다 보호 연령이 18~20세로 달라 혼선이 있어 19세 미만으로 보호 연령을 통일했다.

인권은 문화 차이를 존중하는 것

그럼에도 불구하고, 우리나라의 청소년들이 지나치게 자유를 제약당하고 있다며 반론을 펴는 사람들이 있습니다. 이들은 심지어 외국의 학생들은 아무런 제약도 받지 않으며 자신의 뜻대로 맘껏 행동하는데 비해 우리의 학생들은 마치 감옥 생활이라도 하는 듯이 우리 청소년들의 인권 상황을 과장해서 말하곤 합니다. 그렇지 않습니다. 미국의 학교에서는 학생의 문제 행동에 대해서는 즉시 정학과 낙제 등의 조치를 취하며 엄격히 책임을 묻습니다. 심한 경우 학부모를 '방임'으로 고발하기도 합니다. 반대로 우리 한국의 학교에서는 학생들의 잘못에 대해 매우 관대하게 대응합니다. 우리 사회에는 아직 인정의 문화가 광범위하게 존재하기 때문입니다.

이것이 바로 문화적 차이입니다. 인간이라면 누구나 누려야 할 권리라고 정의되는 인권이 실제적으로 나타나는 모습은 문화에 따라 다양합니다. 예를 들어 이슬람교의 여성이 공공장소에서 히잡이나 부르카와 같은 베일을 쓰는 것을 인권침해로 볼 수 있을까요? 프랑스와 벨기에 등 일부 서유럽 사람들은 베일 착용이 여성의 인권을 억압한다고 주장하지만, 사실은 그렇지 않습니다. 베일 착용이 어떤 사람들에게는 여성 차별의 증거로 보일 수 있지만, 많은 이슬람 여성들은 그저 자신들의 종교와 문화를 따르는 것일 뿐 차별이라고 생각하지 않기 때문입니다. 이처럼 인권은 사람들이 속한 공동체의 구체적인 상황이나 조건에 맞게 다르게 나타납니다. 그리고 위의 사례처럼 개인을 중요하게 생각하는 서양 문화와 공동체를 중요하게 생각하는 동양 문화가 매우 다르기 때문에, 서양의 인권 개념을 동양 사회에 무작정 적용하는 것은 무리가 있습니다. 이슬람 여성의 베일 착용 역시 문화적 차이일 뿐 인권 침해로 볼 수는 없습니다. 싱가포르의 수상이었던 리콴유■는 이를 '아시아적 가치■'라고 말했습니다. 동양 사회에서의 인권 실천은 동양의 문화를 존중하는 가운데 이루어져야 한다는 것입니다. 이런 까닭에, 유엔도 아동권리협약에서 '아동의 보호와 조화로운 발전을 위하여 각 민족의 전통과 문화

■ **리콴유李光耀**
1923~2015. 싱가포르의 정치가. 총리로 취임하여 부패를 척결하고 작은 도시국가 싱가포르를 세계 수준의 금융과 물류의 중심지로 탈바꿈시켰음.

■ **아시아적 가치**
Asian values
예의, 공손함, 성실, 공동체에 대한 헌신, 국가에 대한 충성, 학문과 배움에 대한 존경 등 아시아 고유의 가치. 서구 학자들이 이를 1970~80년대 아시아 국가의 경제성장 요인으로 설명함.

적 가치를 충분히 고려할 것'을 요청하고 있습니다. 따라서 우리 사회의 학생 인권 문제 역시 우리 사회가 갖고 있는 전통문화와 공동체 문화를 고려하면서 논의되어야 합니다.

사실 우리 사회의 학교는, 서양의 문화와 인권 개념으로는 설명하기 힘든 원리가 작동하는 공간입니다. 예를 들어 우리 사회에는 대학 입시를 경계로 청소년과 어른을 구분하려는 문화적 경향이 있습니다. 그래서 미성년자의 연령 기준■을 18세로 낮추자는 요구는 고등학생이 '청소년보호법'의 보호를 받을 수 없게 된다는 이유로 매번 거부당하곤 합니다. 한창 공부할 시기에 창업, 시위 참여 등과 같은 상거래 행위나 정치 활동을 하는 것이 바람직하지 않다고 여기는 분위기도 지배적입니다. 이는 일본과 중국에서도 비슷하게 나타나는 문화 현상으로, 학생은 아직 배움의 과정에 있는 돌봄의 대상이라고 여기는 경향이 강한 것입니다. 따라서 학생의 정치 활동이 허용되는 서양 문화의 시각에서는 이해가 안 될 수도 있습니다. 하지만 그렇다고 동양권 나라들에서 고교생의 상거래 행위와 정치 활동을 제한하는 것을 마치 큰 잘못인 양 비난해서는 안 됩니다. 문화 현상은 도덕적으로 옳고 그름을 판단할 수 있는 문제라기보다는, 서로가 존중해야 할 문화적 특성의 차이일 뿐이기 때문입니다.

학생 인권을 말할 때 가장 많이 이야기되는 체벌 금지 논쟁도 우리 사회의 문화적 특성과 인권이 부딪히는 지점을 잘 보여 줍니다. 논쟁의 핵심은 체벌의 교육적인 기능, 즉 '사랑의 매'를 인정할 것이냐 아니냐에 있습니다. 무조건 인권을 강조하는 사람들은 학생을 하나의 인격체로 존중한다는 측면에서 체벌을 완전히 금지하는 것이 옳다고 주장합니다. 그러나 체벌을 아예 금지하는 것이 과연 교육적으로 타당한지는 좀 더 깊이 따져 볼 문제입니다. 선생님이 되

■ 미성년자 연령 기준
민법은 만 19세 미만, 선거법과 청소년보호법은 만 19세 미만, 근로기준법은 만 18세 미만, 형법은 만 14세 미만, 영화진흥법은 15세와 18세 등 규정마다 다르다. 여성은 만 16세, 남성은 만 18세가 됐을 때 부모 동의 하에 혼인할 수 있다.

는 일을 '교편을 잡는다'고 표현해 온 우리나라의 전통적 유교 사상은, '회초리'를 단순히 잘못에 대해 벌을 주는 수단이 아니라 공동체의 질서를 가르치고 배우는 도구로 생각해 왔습니다. 많은 여론조사가 보여 주듯 아직도 대부분의 사람들은 감정적이고 폭력적인 체벌은 반대하지만 교육적인 목적의 체벌은 필요하다고 생각합니다. 사람들이 이렇게 이중적인 태도를 갖는 이유는 체벌의 부작용을 경계하면서도 전통적인 '사랑의 매'를 인정하기 때문입니다. 교육에는 칭찬과 체벌이 다 필요하며, 특히 자아가 발달하는 청소년기에는 따뜻한 격려 못지않게 따끔한 충고와 회초리가 더 중요할 수 있습니다. 자신을 스스로 통제하는 능력이 아직은 부족하기 때문에 잘했을 때는 적절한 보상을 받고, 잘못했을 때는 제재를 받아 가며 자제심을 기르는 과정이 꼭 필요하다고 생각하는 것입니다. 인권을 명분으로 가르침과 배움 사이에서 요구되는 최소한의 질서조차 고리타분한 전통으로 몰아세운다면 자칫 학교의 기본적인 기능마저 망가뜨릴 가능성이 있습니다.

이처럼 서구와 다른 우리 사회의 문화적 분위기는 우리가 인권을 논의할 때 특히 중요하게 생각해야 합니다. 서양의 인권 개념을 절대적 기준으로 삼아 우리 사회의 문제점을 끄집어내고는, 그 기준에 맞추기만 하면 금방 우리나라의 인권이 신장되는 것처럼 생각하는 경우가 많기 때문입니다. 그런 겉핥기식 태도로는 진짜 인권이 뿌리내릴 수 없습니다. 인권의 핵심은 개인의 권리 의식이라고 말하는 미국의 인권학자 잭 도널리■는 동양의 인권 상황에 매우 비판적인 학자입니다. 그런 그도 권리를 행사할 때 자신보다 가족의 입장을 먼저 더 많이 생각하고, 자유를 행사할 때도 개인과 사회의 조화를 먼저 생각하고 행동하는 동양인의 문화적 경향을 당연히 존중해

■ **잭 도널리**
Jack Donnelly
1951— , 미국의 정치학자. 국제 인권의 이론과 실제를 연구함. 저서로 『인권과 국제정치』가 있음.

김홍도, 〈서당〉, 부분, 18세기

야 한다고 말합니다. 하물며 우리 스스로가 우리의 문화와 전통을 무시하는 어리석음을 범해서는 안 됩니다. 우리 삶에는 우리 문화에 뿌리를 둔 인권이 필요합니다. 우리 문화를 중심에 두고 주체적으로 서양 인권의 좋은 점을 받아들일 때 정말로 우리 사회의 인권이 향상될 수 있습니다.

우려되는 인권 아노미

그럼에도 현재 우리 사회에는 철저한 개인주의를 바탕으로 한 서양의 인권 개념을 기준으로 놓고, 청소년의 권리와 학생 인권을 절대적인 가치로 인정하자는 목소리가 점점 높아지고 있습니다. 심지어 충분한 의견 수렴도 없이 학생인권조례나 체벌금지법■ 등을 만들어야 한다고 주장하면서 법 제정에 문제를 제기하는 사람들을 인권 의식이 전혀 없는 사람으로 몰아가기도 합니다. 그런데 인권을 명분으로 법이라는 강제적 수단을 동원하면 정말로 학생 인권이 향상될까요? 오히려 학교와 사회의 갈등의 골만 깊어지게 되는 것은 아닐까요? 학생 인권을 이렇게 절대적인 가치로 규정하는 순간 교사는 어쩔 수 없이 그 침해자의 자리에 놓이게 됩니다. 법이 학교를 교사와 학생 간의 권리 싸움터로 만들어 버리고, 오히려 교실 붕괴를 가져오게 될 것입니다. 게다가 법 규정만을 따지느라 학교 일상 속의 진정한 인권 교육은 소홀히 하게 될 것입니다.

청소년 시절에 정말 길러야 할 인권 감수성은 자신에 대한 책임과 타인에 대한 배려입니다. 학생 인권을 외치는 목소리 뒤에는 책임과 의무를 외면한 채 권리만을 주장하는 잘못된 인권 의식이 깔려 있습니다. 한두 명의 적은 수의 자녀를 가진 부모의 과도한 관심이 이기주의적이고 잘못된 권리 의식을 팽창시켜 왔기 때문입니다. 우리는 권리만을 주장하다 자칫 인권의 아노미■ 현상만을 초래하는 어리석음을 범해서는 안 될 것입니다. 그래야 모두가 학생의 인권을 존중하고 청소년 인권을 높이는 과정에 기꺼이 동참할 수 있을 것입니다.

■ **체벌금지법**
아동 학대를 막기 위해 가정과 학교에서 법으로 모든 체벌을 금지하는 법. 학교에서는 이미 2011년 초·중등교육법이 개정되어 '도구, 신체 등을 이용해 학생의 신체에 고통을 가하는 방법을 사용해서는 안 된다'고 규정했다.

■ **아노미anomie**
지배적인 규범이나 가치가 없이 여러 가지 갈등하는 규범이나 가치가 공존해 사회 성원들이 무엇에 따라 행동해야 옳은지 판단하기 어려운 상태.

입장 정하기

● **두 글에서 주장의 근거로 제시한 내용을 각각 요약해 봅시다.**

● **다음 쟁점에 대하여 자신의 입장을 정하고 근거를 제시해 봅시다.**

쟁점1 청소년은 인권의 주체가 될 수 없다.

	그렇다	아니다
근거		

쟁점2 서구식 인권과 한국식 인권은 똑같다.

	그렇다	아니다
근거		

쟁점3 학생인권조례는 교실 붕괴를 촉진할 것이다.

	그렇다	아니다
근거		

● **다음과 같은 물음에 어떻게 대답하면 좋을지 생각해 봅시다.**

"학교에서 체벌을 금지했더니 아이들이 너무 거칠고 무례하게 행동하고 있어. 수업 방해는 말할 것도 없고, 선생님께 대들고 화를 돋우고 심지어 폭력적인 말과 행동을 하는 어처구니없는 일이 벌어지는데 계속 체벌을 금지해야 할까?"

우리 학교 인권 온도 측정하기

인권은 나의 권리와 다른 사람의 권리를 함께 지킬 때 비로소 올바로 자리매김 될 수 있습니다. 다음 각 문장을 읽고 여러분의 학교생활에 대해 아래에 해당하는 점수를 빈칸에 써 넣으세요. 작성이 끝나면 모든 점수를 합산해 여러분과 여러분 학교의 인권 의식을 점검해 봅시다.

전혀 아니다 : 1℃　드물다 : 2℃　때때로 그렇다 : 3℃　항상 그렇다 : 4℃

---

1. ① 나는 학교에서 누구로부터도 괴롭힘 당하지 않고 안전하다. (　)℃
   ② 나는 다른 사람을 괴롭히지 않고 다른 사람의 안전을 존중한다. (　)℃
2. ① 나는 나의 의견을 무시당하거나, 나와 다른 생각을 강요받지 않는다. (　)℃
   ② 나는 다른 사람의 의견을 무시하거나, 내 생각을 강요하지 않는다. (　)℃
3. ① 교사들은 나에게 인간으로서 최소한의 예의를 지킨다. (　)℃
   ② 나는 교사들에게 인간으로서 최소한의 예의를 갖춘다. (　)℃
4. ① 나를 포함해 학생들 간에 갈등이 발생하면, 서로 대화하며 비폭력적인 방법으로 갈등 해결을 위해 노력한다. (　)℃
   ② 학교 또는 교사와 학생들 간에 갈등이 발생하면, 서로 대화하며 비폭력적인 방법으로 갈등 해결을 위해 노력한다. (　)℃
5. ① 나는 학교에서 누구로부터도 인종, 성별, 외모, 가정환경, 장애, 종교 또는 생활 방식을 이유로 차별받지 않는다. (　)℃
   ② 나는 학교에서 인종, 성별, 외모, 가정환경, 장애, 종교 또는 생활 방식을 이유로 어느 누구도 차별하지 않는다. (　)℃
6. 도서관과 체육관 등의 편의 시설을 모두가 동등하게 이용한다. (　)℃
7. 학생들은 학교 정책과 교칙을 수립하기 위한 민주적 결정 과정에 참여할 수

있는 기회가 있다. ( )℃

8. 교내에서 취미 활동이나 권리 행사를 위해 단체를 결성할 수 있다. ( )℃

9. 검열 또는 처벌 없이 의견을 게시하거나 인쇄물을 배포할 수 있다. ( )℃

10. ① 학교생활에서 나만의 사적 공간과 소유물을 존중받는다. ( )℃

② 나는 다른 학생과 교사의 사적 공간과 소유물을 존중한다. ( )℃

11. 상벌과 관련하여 그것을 결정하고 실행하는 과정에서 모든 학생에게 공평하고 공정한 대우가 보장된다. ( )℃

12. 학교는 잘못을 저지른 혐의가 있는 학생에게 자신의 입장을 변호할 기회를 주며, 죄가 명백하게 드러날 때까지는 무죄로 여긴다. ( )℃

13. ① 나는 수업 시간에 교사의 차별 대우나 다른 학생들의 수업 방해 행위로 인한 고충 없이 나의 배울 권리를 누린다. ( )℃

② 나는 수업 시간에 교사의 가르칠 권리를 침해하지 않고, 다른 학생들의 배울 권리를 방해하지 않기 위해 노력한다. ( )℃

14. 학교는 가능한 최대한의 학생 복지를 제공하기 위해 애쓴다.
(예: 쉬는 시간 및 식사 시간의 보장과 매점, 쉼터 설치 등을 위한 학교의 배려) ( )℃

15. 교사들과 학생들이 함께 참여하여 '학생생활지도규정'을 만든다. ( )℃

16 ① 학생들은 불의, 환경, 빈곤 및 평화와 관련된 사회적, 지구적 문제들에 대해 관심이 많고, 가능한 직접 참여하는 기회를 갖기 위해 노력한다. ( )℃

② 교사들은 학생들이 불의, 환경, 빈곤 및 평화와 관련된 사회적, 지구적 문제들에 관심을 갖도록 가르치고, 가능한 직접 참여하는 기회를 많이 제공하기 위해 노력한다. ( )℃

17. 학생들, 교사들, 그리고 학부모들은 학업 성적과 학생들의 인격적 성장을 조화시키기 위해 다 함께 협력한다. ( )℃

총점( )℃

* 이 표는 UN 인권고등판무관실이 제작한 '인권온도표'를 바탕으로 우리 실정에 맞게 새롭게 만든 것입니다.

5 사형제도

그래,

살인자에게 정당한

대가는 사형뿐이야

아니야,

사형은 또 다른 살인이야

폐지해야 해

사형은 고대로부터 인류가 집행해 온 형벌로, 많은 국가에서 중대한 범죄에 사형을 법정 최고형으로 채택하고 있습니다. '눈에는 눈, 이에는 이'라는 말처럼 옛날부터 사람들은 죄 없는 생명을 앗아 가는 잔혹한 범죄에는 사형만이 정당한 처벌이라고 생각해 왔던 거죠. 실제로 무고한 생명을 앗아 가는 흉악한 범죄가 발생하면 사형 제도를 찬성하는 목소리가 높아집니다. 사형이 범죄를 예방할 수 있다고 믿는 거죠. 하지만 사형 제도가 범죄를 예방한다는 주장에는 이견이 많습니다. 누가 언제 어디서 조사했느냐에 따라 매우 다른 통계 결과가 나오기 때문입니다. 범죄 예방 여부를 떠나 인간의 생명권은 누구도 박탈할 수 없는 존엄한 권리이므로, 사형 대신 무기징역 등 다른 엄한 벌을 선고하고 사형을 폐지하자고 주장하는 사람들도 많습니다. 사형이란 결국 국가에 의한 또 다른 살인이기 때문입니다. 우리나라는 1997년 23명의 사형수에게 사형을 집행한 후 지금까지 사형이 집행되지 않고 있습니다. 법률적으로는 사형 제도가 존재하지만, 실제로는 사형이 집행되지 않고 있는 것이죠. 우리나라의 사형 제도는 지금 유지냐 폐지냐의 갈림길 앞에 서 있습니다.

생각 열기

- **내가 사형수라면?**
  ① 죄를 달게 받겠다. 죽음으로 용서를 빈다.
  ② 목숨만 살려 달라! 평생 속죄하며 살겠다.
  ③ 나라면 :

- **내가 피해자라면?**
  ① 사형은 당연하다. 편한 마음으로 눈감을 수 있겠다.
  ② 용서한다. 다시는 죄를 짓지 말고 살기를 바랄 뿐이다.
  ③ 나라면 :

- **내가 사형수의 가족이라면?**
  ① 받아들인다. 피해자와 가족들에게 위로가 되길 바란다.
  ② 사형만 면해 달라. 죄에 대한 대가를 치르며 살게 하겠다.
  ③ 나라면 :

- **내가 피해자의 가족이라면?**
  ① 하루빨리 사형을 집행하라. 죽은 이의 원혼을 달래야겠다.
  ② 사형을 원하진 않는다. 죽은 이가 살아나는 것도 아니다.
  ③ 나라면 :

일본의 사진작가 토시 카자마 이사는 전 세계를 다니며 사형수들의 사진을 찍는 사람입니다. 그는 사형수들이 머리에 뿔이 달리지도 않았고 험상궂게 생기지도 않은, 우리와 비슷한 너무나 평범한 사람들이라는 사실에 충격을 받았다고 합니다. 그리고 사형 제도를 찬성하는 사람들에게 "누군가 당신을 대신해 사형수들을 죽이는 사람이 있다."라고 말합니다. 바로 사형 집행관입니다. 이들도 평범한 한 사람의 공무원일 뿐입니다. 사형은 범죄를 저지른 사형수 한 사람만의 문제는 아닙니다. 사형에 대한 찬성, 반대의 입장을 정하기 전에 우리 스스로 사형과 직접 관련된 당사자가 되어 보면 어떨까요?

● **내가 판사라면?**

① 내 판단으로 한 인간의 생명을 사라지게 할 수는 없다.
② 사형을 선고하지 않는다면 흉악 범죄가 더 늘어날 것이다.
③ 나라면 :

● **내가 교도관이라면?**

① 아무 이유 없이 단지 직업이라는 이유로 사람을 죽이는 일이다. 사형 집행관이라는 직업은 없어져야 한다.
② 내 손으로 사람을 죽여야 하기 때문에 괴롭지만, 어쩔 수 없다. 법적인 정의를 위해 누군가는 해야 할 일이다.
③ 나라면 :

● **내가 교화 위원이라면?**

① 사형수들은 대부분 진심으로 자신의 잘못을 뉘우치며 사죄한다. 사형 대신 용서가 필요하다.
② 마지막까지 반성도 사과도 없는 극악무도한 사형수조차 용서해야 하는지 혼란스럽다.
③ 나라면 :

그래,
살인자에게 정당한 대가는
사형뿐이야

사형은 정의를 실현하는 제도

지난 20여 년 동안 우리 사회에서는 종교계와 인권 단체를 중심으로 사형 제도를 없애자는 운동이 매우 거세게 전개되어 왔습니다. 그러나 여론조사를 해 보면 최소한 우리 국민의 70퍼센트 정도는 언제나 요지부동으로 사형 제도를 지지하는 입장에 서 있고, 우리 국민 2명 중 1명은 흉악범들에 대한 사형 집행도 실제로 이루어져야 한다고 생각하고 있는 것으로 나타납니다. 왜 그럴까요? 바로 우리나라 국민들이 타인의 귀한 생명을 침해하는 흉악한 범죄에 대한 정당한 대가는 오직 사형뿐이라고 생각하기 때문입니다. 한마디로 사형 제도에 대

한 국민들의 법 감정은 폐지가 아니라 존치인 것입니다. 법 감정이란 법이 정당하고 공정하게 판결되고 집행되길 바라는 사람들의 당연한 마음입니다. 이 마음을 상징하는 대표적인 존재가 바로 그리스 신화에 나오는 정의의 여신 디케입니다. 그녀는 흔히 눈을 가린 채 한 손에는 칼을, 다른 한 손에는 저울을 들고 있습니다. 눈을 가리고 있는 것은 법은 누구에게나 평등하다는 의미이며, 칼은 법을 엄정히 집행해 정확하게 처벌한다는 뜻입니다. 저울은 한편으로 치우치지 않고 판결의 형평성을 유지한다는 의미이고요. 만약 법이란 이름으로 죄를 물어 공정하게 처벌하지 않는다면, 사람들은 더 이상 법을

| 사형 제도에 대한 의견 |

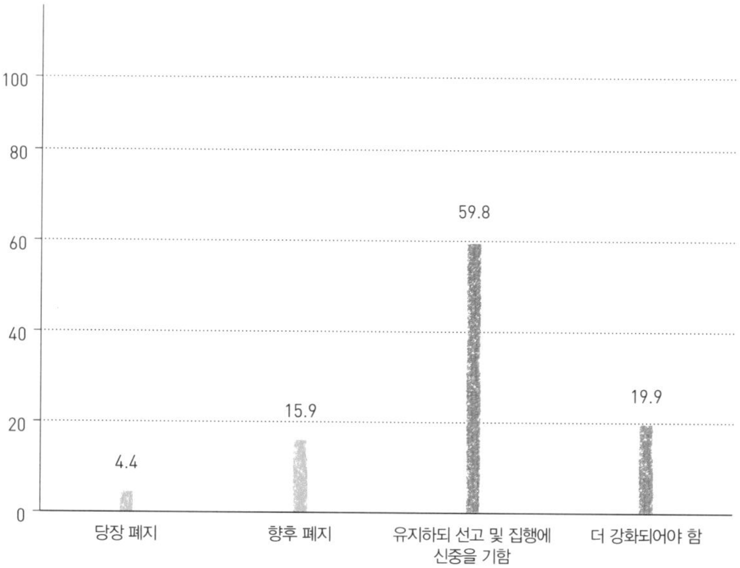

출처 : 국가인권위원회 사형제도 폐지 및 대체형벌 마련을 위한 토론회

2018년 20세 이상 성인 남녀 천 명을 대상으로 한 인식 조사에서 사형제를 유지하되 선고 및 집행에 신중을 기해야 한다는 의견은 약 60%로 높게 나타난 반면 당장 폐지해야 한다는 의견은 4.4%에 불과했다.

믿고 따르지 않게 될 것이고 결국 사회질서도 유지할 수 없게 될 것입니다. 이처럼 법 감정은 사회질서의 근간인 형벌 제도를 지탱해 주는 바탕이 되기 때문에 매우 중요합니다. 사형 제도가 우리나라 헌법의 취지에 맞느냐 아니냐를 결정하는 대법원과 헌법재판소 역시 이런 이유로 국민들의 법 감정을 중요한 근거로 삼아 사형 제도가 헌법에 위배되지 않는 합당한 제도라고 결론을 내려왔던 것입니다.

사형 제도의 유지를 희망하는 우리 국민의 법 감정은 응보의 정의감에서 비롯된 것입니다. 응보의 정의감이란 '눈에는 눈, 이에는 이'란 말로 표현할 수 있는데, 바로 받은 만큼 되돌려 준다는 뜻입니다. 응보의 정의감은 동해보복사상인 탈리오의 법칙■에 그 뿌리를 두고 있습니다. 해를 입은 만큼 똑같이 보복한다는 의미를 가진 동해보복사상은 고대 바빌로니아의 함무라비 법전■이나 우리나라 고조선의 8조법■에도 나올 만큼 정의에 대한 인간의 오래된 생각입니다. 응보의 정의감을 비판하는 사람들은 응보란 원시 고대사회의 개인적인 복수에서 비롯된 관념으로 이제는 버려야 할 악습이라고 말합니다. 현대사회의 형벌이란 죄를 뉘우치게 만드는 교화에 있지 죗값을 치르게 하는 응보에 있지는 않다고 주장하면서요. 그러나 복수심은 인간의 본능입니다. 인간에게 이 복수심을 완전히 제거할 수 없는 한, 응보는 동서고금은 물론 앞으로도 형벌의 가장 기본적인 원칙이 될 수밖에 없습니다. 만약 가해자에게 피해자가 당한 만큼의 벌을 주지 않는다면 피해자의 억울함을 달랠 길이 없어져 사적인 복수가 끝없이 전개

■ 탈리오의 법칙
당한 만큼만 돌려주는 법칙. 무제한 복수가 허용되던 고대사회에서 자신이 입은 피해만큼만 보복하고 가해자의 재복수를 금지한 법. 탈리온, 반좌법, 동해보복법과 같은 말.

■ 함무라비 법전
고대 바빌로니아 함무라비 왕이 높이 2m의 돌 기둥 위에 새긴 성문법. 1901년 프랑스 탐험대가 발견, 현재 루브르 미술관에 소장.

■ 8조법
고조선의 8개 조항의 법률. 살인자는 사형에 처한다, 남의 신체를 상한 자는 곡물로 보상한다, 도둑질한 자는 노예가 되거나 50만 전을 내놓는다는 세 가지 내용만이 『한서』에 전한다.

〈함무라비 법전〉, 부분, 기원전 18세기

될 것이기 때문입니다. 사람들은 죄와 벌이 국가의 형벌에 의해 충분히 균형을 이루고 있다고 느껴야만 기꺼이 개인적인 복수를 포기하고 공적인 형벌 체계를 따를 것입니다. 더구나 응보의 감정은 다른 어떤 경우보다 살인처럼 타인의 생명권을 침해한 경우에 중요합니다. 타인의 생명권을 침해한 흉악 범죄에 대한 공정한 대가는 사형 외에는 없기 때문입니다. 따라서 '생명에는 생명'이라는 응보의 정의감에 근거하고 있는 사형 제도는 반드시 유지되어야 합니다. 교화는 그다음 문제입니다. 사형 제도는 인면수심의 흉악범에 대한 도덕적 분노의 정당한 표현이며, 법적 정의를 실현하기 위한 공권력의 공정한 행사인 것입니다.

사형은 범죄 예방의 필수 요소

현실적인 측면에서도 사형 제도는 더욱 필요합니다. 현대 산업사회의 발달로 인간의 생명보다 물질적인 가치를 더 우선시하는 사회 분위기 속에서, 어린이 성폭행이나 연쇄살인 같은 계획적이고 잔혹한 범죄가 날로 증가하고 있기 때문입니다. 이런 잔인무도한 범죄를 막고 사회의 안녕과 질서를 유지할 수 있는 방법은 무엇일까요? 빈부격차를 해소하고 사회적 윤리를 회복시키는 등 여러 측면의 다양한 방법이 제시될 수 있지만, 이 문제의 해결을 위해서는 반드시 사형 제도가 필수적인 대안으로 포함되어야 합니다.

사형 제도는 강력한 범죄 억제력을 통해 범죄를 예방하는 효과를 발휘할 수 있습니다. 이는 정반대의 상황을 가정해 보면 금방 이해할 수 있습니다. 즉, 사형 제도를 없애면 사람들은 흉악한 범죄를 저지르면서도 '나는 절대 죽지는 않는다'는 생각에 주저 없이 범행을 저지를 것입니다. 범죄심리학과 범죄사회학 이론에 따르면 범죄자일수록 굉장히 이기적이라고 합니다. 범죄자일수록 자기 목숨을 엄청나게 중요하게 생각한다는 것이지요. 최소한 목숨만은 보장되는 상황이냐, 아니면 목숨을 전혀 보장할 수 없는 상황이냐에 따라 범죄자가 취하는 행동은 하늘과 땅만큼이나 큰 차이를 보일 수 있습니다. 사형 제도가 마땅히 유지되어야 할 이유가 여기에 있습니다. 쉽게 말해 사형 제도로 겁을 주자는 것입니다. 죽음의 공포로 범죄를 억제하는 것, 이것이 사형 제도가 수행하는 핵심적인 기능입니다.

사형 제도를 반대하는 사람들은 사형 제도를 유지하거나 사형을 집행한다고 해서 실제로 범죄가 줄어든다는 보장이 없다고 말합니다. 사형 제도는 범죄 예방의 효과가 없다는 거죠. 그러나 사형이 상당한 정도로 흉악 범죄를 억제해 왔다는 것은 엄연한 사실입니다. 미국 텍사스 주의 휴스턴에서는 1982년에 사형 집행을 부활해, 어느 도시보다도 많이 사형을 집행한 결과 1981년 701건이던 살인사건이 1996년에는 261건으로 63퍼센트나 감소했습니다. 미국의 경우 1972년에 사형을 폐지했다가 흉악범이 늘어나자 결국 1976년에 사형 제도를 부활시켜, 현재 31개 주에서 사형 제도를 유지하고 있습니다. 일본도 1993년에 흉악 범죄 증가에 대처하기 위해 한동안 유보해 왔던 사형 집행을 재개했는데, 일본에서는 2018년 한 해에만 15명의 사형수가 형장의 이슬로 사라졌습니다. 우리나라에서도 사형 제도의 범죄 억제 효과는 명백합니다. 우리나라의 경우 1998년부터 지금껏 전혀 사형을 집행하지 않았는데, 사형 집행을 중단한 이후 10년 동안 만여 명이 피살되는 등 흉악 범죄가 끊이질 않았습니다. 최근 들어서는 흉악 범죄가 더욱 잇따라 발생하고 있습니다. 그리하여 사형 집행의 부활을 요구하는 목소리는 커지고, 사형

| 사형 집행과 범죄율의 관계 |

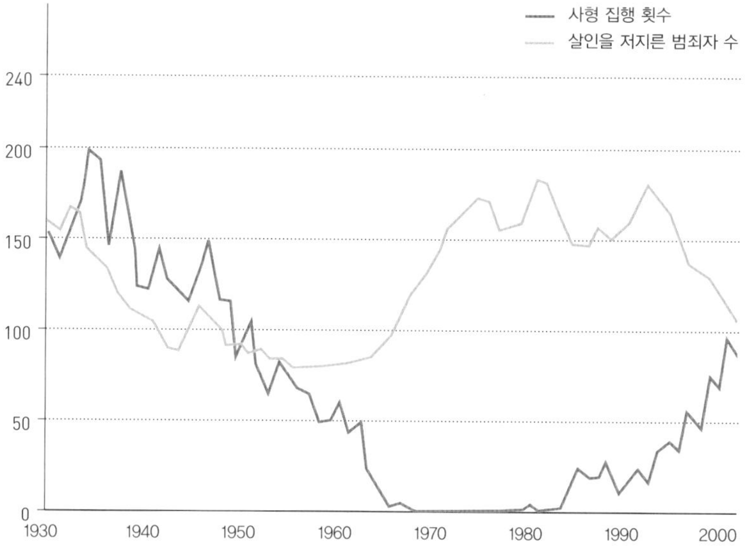

출처 : 미국 크리미널 저스티스 연구소

미국의 사형 집행과 범죄율을 70년 간 비교한 결과 사형 집행이 많을 때 범죄율이 감소했음을 확실히 알 수 있다.

제도의 폐지를 주장하는 여론은 힘을 잃고 있습니다. 이에 대해 사형 폐지론자들은 계속 사형을 집행했어도 범죄는 줄지 않았을 것이라고 주장합니다. 하지만 형법학의 권위자 이영란 교수는 과거에 사형을 집행했기에 그나마 더 많은 살인 사건이 발생하지 않은 것이라고 주장합니다. 이 교수는 그 근거로 과거에 사형을 집행할 때면 누구나 다 쉽게 그 효과를 느낄 만큼 가정파괴범이 확 줄었던 경험적 사례를 제시합니다. 이처럼 사형 제도의 흉악 범죄 억제 효과는 틀림없는 사실입니다. 만약 그렇지 않다면 사형 제도는 벌써 없어졌을 것입니다. 사형 제도가 아예 없는 것보다는 집행을 미루더라도 사형 제도를 유지하는 것이 흉악 범죄 예방을 위해서는 반드시 필요합니다.

사형 제도는 진정한 인권의 실현

"헌법이 보장한 생명권은 기본권 중 기본권으로 존중받아야 마땅하지만 특정 인간의 생명권을 타인의 생명권 보호나 중대한 공익을 위해, 극악 범죄에 대한 예방과 재발 방지를 목적으로 제한하는 것은 헌법의 테두리 안에서 허용될 수 있다."—2010 사형 합헌 헌법재판소 결정문에서

사형 폐지론자들은 사형 제도를 폐지해야 하는 이유로 흉악범의 생명권 존중의 문제를 내세웁니다. 이들은 생명권은 인권의 가장 본질적인 내용이기 때문에 어떤 경우에도 침해되어서는 안 된다고 말하며 흉악범의 인권도 똑같이 중요하다고 주장합니다. 아무리 살인범일지라도 그 생명은 앗아갈 수 없다는 것이지요. 언뜻 보기에 이와 같은 사형 폐지론은 참으로 훌륭한 인간 존중의 사상처럼 느껴집니다. 하지만 타인의 생명을 해친 흉악범의 생명권을 무조건 보호해 주는 것은 피해자의 인권보다 오히려 살인범의 인권을 더 중요시하는 잘못된 행위가 아닐까요? 타인의 인권을 존중하는 사람만이 자신의 인권을 존중받을 수 있습니다. 피해자의 인권이 무참히 짓밟혔는데도 살인범의 생명권과 인권을 존중하기 위해 사형 제도를 없앤다는 것은 인권의 기본 개념을 근본부터 부정하는 일입니다. 이는

현실의 법 정신에 정면으로 어긋나는 일이며, 사람들이 쉽게 받아들이기 어려운 주장입니다. 2010년에는 헌법재판소도 공익을 위해서는 헌법과 법률에 의해 개인의 이익을 제한할 수 있다며, 살인범의 생명권을 박탈할 수 있다고 판결했습니다. 즉, 사형 제도는 사회 전체 구성원들의 인권을 보호하고 법의 정의를 실현하기 위해 꼭 필요한 제도라고 인정한 것입니다. 자신의 생명이 소중한 것처럼 타인의 생명이 소중한 것은 당연합니다. 그럴수록 소중한 생명을 무참히 짓밟는 일은 막아야 하지 않을까요? 사형을 통해 다른 생명을 더 많이 보호할 수 있다면 사형 제도는 인정되어야 합니다. 사형은 공익과 사회질서를 보호하기 위해 불가피한 형벌이지, 기본권을 침해하는 과잉 처벌로 볼 수는 없는 것입니다.

한 걸음 더 나아가, 사형 제도는 흉악범의 인권을 침해하는 것이 아니라 오히려 존중하는 제도라고 볼 수 있습니다. 자신 때문에 무고하게 희생된 사람들에게 자신 역시 생명을 바쳐 용서를 구함으로써 존엄한 인간으로서의 품위를 다시 회복할 수 있도록 만들기 때문입니다. 단지 동물적인 생명을 유지하는 것보다 사형을 통해 속죄함으로써 흉악범은 그의 인간다움을 실현할 수 있을 것입니다. 민주주의 사상의 기초를 세운 홉스와 로크와 루소, 그리고 인간의 존엄성을 역설했던 철학자 칸트 역시 사형 제도를 인정했다는 사실 또한 상기할 필요가 있습니다. 사형 제도로 흉악 범죄를 모두 없앨 수도 없고, 오판에 의한 억울한 죽음마저 발생할 수도 있습니다. 그럼에도 불구하고 사형 제도는 유지되어야 합니다. 사람들이 자신의 행위에 대해 기꺼이 책임지는 사회라야만 진짜 인권을 말할 자격이 있는 도덕적인 사회이기 때문입니다.

"사형을 선고해도 피해자들이 살아 돌아올 수 없고, 인간의 생명은 지구보다 무겁기에 피고인의 생명을 법의 이름으로 박탈하는 것이 옳은지 고민할 수밖에 없었다. 그러나 선량한 시민의 생명을 이기적인 동기로 앗아간 흉악범에게 사형을 선고하는 것이 유족들과 잠재적 피해자인 국민에 대한 법관의 책무이다. 피고인이 속죄할 길은 생명 밖에 없다." – 이태수 판사 사형 판결문에서

아니야,
사형은 또 다른 살인이야
폐지해야 해

사형 제도 폐지는 시대의 흐름

전 세계적으로 사형 제도 폐지를 향한 움직임이 활발해지면서 문제 해결에 커다란 진전을 이뤄 가고 있습니다. 2018년 3월을 기준으로 사형 제도를 법적으로 완전히 폐지하거나 금지하고 있는 나라는 106개국, 10년 이상 사형을 집행하지 않아 '사실상 사형 폐지국'으로 분류되는 나라는 49개국으로 전 세계 195개국의 80퍼센트에 달하는 국가에서 사형 제도를 폐지하거나 사형 집행을 중단하고 있습니다. 7개국이 전쟁범죄 등 특수 범죄에 한해 사형 제도를 유지하고 있으며, 33개국만이 사형 제도를 시행하고 있습니다. 유엔은 총회에 '사형 집행유예 결의안'을 상정하며 전 세계를 향해 사형 제도의 폐지를 촉구하고 있습니다. 2007년에 처음으로 결의안을 채택하는 데 성공했고, 매번 찬성하는 국가가 증가하고 있습니다. 2008년

| 세계 사형 지도 |

사형제가 없거나 사형을 폐지한 나라

전쟁과 같은 특별한 경우를 제외하고 사형을 폐지한 나라

지난 10년간 사형을 집행하지 않은 사실상 사형 폐지국

사형이 존재하고 집행하는 나라

출처 : Wikimedia Commons

에는 우즈베키스탄과 아르헨티나와 칠레가, 2009년에는 토고와 부룬디가, 2015년에는 수리남이 사형 제도를 폐지했습니다. 유럽연합에는 사형 제도를 폐지한 나라만이 가입할 수 있습니다. OECD 가입국 중에서 예외적으로 미국의 일부 주와 일본이 사형을 집행 중이며, 그 외에 사형 제도가 유지되고 있는 곳은 아시아와 아프리카의 일부 국가들뿐입니다. 이제 사형 제도 폐지는 거부할 수도, 거스를 수도 없는 시대의 흐름입니다.

> 이전의 어느 때보다도 더 적은 수의 국가들이 사형을 집행하고 있다. 마치 노예제도와 아파르트헤이트■를 거부했던 것처럼, 이제 세계는 인류를 당혹스럽게 하는 사형 제도를 거부하고 있는 것이다.

■ **아파르트헤이트 apartheid** 남아프리카공화국의 극단적인 인종차별 정책. 흑인과 토착민은 백인과의 결혼은커녕 같은 버스를 타는 것조차 금지되었다. 1994년 만델라가 대통령이 되면서 철폐되었다.

■ **앰네스티Amnesty**
국제사면위원회. 이념이나 종교적 신념 때문에 국가 권력에 의해 처벌당하고 억압받는 각국 정치범들을 구제하기 위한 국제기구. 고문과 사형 폐지 운동을 함께 펼친다.

■ **빅토르 위고**
Victor-Marie Hugo
1802~1885. 프랑스의 시인, 소설가, 극작가. 『레미제라블』 『노트르담 드 파리』 등 불후의 명작을 남겼으며 자유와 정의, 인권을 위해 평생 동안 노력했다.

앰네스티■의 클라우디오 코르돈 전(前)사무총장의 말입니다. 사형제의 폐지가 왜 현재의 시대정신인지를 잘 일깨워 주는 말입니다. 덧붙여 그는 사형 없는 세상을 만들기 위해서 아직은 모든 사형 집행에 맞서 싸워야 할 때임을 강조합니다. 프랑스의 대문호 빅토르 위고■가 지적했듯이 사형 제도는 '야만의 상징'입니다. 위고는 "사형이 집행되는 곳은 야만이 지배하고 사형이 없는 곳은 문명이 지배한다."고 경고했습니다. 그런 점에서 우리 대한민국이 이미 사실상 사형 폐지국인 것은 참으로 다행이면서도, 법적으로는 여전히 사형 제도를 유지하고 있다는 사실이 안타깝습니다.

사형 제도, 효과도 없고 옳지도 않아

그렇다면 무엇이 사형 없는 세상을 향한 길을 가로막고 있는 걸까요? 그것은 사형 집행이 흉악 범죄를 줄여 준다고 생각하는 막연한 믿음 때문입니다. 사실 사형 제도가 범죄를 억제하는 데 효과가 없다는 것은 이미 밝혀진 사실입니다. 유엔은 1988년과 2002년 두 차례에 걸친 조사를 통해 사형 제도에 살인 억제력이 있다는 가설은 근거가 없다고 결론지었습니다. 또 캐나다의 경우, 사형 제도를 폐지하기 직전인 1975년에 비해 사형 제도를 폐지한 뒤인 2003년에 오히려 살인률이 44퍼센트나 감소했습니다. 이에 반해 미국은 세계에서 가장 많이 사형을 집행하는 국가로 미성년자마저 사형 집행 대상에 포함시켰음에도 연간 10만 건 이상의 살인이 벌어지고 있습니다.

사형 제도를 통해 범죄를 예방하겠다는 생각은 범죄의 근본적인 원인을 무시한 발상입니다. 모든 흉악범을 사회로부터 격리시킨다

| 사형 제도를 유지하는 주의 범죄율 |

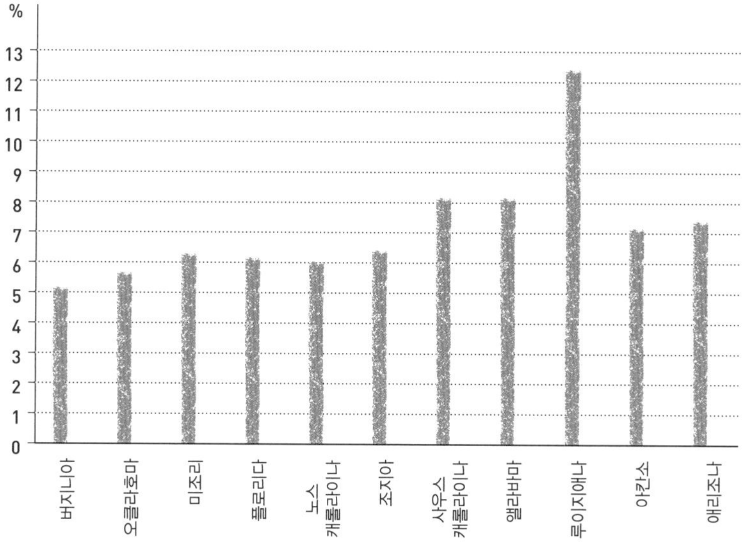

| 사형 제도를 폐지한 주의 범죄율 |

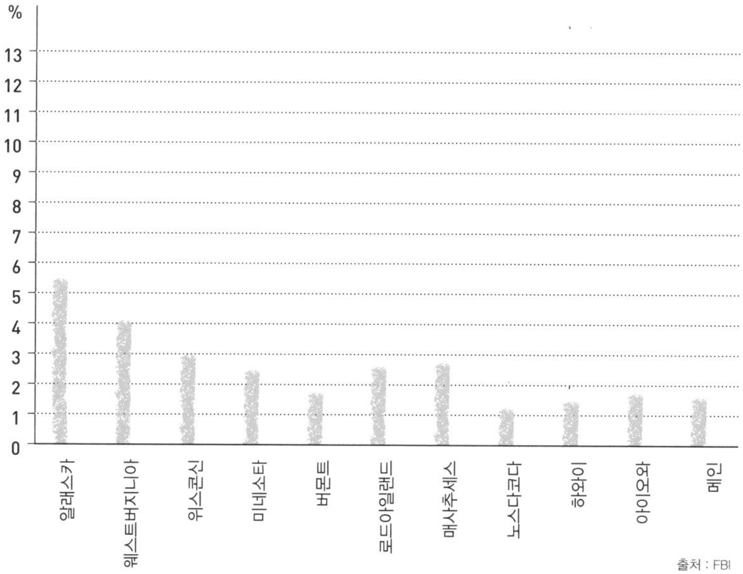

출처 : FBI

2006년 미국의 범죄율을 비교한 결과 사형 제도를 폐지한 주의 범죄율이 오히려 낮게 나왔다.

고 흉악 범죄가 사라지지는 않습니다. 대부분의 경우 범죄는 빈부 격차, 물질 만능주의 등 왜곡된 사회구조 때문에 일어나므로 범죄자 개인에게만 그 책임을 지울 수는 없습니다. 모든 비난의 화살을 개인에게 돌리고 범죄 발생의 사회적 책임을 외면할 경우, 또 다른 유사 범죄를 막을 길이 없습니다. 사형 집행을 통해 숱한 흉악범을 영원히 사회로부터 격리시켰음에도 비슷한 흉악 범죄가 자꾸만 반복되는 까닭이 여기에 있습니다. 모든 일을 사회의 책임으로 떠넘길 수 없는 것과 마찬가지로 모든 일을 개인의 책임으로만 떠넘길 수도 없습니다. 2018년 〈한겨레〉와 국가인권위원회가 함께한 기획 보도 리포트에 따르면, 사형수들을 오래전부터 연구해 온 김상균 백석대학교 경찰학부 교수는 "사형수 중에는 부모에게 학대를 당하거나 어려운 가정환경에서 자란 경우가 많다. 이들은 사회가 자신이 당한 폭력에 무관심했던 경험을 가지고 있다. 이런 사회적 환경이 타인에 대한 공감 능력을 떨어뜨리고 공격성을 부추기는 등 사이코패스적인 경향을 띠게 하는 것이다. 많은 강력 범죄를 사회가 배양하기도 한다"고 이야기합니다. 사회와 국가가 이들의 이런 고통을 공감하려고 노력해야만 흉악 범죄의 근원을 밝히고 범죄를 줄일 수 있습니다. 죄와 그 개인적 책임까지도 무조건 용서하자는 이야기가 아닙니다. 단지 사형을 통한 일벌백계■만으로는 결코 범죄가 줄어들지 않는다는 현실을 지적하는 것입니다. 특히 강력 범죄일수록 개인적인 성향 못지않게 빈부 격차 등 사회 부조리의 덫에 치인 경우가 많습니다. 이럴 경우 사형 제도는 문제 상황을 풀어가는 올바른 대안이라기보다는 오히려 해결 가능성을 차단해 문제의 원인을 가리는 방해물이 되기 쉽습니다.

■ **일벌백계주의 一罰百戒主義**
다른 많은 사람들에게 경각심을 불러일으키기 위해 본보기로 한 사람에게 엄한 처벌을 하는 방침.

사형 제도의 문제점은 여기서 그치지 않습니다. 오판으로 억울하게 사형당한 사람을 생각해 본 적이 있나요? 상식적으로 생각해 보아도 재판은 사람이 하는 일이라 의도적이든 실수나 잘못이든 항상 오판의 가능성을 갖고 있습니다. 그래서인지 오판의 실례는 알려진 것만도 다 열거할 수 없을 정도로 굉장히 많습니다. 미국의 경우, 2002년 이후 2015년 6월 말까지 사형수로 형 집행을 앞두고 있다가 무죄로 석방된 사례만 115건에 이른다고 합니다. 2006년에는 이미 사형 집행일이 잡혀 있던 사형수에 대한 선고가 잘못된 것임이 드러나 종신형으로 감형된 일도 있었습니다. 만약 사형이 집행된 후에 진실을 알았다면 이 억울한 죽음을 어떻게 보상할 수 있었을까요? 한번 사라진 생명은 결코 다시 되돌릴 수 없습니다. 이와 같은 사형의 불가역성■ 때문에라도 법 집행에 오판이 존재하는 한 사형 제도는 폐지되어야 합니다. 사형 제도를 유지하자고 주장하는 사람들은 오판이란 사법제도의 숙명적 한계라고 주장하며 이를 어쩔 수 없는 현실로 취급해 버립니다. 2010년 우리 헌법재판소도 사형의 불가역성 문제에 대해 아무런 대답도 하지 않은 채 사형 제도를 인정했습니다. 이는 생명에 대해 무책임한 태도라고 밖에 볼 수 없습니다.

■ **사형의 불가역성**
한번 죽은 사람이 다시 살아 돌아올 수 없다는 뜻. 불가역성이란 열이 높은 온도에서 낮은 온도로만 흐르고 그 반대는 일어나지 않듯 되돌릴 수 없는 성질을 말함.

사형 제도 폐지는 모두의 인권을 위한 것

사형의 불가역성이 말해 주듯, 사형 제도를 둘러싼 논란의 열쇳말은 단연 '생명'입니다. 국제 앰네스티가 1977년 스톡홀름 선언■을 시작으로 무조건적인 사형 폐지 운동을 전개한 가장 큰 이유도 사형 제도가 생명권을 침해하는 제도이기 때문입니다. 사형 제도에 맞서는 일은 생명을 지키는 일과 같습니다. 생명은 오직 하나이고 일회적이기 때문입니다. 그렇기에 생명권은 헌법으로 보호하는 기본

■ **스톡홀름 선언**
1977년 국제사면위원회가 발표한 사형 반대 선언. 사형 제도를 비인도적, 모욕적, 생명권을 침해하는 제도로 규정해 사형 폐지를 국제적 이슈로 끌어올림.

권 중에서도 가장 으뜸의 권리이며 인간의 존엄성과 인권으로 표현되는 헌법 정신을 대표하고 상징하는 권리입니다. 사형 제도는 바로 이 정신에 어긋납니다. 1990년 이후 헝가리, 남아프리카공화국, 알바니아, 우크라이나의 헌법재판소에서는 헌법 정신을 정면으로 거스른다는 이유로 사형 제도를 폐지했고 러시아의 헌법재판소 역시 같은 이유로 사형 제도의 완전한 폐지를 권고했습니다.

이처럼 오늘의 세계는 사형 제도에 맞서 인간의 존엄성을 확장하기 위해 애쓰고 있습니다. 오늘날 우리가 누리는 인권은 저절로 얻어진 것이 아닙니다. 오랜 세월 온갖 방해물들에 맞서 끊임없이 노력한 결과 만들어 낸 소중한 결실입니다. 프랑스혁명의 인권선언에 영향을 준 이탈리아의 체사레 베카리아■는 사형은 국민에 대한 국가의 전쟁이며 법을 빙자한 살인이고, 인간성 파괴를 제도로 허용하는 반인간적 행위라고 비판했습니다. 마치 프랑스혁명이 민주주의를 지구촌에 확산시켰듯 이제는 사형 폐지 운동이 생명의 존중과 인권이라는 시대적 가치를 전 세계에 전파하고 있습니다.

■ **체사레 베카리아**
Cesare Beccaria
1738~1794, 이탈리아의 법학자. 종교로부터 법의 해방, 죄형법정주의 등을 주장해 근대적 형법 사상을 확립. 고문, 사형을 반대함. 저서로 『범죄와 형벌』 등이 있다.

사형 제도와 인권이 밀접한 관계에 있다는 사실은 독재국가나 비민주적인 사회일수록 사형선고가 많고 사형 집행이 빠르다는 사실에서도 잘 드러납니다. 사형 집행국은 주로 아시아, 중동, 북아프리카 지역에 몰려 있는데, 2009년 이란에서 대통령 재집권을 위해 112명이 사형당한 것처럼 반대자에 대한 탄압 등 정치적 목적을 위해 악용되는 경우가 매우 많습니다. 우리나라에도 인민혁명당 사건이라는 큰 아픔이 있습니다. 군사독재 시절 북한의 지령을 받았다는 혐의로 8명에게 사형을 선고하고 채 하루도 지나지 않은 18시간 만에 기습적으로 사형을 집행했지만, 결국 사건은 조작된 것임이 밝혀졌습니다. 2007년 이들에게 다시 무죄가 선고되어 명예는 회복되었

폴 고갱, 〈겟세마니 동산의 그리스도〉, 1889
십자가형이라는 사형선고를 받은 예수 또한 두려움과 고뇌에 사로잡힌 한 사람의 사형수였다.

지만, 한번 사라진 생명은 다시 돌아올 수 없었습니다. 사형은 매우 불공정한 재판 과정 속에서, 그리고 가난한 사람과 인종적 소수자나 종교적 소수자에게 더 많이 선고되고 있습니다. 지금 이 시대에 아직도 남아 있는 사형 제도는 일반적인 형벌 체계의 모습이라기보다는 권위적이고 비민주적인 정치체제에서 자행되는 억압적인 통치 수단에 불과합니다.

생명의 존엄성을 회복하자

사형은 피해자 가족들에게도 큰 도움이 되지 않습니다. 미국의 '인권을 위한 살인 피해자 가족 모임'은 사형 제도가 자신들을 치유해 주지 못하며 오히려 그 치유를 더디게 한다고 말하며 사형 폐지 운동에 동참하고 있습니다. 이들은 가해자의 죽음과 가해자 가족이 겪는 새로운 고통은 자신들의 상처를 더욱 아프게 하며, 아무리 참혹한 범죄를 저지른 사람에게도 용서와 회개의 기회가 필요하다며 사형을 통한 보복을 거부합니다. 가해자를 죽임으로써 얻는 정신적 위안은 순간적인 감정의 해소일 뿐이기 때문입니다. 이처럼 사형 제도는 잔혹하고 굴욕적이고 야만적인 제도입니다. 사형수만이 아니라 피해자, 피해자와 가해자의 가족, 사형선고를 내리는 판사, 사형을 집행하는 교도관 모두를 고통스럽게 만들며, 사형을 지켜보는 국민 모두를 욕보이는 몹쓸 제도입니다. 사형 제도는 속죄와 재활, 용서와 화해를 모르는 반생명의 제도이기 때문에 누구에게도 진정한 도움을 줄 수 없습니다. 우리가 살아가는 21세기는 사형 제도의 존폐 여부에 따라 인권 국가인지 반인권 국가인지, 문명사회인지 반문명 사회인지가 결정될 것입니다. 그렇기에 온 세상의 양심들이 한목소리로 사형 제도를 반대하는 것입니다. 우리나라 역시 '사실상 사형 폐지국'에 머무를 것이 아니라, 사형 제도 자체를 폐지함으로써 인권 국가와 문명사회를 향한 세계사의 흐름에 동참해야 할 것입니다.

"사형수이든 작가이든 어린아이이든 판사이든, 인간에게는 누구나 공통된 것이 하나 있는데 그것은 누구나 사랑받고 싶어하고 인정받고 싶어하며 실은, 다정한 사람과 사랑을 나누고 싶어한다는 것, 그 이외의 것은 모두가 분노로 뒤틀린 소음에 불과하다." —공지영 『우리들의 행복한 시간』에서

입장 정하기

● **두 글에서 주장의 근거로 제시한 내용을 각각 요약해 봅시다.**

● **다음 쟁점에 대하여 자신의 입장을 정하고 근거를 제시해 봅시다.**

쟁점1 사형 제도를 없애면 흉악 범죄가 늘어날 것이다.

	그렇다	아니다
근거		

쟁점2 복수심은 결코 사라질 수 없는 인간의 본성이다.

	그렇다	아니다
근거		

쟁점3 살인자에게도 피해자와 동등한 인권이 있다.

	그렇다	아니다
근거		

● **사형 제도의 대안으로 절대적 종신형을 도입하자는 주장이 있습니다. 절대적 종신형이란 죽을 때까지 가석방이나 감형이 없는 무기징역형을 말합니다. 사형 제도와 절대적 종신형의 장점과 단점을 비교해 보는 표를 만들어 절대적 종신형이 사형 제도의 대안이 될 수 있는지 판단해 봅시다.**

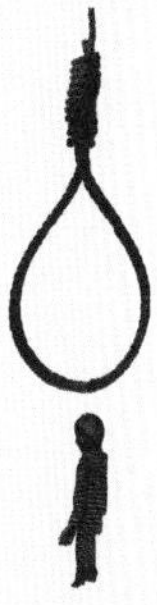

인간을 죽이는 인간적인 방법이 있는가

사형의 방법과 사형 제도 폐지론

이슬람 사회에는 아직도 돌팔매를 던져 사형에 처하는 제도가 남아 있습니다. 이를 두고 잔혹한 처형 방식이라며 국제 여론이 들끓자, 이란의 대통령은 "왜 당신들은 미국의 독극물 주사형에 대해선 침묵합니까?"라고 말했습니다. 돌팔매 처형은 잔인하기 때문에 옳지 않고, 독극물 주사형은 덜 잔인하기 때문에 옳을까요? 사형의 방법을 통해 사형 제도의 문제점을 되짚어 봅시다.

돌팔매 처형은 안 되고 독극물 주사는 되고

2007년 이란의 한 여성이 간통죄로 돌팔매 사형을 선고받은 데 이어 2010년 9월 파키스탄에서 또 다른 여성이 돌팔매 사형으로 숨지자 국제사회는 그 잔인성을 크게 비난했다. 돌팔매 처형을 선고받은 사형수는 손이 묶인 채 구덩이에 몸이 반 이상 묻힌 상태로 처분을 기다리는데, 형 집행에 사용되는 돌은 한두 번 맞아서 숨지게 할 수 있을 정도로 커서는 안 되고, 자갈이나 조약돌처럼 너무 작아도 안 된다. 돌팔매 처형은 이란, 아프가니스탄, 파키스탄, 사우디아라비아, 소말리아 등에서 아직 유지되고는 있지만 최근에는 실제 집행이 이루어진 경우는 거의 없다. 돌팔매 처형 소식을 접한 사람들은 "지금 시대에 어떻게 그런 일이 일어나는가?", " 너무 잔인하고 폭압적이다."라는 반응을 보인다. 커다란 종합 운동장에 여러 명의 사형수를 한 줄로 세워 놓고 총살로 집행되는 중국의 공개 처형을 놓고도 서구 사회의 비난은 끊이지 않는다. 그러나 같은 시각, 미국 버지니아 주에서 독극물 주입으로 또 다른 사형수가 숨졌지만 누구도 문제를 제기하지 않는다.

에디슨과 전기의자

방법이 잔인하지만 않다면 사형은 용납될 수 있다는 말일까? 아시아권의 잔혹성을 문제 삼으며 인권 후진국이라고 비난하는 서구 사회도 버젓이 사형 제도를 유지하고 있다. 미국은 독가스, 교수형, 총살형, 전기의자, 독극물 주입 등의 방법으로 사형을 집행하고 있는데, 1890년 사형 집행을 위해 최초로 전기의자를 만든 사람은 다름 아닌 발명왕 에디슨이다. 당시는 전기가 막 보급되기 시작하던 때로 직류 방식과 교류 방식을 둘러싸고 첨예한 대립이 있었는데, 직류를 발명한 에디슨은 만약 교류 전기를 사용해 전기의자를 만들어 사람이 죽는 모습을 전 국민에게 보여 준다면, 사람들이 사형에 사용되는 전기보다 자기 회사의 전기를 사용할 것이라고 생각했다. 에디슨은 자신이 세운 회사의 이익을 위해 사람을 죽이는 전기의자를 만들었던 것이다. 그러나 실제로는 교류 방식이 더 안전하고 효율적인 전기였기 때문에 에디슨의 전기의자는 결국 사형수에게 끔찍한 고통만을 안겨 주고 말았다. 마취제, 마비제, 독극물을 차례대로 사형수의 몸에 주사하는 독극물 주사형은 전기의자보다 고통이 덜하다고 하지만 잔인하기는 마찬가지이다. 2009년 미국 오하이오 주의 독극물 사형 집행 과정에서 집행관이 사형수의 정맥을 찾지 못해 사형수가 2시간 동안 18차례나 주사 바늘에 찔리는 일이 일어나기도 했다. 사형 집행실의 산소 농도를 점점 낮추는 방법이 고안되는 등 인도적인 사형 집행 방법이 고려되고 있지만, 과연 인간의 목숨을 빼앗는 데 인간적인 방법이 존재하는 것일까?

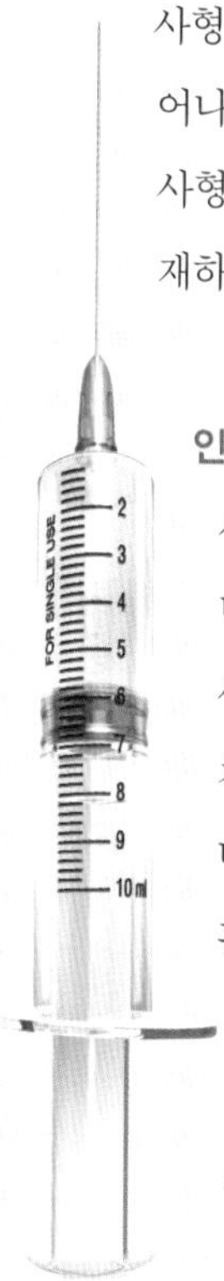

인간의 목숨을 빼앗는 인간적인 방법은 없다

사람들은 돌팔매형의 잔혹함만 비난할 뿐 사형 제도의 존재 자체는 문제 삼지 않는다. 그러나 인권의 원칙에서 보면, 이란의 돌팔매 사형과 좀 더 인간적으로 보이는 사형 집행 방법은 근본적으로 다르지 않다. 왜냐하면 양쪽 모두, 공정한 재판을 거치기만 하면 국가의 이름으로 개인의 생명쯤은 얼마든지 합법적으로 빼앗을 수 있다고 여기기 때문이다. 생명권은 어떤 경우에도 침해해서는 안 되는 권리로, 사형과 관련된 문제를 해결하는 길은 오직 사형 제도의 폐지뿐이다. 사형 방법에 대한 논란은 긍정적인 결과를 낳기도 하는데, 실제로 미국의 뉴저지 주에서 독극물 주사형이 너무 잔인하다는 비판 여론이 일어 2007년 사형 제도가 폐지되었다. 이란에서도 2013년에 돌팔매 관련 법률이 개정 절차를 밟고 있는 것으로 확인되었다.

6 결혼

그래,

결혼은

사회를 유지하기 위한

필수 과정이야

아니야,

결혼은 행복을 위한

개인의 선택에

맡겨야 해

결혼관이 바뀌고 있습니다. 통계청이 발표한 '2018년 사회의식 조사' 결과 '결혼은 해야 한다'고 생각하는 국민은 48.1퍼센트에 불과했습니다. 절반 이상이 결혼하지 않을 수도 있다고 생각한 것이지요. 결혼해야 한다고 생각하는 비율이 50퍼센트 아래로 떨어진 것은 통계 자료 집계 이래 처음이라고 합니다. 남녀가 결혼하지 않더라도 함께 살 수 있다고 생각하는 비율은 56.4퍼센트나 되었습니다. 동거에 대한 긍정적인 답변 비율이 50퍼센트를 넘어선 것 역시 2018년 조사에서 처음으로 나타난 결과입니다. 결혼하지 않고도 자녀를 가질 수 있다는 생각에는 30.3퍼센트가 동의했습니다. 사회의식 조사의 결과를 보면 전통적인 가족 제도 곳곳에서 균열이 발생하고 있는 것을 볼 수 있습니다. 청년 세대가 결혼을 놓고 손익계산서를 두드려보았을 때, 결혼을 선택하는 쪽이 훨씬 손해인 경우가 많습니다. 그래서 결혼을 포기하고 동거만 하거나 아예 비혼을 선택하는 청년들이 늘어 가고 있습니다. 결혼이 이렇게 손익 계산서만 따져서 선택해야 하는 것인지 불편한 시선으로 바라보는 의견도 존재합니다만, 결혼관이 바뀌고 있는 것이 우리 사회의 현실입니다.

● 이야기 하나

2008년 미국 샌프란시스코 시장의 집무실에서 결혼식이 열렸다. 이날 부부가 된 두 사람은 델 마틴(87)과 필리스 라이언(84). 80대에 부부가 된 두 할머니의 눈에는 눈물이 그렁그렁했고, 두 사람의 결혼을 축하하기 위해 모인 하객들도 눈시울을 붉혔다. 마틴과 라이런은 1953년부터 함께 살기 시작했지만 자신들의 관계를 공식적으로 밝힐 수는 없었다. 경찰이 동성애자를 체포하는 것은 물론, 성 정체성을 교정하겠다며 전기 충격 요법까지 가하던 시절이었기 때문이다. 두 사람은 현실에 좌절하지 않고 1955년 미국 최초의 레즈비언 단체인 '빌리티스의 딸들'을 결성했다. 이후 수십 년간 동성애자에 대한 차별 중단, 동성애자들의 가족 구성권 및 동성 결혼 합법화를 위해 목소리를 내 왔다. 반세기 넘게 부부로 살아온 이들은 2008년 5월 캘리포니아주 대법원의 동성결혼 합법화 판결 이후 처음으로 합법적인 동성 부부가 되었다.

● 이야기 둘

1941년생인 김애순 씨는 평생을 비혼으로 살아가고 있는 여성이다. 독신 여성 단체 '한국여성한마음회'를 조직하기도 한 그는 '비혼주의자는 이기적이다, 결혼하지 않는 삶에는 문제가 있다'는 사회의 편견을 깨기 위해 인터뷰 요청을 마다하지 않는다. 비참한 비혼이라는 프레임을 들이밀며 왜 결혼하지 않았느냐고 끊임없이 묻는 세상에 "하기 싫으니까", "경력 단절이 되니까."라고 당당히 답해 온 김애순 씨. 그는 10대 시절 약자를 위해 일하겠다는 다짐으로 변호사를 꿈꿨고, 국회의원 비서관 시절에는 비혼주의자를 위해 목소리를 내는 국회의원을 꿈꿨으며, 사회단체에 결혼과 비혼을 둘러싸고 과연 어떤 삶이 행복한 삶이며 사회적 이익을 추구하는 것인지에 대해 다양한 의견이 존재합니다. 사랑하는 사람과 평생 함께하는 삶을 소망하며 결혼하는 사람도 있고, 결혼이 인생의 행복을 보장하는 것은 아니라며 결혼을 거부하는 사람도 있지요. 비혼율이 증가하면서 출산율도 함께 떨어진다고 걱정하는 시선도 있습니다. 다음 이야기를 읽고 결혼과 비혼을 둘러싼 다양한 입장에 대해 생각해 봅시다.

서 일할 때는 간호 요원들의 야근 수당 지급을 위해 애썼다. 김애순 씨는 이미 '남과 함께하는 삶'을 실천하며 살아온 사람이다.

● 이야기 셋

우리 사회에서 점차 확산되고 있는 비혼 문화는 '초저출산 문제'와도 맞물려 있다. 2018년 한국의 합계출산율은 0.98명으로 OECD 국가 중에서도 최하위를 기록했다. 청년 세대가 안정적인 일자리와 주거환경을 보장받지 못하는 상황이 이어지면서 연애와 결혼, 나아가 출산 역시 포기하는 일이 늘어나고 있다. 막상 아이를 낳아도 믿고 맡길 수 있는 보육 시설이 턱없이 부족하다는 현실의 장벽 역시 출산율을 줄이는 원인이다. 결혼하지 않는 젊은 층이 점점 더 늘어나다 보니 출산율이 감소하고 있는데, 그렇다고 혼인하지 않고서 애를 낳고 기르기 쉬운 문화가 형성돼 있는 것도 아니다. 전문가들은 초저출산 문제 해결을 위해서는 비혼 증가 추세에 맞춘 출산 정책이 필요하다고 지적한다. 저출산·고령사회위원회는 2018년 12월 기존 '3차 저출산 기본계획(2016~2020년)'의 수정안으로 모든 세대의 삶의 질을 높이는 방향으로 저출산·고령화 정책 패러다임을 전환하는 로드맵을 발표했다. 김상희 저출산·고령사회위원회 부위원장은 "국민 대다수가 결혼과 출산을 선택으로 여기는 시대이기에 그 선택의 여지를 넓힐 수 있도록 여건을 마련하는 게 필요하다"고 말했다.

그래,
결혼은 사회를 유지하기 위한 필수 과정이야

결혼은 인간의 본성에 부응하는 일

요즘에는 혼인 여부를 말할 때 '기혼'과 '미혼'이라는 표현 이외에도 '비혼'이라는 말이 쓰입니다. 성인이 되고 결혼을 해 가족을 꾸리는 것을 당연한 삶의 과정으로 여겼던 때에는 결혼했으면 기혼, 하지 않았다면 미혼이라고 이야기했습니다. 미혼이란 아직 결혼하지 않았지만 시간이 지나면 결혼할 예정이라는 의미로 사용되는 단어였지요. 반면 비혼은 현재 혼인 상태가 아니며, 앞으로도 결혼할 의지가 없다는 뜻입니다. 결혼이 인생의 필수 과정이 아니라 할 수도, 안 할 수도 있는 개인의 선택이 되어 버린 것입니다. 하지만 인간의 삶에서 결혼이 과연 꼭 필요하지 않은 과정인 걸까요?

사회성■은 인간의 본능적인 속성입니다. 인간은 혼자서는 살아갈 수 없고 2명 이상이 모인 집단, 즉 사회를 구성하며 살아가는 존재

■ **사회성**
사회생활을 하려고 하는 인간의 근본 성질. 인격, 혹은 성격 분류에 나타나는 특성의 하나로, 사회에 적응하는 개인의 소질이나 능력, 대인 관계의 원만성 등을 가리킨다.

라는 것이지요. 인간은 사회를 통해서 인간답게 성장하고 구성원으로서 역할을 수행할 수 있도록 사회화됩니다. 사회를 구성하고 살아가는 것은 인간의 본능이며 그러한 본능이 지금까지 인간 사회를 지속하게 했다고 볼 수 있습니다. 그렇다면 사회를 구성하는 가장 기본적인 단위는 무엇일까요? 개인일까요? 아닙니다. 사회를 구성하는 기본적인 단위는 개인이 아니라 가장 원초적 사회인 가족이라고 할 수 있습니다. 개인 혼자서는 사회를 구성할 수도, 유지할 수도 없습니다. 가족이야말로 구성원들의 재생산 및 사회화를 담당함으로써 인간의 오랜 역사를 가능하게 해 왔고, 앞으로 다가올 미래 사회를 이끌 주체로서 기능하고 있는 것입니다.

결혼은 사회의 가장 작은 단위인 가족을 구성하는 중요한 절차라고 할 수 있습니다. 오랜 역사를 통해서 인류의 존속과 번영을 유지해 온 사회 제도이지요. 꼭 결혼해야 하는 것은 아니라고 주장하는 사람들은 결혼만으로 가족을 구성하는 것에 반대합니다. 다양한 가족, 이를테면 동거 가족이나 동성애 가족 등도 가족의 형태로 인정해야 한다고 주장하지요. 또한 결혼한 부부만이 아니라 비혼 상태에서도 자녀를 원한다면 얼마든지 낳을 수 있도록 제도가 마련되어야 한다고 이야기합니다. 하지만 결혼으로 이루어지지 않은 가족의 형태를 법적으로 인정하는 것, 나아가 법적인 부부 이외의 관계에서 자녀 출산을 제도적으로 지원하는 것은 위험한 생각입니다. 사람들 사이에 갈등을 불러일으켜 그를 해결하는 데 많은 사회적 비용이 들어갈 뿐 아니라 수많은 윤리적 문제도 발생할 수 있기 때문입니다. 오직 연인 간의 사랑을 이유로 혹은 그밖의 다른 이유로 함께 사는 사람들은 감정이 변하거나 이해관계가 달라지면 쉽게 이별을 선택할 수 있습니다. 언제 헤어질지 모르는 사람들을 위해 제도를 마련해야 할까요? 또 그런 사람들이 부모가 된다면 자녀에게 안정적인 환경을 마련해 주고 신뢰감을 줄 수 있을까요?

결혼은 오랜 인간의 역사에서 성적 욕구를 해결하고 자녀를 출산해 가족을 구성하게 하는 제도로서 사회 구성원들을 충원하고 가장 기본적인 사회화를 담당해 왔습니다. 가족이 결혼을 통한 혈연관계를 기본으로 해 수천 년간 유지되어 온 데에는 그만한 이유가 있습니다. 결혼은 인류의 존속을 위해 반드시 필요한 제도입니다.

결혼을 통해 얻을 수 있는 것

결혼을 하면 무엇이 좋을까요? 결혼은 가정을 꾸리며 부모가 되기 위한 절차이기 때문에 결혼 생활에는 책임감이 중요하게 작용할 수밖에 없습니다. 결혼 이전에 경제력이나 생활 관리 능력 등 성인으로

서 책임을 다하기 위한 조건을 갖추기도 하지만, 그렇지 않더라도 일단 결혼하게 되면 자신뿐만 아니라 결혼으로 이루어진 가족에 대한 책임감이 생깁니다. 배우자와 함께 노력하면서 가정을 안정적으로 유지하기 위한 조건들을 갖추어 나가지요. 이 책임감을 두고 부담감이 늘어나는 일이라고 말하는 사람들도 있습니다. 과연 그럴까요?

성인이 되어 독립하면 부모로부터 도움을 받기만 했던 수많은 일을 자기 힘으로 해결해야 합니다. 독립해서 스스로 일상을 꾸려 나갈 때 성취감을 느끼고 자존감도 매우 높아집니다. 성인이 되어서도 계속 부모의 도움을 받으며 살아가야 하는 경우 곱지 않은 사회적 시선을 받게 되고 자연히 자존감이 낮아져 행복한 삶을 이어 나가기 어렵습니다. 그런데 결혼을 하면 자연히 부모에게서 독립하게 됩니다. 새롭게 생긴 가족에 대한 책임감으로 삶을 더욱더 성실하게 가꾸게 되지요. 이렇게 발휘되는 책임감은 배우자와 함께하는 삶에 긍정적으로 작용할 수밖에 없습니다. 서로의 존재에 대한 고마움과 든든함은 살아가면서 겪는 여러 가지 어려움을 극복하는 원동력이 됩니다. 역경을 극복한 사람들이 시련을 겪을 때 가장 힘이 된 사람으로 하나같이 가족을 꼽는 것을 보면 알 수 있습니다. 결혼을 통해 가족을 꾸리며 얻는 책임감은 충만한 행복과 보람으로 돌아옵니다.

부모가 되는 경험 역시 결혼을 통해 얻을 수 있는 기쁨 중 하나입니다. 자녀가 태어나 부모가 되면 그 책임감은 더욱 커지지만 행복과 보람도 그만큼 함께 자라게 됩니다. 우리 사회에는 지금 출산과 육아에 대한 걱정이 넘쳐 납니다. 물론 출산과 육아에 대한 공적 지원 체계가 더욱 세심하게 마련되어야 함은 당연한 일입니다. 맞벌이 부부가 흔한 사회에서 출산과 육아를 여전히 여성의 몫이라고 여기는 인식 역시 바뀌어야 합니다. 이는 사회 구성원 모두가 책임감을 가지고 함께 만들어 가야 할 환경입니다. 하지만 일부 사람들은 이런 해법을 고민하기 전에 지나칠 정도로 큰 걱정을 불러일으키고 있지는 않나요? 결혼하면 현재 누리는 즐거움을 대부분 포기해야 하며 자녀를 출산하면 그 아이가 성인이 될 때까지 경쟁 위주의 사회에서 치열하게 전쟁을 치러야 하기 때문에 부모도 아이도 행복하지 않다고 주장합니다. 이런 인식이 확산되면 출산과 육아를 해 보지도 않고 포기하는 경우가 늘어납니다.

출산과 육아가 그렇게 두렵기만 한 과정일까요? 그렇지 않습니다. 결혼해서 배우자와 함께 어려움을 극복해 나가면서 느끼는 성취감만큼이나, 자녀들을 키우는 일은 커다란 즐거움과 보람을 안겨 줍니다. 아이와 부모는 평생에 걸쳐 인생을 함께하며 정서적으로 교감하고, 추억을 공유하고, 서로를 성장시킵니다. 부모 자식 관계가 아니면 경험할 수 없는 특별한 기쁨이지요. 자녀를 사랑하는 부모의

| 가구 규모별 행복지수 평균 점수 |

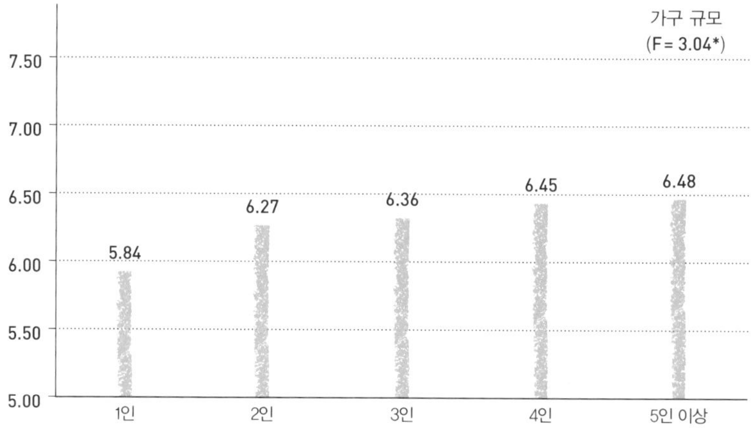

출처 : 한국보건사회연구원 행복지수 개발에 관한 연구보고서(2017)

마음이면 일단 육아의 필요조건을 갖췄다고 할 수 있습니다. 결혼해서 훌륭한 부모가 될 수 있는데 해 보지도 않고 그 행복과 보람을 포기하는 것은 불행한 일입니다.

결혼으로 새롭게 맺어지는 관계를 통해 얻는 인격적 성숙 역시 빼놓을 수 없는 장점입니다. 남편의 가족과 아내의 가족이 함께하는 과정에서 때로는 갈등이 발생하기도 합니다. 이때 관계의 갈등을 해결하려면 가족 구성원 모두의 노력이 무엇보다 중요합니다. 함께 노력하는 과정에서 상대방의 입장을 배려하고 공감하는 마음을 기르며 가족 관계가 더욱 단단해질 수 있습니다. 부모의 역할을 해 본 사람과 해 보지 못한 사람, 외동인 사람과 형제자매를 둔 사람은 일생의 경험이 다를 수밖에 없습니다. 결혼해 가족을 이루고 자녀를 출산한 사람이 훨씬 다양한 관계의 갈등을 관리하게 되고, 자연스럽게 배려와 공감의 폭을 넓힐 수 있습니다. 그러한 경험을 통해 인격적으로 성숙하면서 더 큰 행복과 보람을 느끼며 삶을 누릴 수 있게 됩니다.

국내외의 수많은 연구에서 배우자가 있는 사람이 그렇지 않은 경우보다, 또한 자식이 있는 사람이 그렇지 않은 사람보다 훨씬 삶의 만족도가 높으며 오래 산다는 점이 발표되었습니다. 2017년 12월 한국보건사회연구원이 성인 1,000명을 대상으로 한 행복 수준 인식 조사 결과를 발표한 바 있습니다. '행복지수 개발에 관한 연구보고서'에 따르면 1인 가구의 행복지수는 5.8점으로 2인 가구 6.3점, 3인 가구 6.4점, 4인 가구 6.5점 등과 비교해 낮았습니다. 한 사람이라도 가족이 있는 사람이 그렇지 않은 사람보다 행복하다는 의미입니다. 그만큼 가족은 인생의 힘듦과 어려움을 극복하고 살아가게 해주는 버팀목이 되는 것입니다. 바로 결혼이 한 사람을 성숙한 인간으로 성장하게 하고, 가족을 이루어 행복과 보람을 느낄 수 있게끔 하는 출발점이라고 할 수 있습니다.

결혼이 비단 개인적인 측면에서 삶의 만족도를 높이는 데 그치는 것은 아닙니다. 결혼을 통해 자녀를 출산하고 키우는 일은 국가 경제를 위해서도 매우 중요합니다. 국가 경제가 원활히 돌아가며 생산 활동이 활발히 이루어지면 일자리가 확충됩니다. 그러면 자연히 노동자들의 소득이 늘어나고 소비로 이어지지요. 소비가 늘어나면 다시 생산을 증가시키며 국민 경제의 선순환이 이루어지는데, 이는 기본적으로 생산 활동 인구가 있어야만 가능한 일입니다. 결혼으로 부모가 되고 사랑하는 자녀를 키우는 일은 그 자체로도 삶의 만족도를 높이고 행복과 보람을 얻게 하지만, 단순히 개인의 만족을 넘어 국가 경제의 활력을 책임지는 생산 활동 인구를 지속적으로 재생산해 사회와 국가에 기여합니다. 이렇게 활성화된 국가 경제의 혜택은 다시 수많은 가족에게 돌아가 가족 구성원의 삶의 질을 높이는 결과를 가져올 것입니다.

비혼의 그늘

결혼이 주는 개인적, 사회적 이득에도 불구하고 결혼은 선택 사항일 뿐이라고 주장하며 비혼을 결정한 사람들은 사회 구성원으로서 책임을 외면하고 있습니다. 결혼하지 않는 사람들이 많아지면 우리 사회는 어떻게 달라질까요?

비혼을 선택한 사람들은 희생과 배려를 통한 행복과 보람을 포기하고 자신만을 위한 삶을 사는 사람들입니다. 비혼을 선택하는 사람이 많을수록 개인주의가 팽배하고 사회는 점점 더 각박해질 것입니다. 결혼하지 않기로 한 사람들은 결혼을 선택했을 때보다 훨씬 더

경제적으로 여유 있는 삶을 즐길 수 있고, 자신을 위한 여가 활동에 집중할 수 있어서 질 높은 삶을 영위할 수 있다고 말합니다. 하지만 과연 일할 수 없는 나이 되어서까지 그러한 삶이 보장될까요?

가족 없이 보내는 노년은 그렇지 않은 경우에 비해 삶의 질이 훨씬 떨어집니다. 결혼하지 않은 상태에서 여생을 함께할 배우자나 자녀도 없고, 젊은 시절처럼 소득을 얻는 활동도 할 수도 없으며 노화와 질병으로 인해 몸도 건강하지 않다면 과연 행복한 삶을 살 수 있을까요? 우리보다 고령화 진행 속도가 빨라 현재 초고령 사회로 진입한 일본은 다양한 노인 문제를 심각하게 겪고 있습니다. 특히 독거노인의 고독사가 사회 문제가 되고 있어 이를 해결하기 위한 대책 마련에 고심하고 있습니다. 우리 사회도 혼인율과 출산율이 해가 갈수록 떨어져 세계 최고 수준의 저출산을 기록하는 나라가 된 지 이미 오래입니다. 인구의 고령화 문제는 더 이상 남의 이야기가 아닙니다. 저출산으로 인해 사회 구성원이 제대로 충원되지 않아 국가 경제는 활력을 잃고 노인 인구 비중이 급속하게 늘어나고 있는 것입니다. 이런 상황이 지속되면 각종 노인 문제를 해결하기 위한 복지비 지출이 증가하면서 국가 재정은 파탄에 이르게 될 것입니다. 이제 비혼이 우리 사회에 미치는 악영향에 대해 사회 구성원으로서 책임감을 갖고 생각해 봐야 합니다. 결혼은 개인의 선택이 아니라 사회에 대한 책임이자 의무입니다.

아니야,
결혼은 행복을 위한
개인의 선택에 맡겨야 해

결혼은 필수가 아닌 선택의 문제

결혼은 인간의 오랜 역사에서 가족을 구성하는 제도로 다양한 사회적 기능을 수행해 왔습니다. 하지만 현대인들의 삶의 방식은 점차 과거의 결혼 제도와 맞지 않는 방향으로 변화하고 있습니다. 2018년 전 국민을 대상으로 조사한 통계청의 자료에서도 결혼을 해야 한다는 답변이 조사 이래 처음으로 50퍼센트 아래로 떨어졌습니다. 국민 중 절반 이상이 결혼이 필수가 아닌 선택이라고 생각하고 있는 것입니다.

현대 사회의 대표적 흐름이라고 할 수 있는 다양화는 사회 구성원들의 삶 구석구석에 영향을 미치고 있습니다. 다양성을 인정하지 않고 획일화를 추구하는 사회는 경쟁력을 잃고 번영을 약속하기 어렵습니다. 19세기의 아일랜드에서 일어난 사례 하나를 소개하겠습니다. 당시 아일랜드 사람들은 신대륙에서 들여온 감자를 주식으로 하고 있었습니다. 아일랜드 사람들은 검은 감자를 선호해서 대부분의 지역에서 이 검은 감자 한 종으로만 농사를 지었지요. 그런데 유독 검은 감자에 치명적인 역병이 발생한 것입니다. 결국 흉작으로 대기근을 겪을 수밖에 없었고, 이 시기에 아일랜드 인구의 절반이 굶어 죽고 말았습니다. 만약 다양한 품종의 감자를 심었다면 이런 일이 일어나지 않았을 것입니다. 아일랜드 감자 이야기는 획일성이 가져오는 폐해와 더불어 한 사회가 지녀야 할 다양성의 가치가 얼마나 중요한 것인지 생각하게 합니다.

다양성이 인정되는 사회는 구성원들에게 보다 많은 기회를 제공하는 사회라고 할 수 있습니다. 다양한 삶의 바탕에는 서로 다른 생각이 존재합니다. 결혼에 대한 생각도 마찬가지입니다. 결혼을 꼭 해야 한다고 생각하는 사람들은 연애의 목적은 결혼이라고 이야기합니다. 결혼은 성인이라면 반드시 거쳐야 하는 필수적인 통과 의례이고, 결혼을 통해 자녀를 출산하는 형태의 가정만이 '정상 가정'이라고 주장합니다. 하지만 이러한 주장은 사회 구성원들에게 표준화된 삶의 방식을 강요하며, 현대 사회가 추구하는 다양성에도 역행합니다. 꼭 결혼해야만 가족을 구성할 수 있다는 생각을 넘어 이제는 다양한 가족의 형태를 인정하고 상상할 수 있어야 합니다. 1인 가구, 동성 부부, 동거 부부, 성애적 감정이나 혈연으로 이루어지지 않은 사람들이 함께 살아가는 공동체까지, 사회에는 이미 다채로운 형태의 가정이 존재합니다. 통계청의 2017년 인구총조사 결과에 따르면 1인 가구 비중이 28.6퍼센트로 전체 가구 중 가장 높은 비율로 나타났습니다. 또한 2018년 결혼 건수는 25만 7700건으로 1년 전보다 2.6퍼센트 줄어 역대 최저치를 기록했습니다. 이는 최근 10년

| 2018년 사회조사 결과 결혼에 대한 견해 |

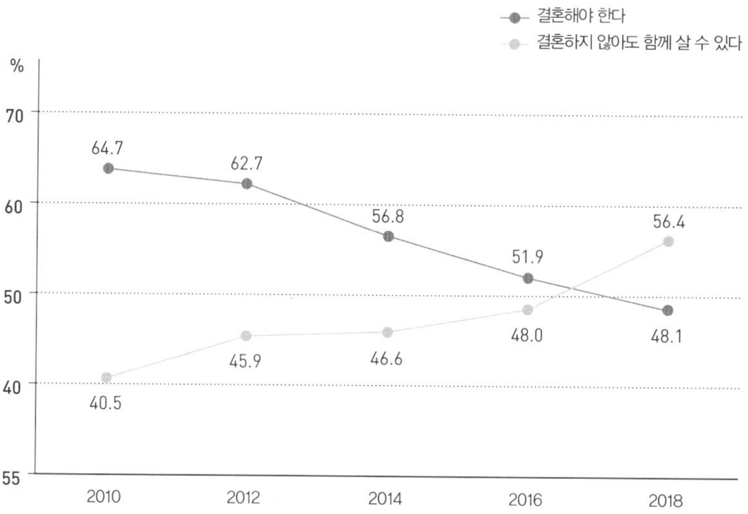

출처 : 통계청

사이 가장 많은 결혼 건수를 기록한 2011년(33만1500건) 이후 7년 연속 감소한 수치입니다. 사람들은 이미 결혼 이외의 형태로 행복을 추구하며 따로 또 같이 살아가는 삶을 선택하고 있는 것입니다.

결혼 제도가 오랜 세월 이어져 온 데에는 물론 그만한 이유가 있었을 것입니다. 사회 제도로서 중요한 기능을 수행하고 사회를 유지하고 존속시키는 데 효율성을 발휘했을 테니까요. 하지만 이제 세상이 변화하고 있습니다. 오늘을 살아가는 사람들의 현실을 제대로 담지 못하고 있다면 결혼 제도도 달라져야 합니다. 결혼 제도가 없어져야 한다는 것이 아니라 제도의 형태가 바뀌어야 하고, 또 결혼을 선택하거나 선택하지 않을 수 있는 개인의 자유를 존중해야 한다는 것이지요. '결혼 안 해?'라는 질문에는 언제 결혼이라는 숙제를 마칠 생각이냐는 의미가 포함되어 있습니다. 하지만 결혼 여부보다는 어떤 모습의 행복을 추구하는지 묻는 게 인생에서 더 중요한 질문 아닐까요? 결혼은 제도일 뿐 인간의 본능이 아닙니다. 다양성을 존중하는 사회라면 구성원이 선택할 수 있는 삶의 범위를 넓혀 다양한 기회를 제공하는 것이 바람직합니다.

비혼의 원인

그렇다면 사람들은 왜 비혼을 선택할까요? 자신의 행복을 위해 적극적으로 비혼을 선택하는 경우도 있지만 어쩔 수 없이 비혼을 결정하는 사람도 있습니다. 사회 · 경제적인 압박으로 연애, 결혼, 출산을 포기하는 '3포 세대'부터 삶에서 더 많은 가능성을 포기하는 'N포 세대'까지, 젊은 세대들은 삶의 많은 부분을 포기하고 살아갑니다. 연애를 하고 결혼을 하고 자녀를 낳아 키운다는 것은 엄청난 경제적 비용을 감당해야 하는 일인데, 취업조차 어려운 청년 세대들이 이러한 비용을 감당하는 것은 턱없는 현실이라는 것입니다.

결혼하게 되면 일단 배우자와 함께 살 집을 마련해야 합니다. 하지만 청년 세대에게 과연 주거 공간 마련이 쉬운 일일까요? 통계청이 발표한 '한국의 사회동향 2018' 보고서를 작성한 김준형 명지대학교 부동산학과 교수는 "오늘날 청년 주거 문제는 과거보다 훨씬 심각한 수준"이라고 이야기합니다. 청년층 소득 수준과 직결되는 고용 불안정이 주거 문제의 한 원인이지요. 2017년 기준으로 20~30대의 25.9퍼센트가 비정규직입니다. 고용이 보장된 일자리를 구하지 못해 소득이 불안정하면 주택 마련을 위한 자금을 모을 수 없고, 신용도가 낮아져서 은행 대출을 통해 주택을 구하기도 어렵습니다. 김 교수는 "주거 안정을 위해선 소득뿐 아니라 자산까지

| 양육 비용 추이 |

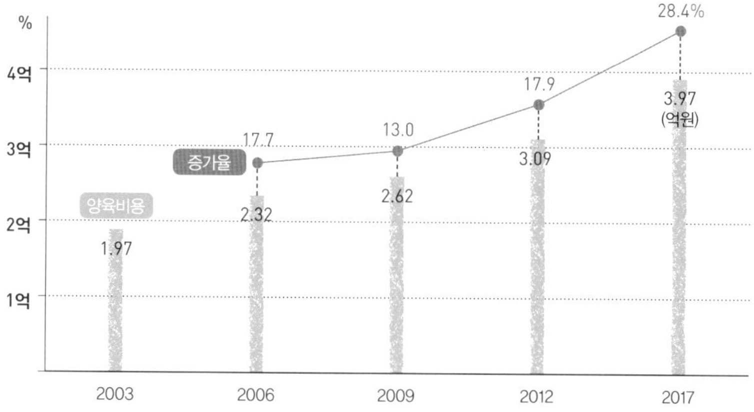

출처 : 한국보건사회연구원 가족보건복지실태조사 결과

확보해야 하는 상황이라 청년 가구는 주거비 부담의 이중고에 처할 가능성이 높다."고 말합니다.

게다가 자녀라도 출산하면 그 비용은 감당할 수준을 넘어서는 경우가 많다 보니 결혼을 선택할 수 없는 것입니다. 한국보건사회연구원의 발표에 의하면 자녀 한 명을 대학 졸업시키기까지 22년간 부모가 지불해야 하는 총 양육비는 2012년에 벌써 3억을 넘었고 2017년에는 28퍼센트나 증가에 4억에 육박하는 것으로 나타났습니다. 우리 사회에서 결혼하고 출산해 자녀를 키우는 일이 얼마나 힘든가를 보여 주는 지표입니다.

경제적 문제만이 아니라 결혼으로 받아들여야 하는 새로운 인간관계도 결혼을 선택하지 않게 하는 이유 중 하나입니다. 결혼으로 넓어지는 가족 관계는 아내에게나 남편에게나 부담으로 작용합니다. 배우자를 사랑해서 선택한 결혼이 부모나 친지 등 결혼 전 배우자가 속했던 가족들의 요구를 받아들여야 하는 일과 동일시되기도 합니다. 때로 원하지 않은 역할을 요구받아 가족 간에 심각한 갈등이 일어나기도 합니다. 부당한 대우가 이어지거나 끝없는 인내와 희생을 강요해 결혼 생활의 피로도를 높이고, 이러한 갈등이 이혼의 중요한 원인이 되기도 합니다. 서울대학교 사회학과의 장경섭 교수는 N포 세대의 등장이 개인주의 때문이 아니라 오히려 가족주의 때문이라고 이야기합니다. 젊은 세대들이 이기적이어서가 아니라, 국가가 책임져야 할 복지를 가족에게 떠넘긴 탓이라는 것입니다. 우리 사회가 교육, 주거, 금융 등을 모두 가족 간 지원으로 해결해야 하는 '가족 의존적 경제사회 체제'라는 것이지요. 국가의 복지 시스템이 제대로 마련되지 않아 가족에게 기댈 수밖에 없는 사회는 가족 구성원이 서로에게 더 많은 것을 요구하게 합니다. 그만큼 가족 간의 갈등이 심화될 가능성 역시 커질 수밖에 없습니다.

비혼을 선택하는 또 하나의 중요한 이유는 출산과 육아 그리고 가사 노동에 대한 사회의 인식입니다. 우리 사회에서 출산과 육아는 여전히 여성의 몫이라는 인식이 강합니다. 결혼한 남성이 육아와 가사에 참여한다고 해도 마땅히 수행해야 할 본인의 일로 생각하지 않고 '돕는' 수준에 그치는 경우가 많습니다. 일과 육아를 병행하기 힘든 직장 문화가 한몫하면서 자녀를 출산한 가정에서는 주로 여성에게 직장 생활을 포기할 것을 기대합니다. 육아로 인해 경력 단절을 경험하는 것은 대부분 여성이지요. 남성 육아 휴직자도 증가하고 있다고 하지만, 2018년 고용노동부 통계에 따르면 전체 육아 휴직자 중 남성 비율은 17퍼센트에 불과합니다. 남편과 아내 모두 직장 생활을 해도 육아는 주로 엄마가 담당해야 하는 일이 되는 것입니다.

통계청이 발표한 '2018 일 · 가정 양립 지표'에 따르면 맞벌이 가

| 2018 일·가정 양립지표 |

여성 취업자의 경력 단절 사유

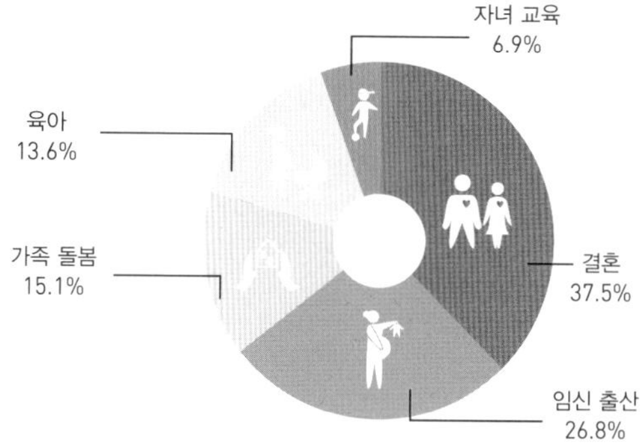

기혼 여성 취업자 중 결혼, 임신·출산, 육아, 자녀 교육, 가족 돌봄 등의 이유로 직장(일)을 그만둔 경험이 있는 사람은 37.5%에 이른다.

부부의 가사 노동('하고 있음'의 비율)(2016)

여성 취업에 대해 긍정적으로 생각하는 사람

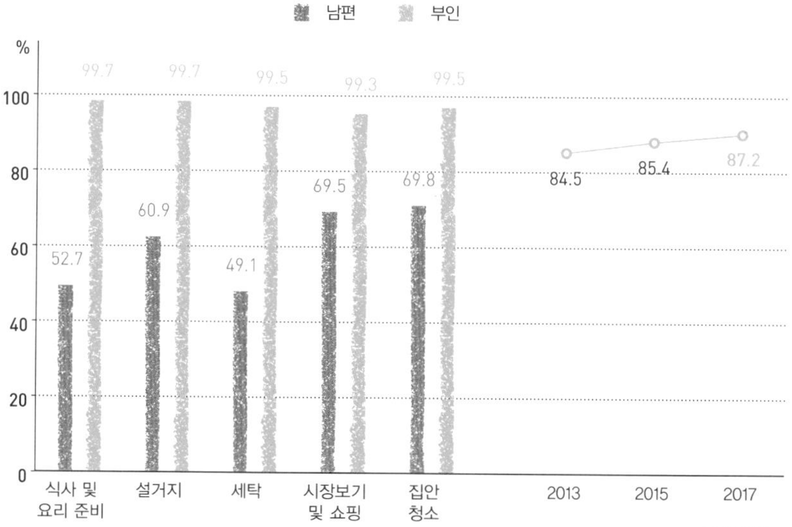

출처 : 통계청

부부가 가사 분담을 공평하게 해야 한다는 의견이 약 60%로 절반을 넘었지만, 실제 분담률은 고작 20%에 불과하다.

구가 44.6퍼센트에 달합니다. 여성이 직업을 가지는 것이 좋다고 생각하는 사람은 87.2퍼센트입니다. 가사를 공평하게 분담해야 한다고 생각하는 사람은 59.1퍼센트였습니다. 하지만 부부가 함께 사는 가구 중 실제로 가사를 공평하게 분담하고 있다는 의견은 남편이 20.2퍼센트, 부인이 19.5퍼센트에 불과합니다. 남성과 똑같이 교육받고 능력을 발휘하며 살다가 경력이 단절되어 수많은 여성이 직업을 포기하게 되고, 맞벌이 부부라고 하더라도 여전히 여성의 가사노동 부담이 월등히 높다는 점을 생각하면 비혼을 선택하는 사람 중 여성 비율이 높은 것은 우연이 아닙니다.

결혼을 위한 높은 경제적 부담, 결혼으로 발생하는 인간관계의 스트레스, 출산과 육아에서 오는 경력 단절 등은 결혼하지 않으면 겪지 않아도 되는 일입니다. 비혼을 선택하면 자신의 능력을 발휘하며 살 수 있는데 왜 굳이 결혼을 해야 할까요? 사회의 복지 시스템이 개선되지 않고, 출산과 육아 및 가사에 대한 인식이 바뀌지 않는다면 비혼율 증가는 앞으로도 계속될 것입니다.

비혼은 혈연 가족을 넘어 다양한 관계 속에서 성장하는 삶

비혼을 선택한다고 해서 사랑과 신뢰를 바탕으로 한 관계를 맺지 못하는 것은 아닙니다. 서로 지지하고 응원하는 관계를 거부하는 것도 아닙니다. 각자의 생각과 취향을 존중하고 애정과 친밀감을 쌓는 관계는 꼭 결혼이 아니어도 만들 수 있고, 지속될 수 있습니다. 결혼한다고 이런 관계가 무조건 지속된다는 보장이 있을까요? 결혼은 평생 한 사람만을 사랑하며 살겠다는 서약입니다. 하지만 100세 시대에 평생 사랑할 수 있는 한 사람을 만난다는 것은 매우 어려운 일입

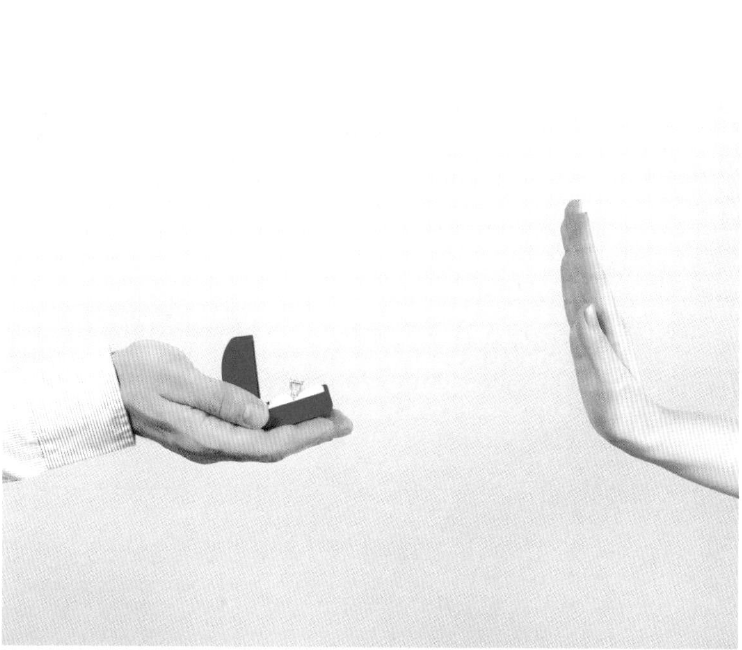

니다. 설혹 그런 사람을 만나서 결혼한다고 하더라도 행복한 삶이 자동적으로 보장되는 것은 아닙니다. 결혼 생활을 하다가 문제가 발생하면 이혼할 가능성은 누구에게나 있습니다.

우리 사회는 비혼자들을 이기적이고 무책임한 철부지로 취급하는 경향이 있지만, 오히려 기혼자들의 가족 이기주의가 사회 문제로 보도되는 경우도 있습니다. 사회 공동체에 기여하기보다는, 혈연 중심의 가족끼리만 똘똘 뭉쳐 폐쇄적인 경향을 보이는 것이지요. 결혼으로 가족을 이뤘는지 여부가 그 사람의 인격을 가늠하는 척도가 되는 것은 아닙니다. 2018년 발생한 한 고등학교의 시험지 유출 사건만 봐도 알 수 있습니다. 이 학교의 교무부장이었던 아버지가 시험지를 유출해 같은 학교에 재학 중이던 쌍둥이 자녀의 내신 성적을 올리려고 했던 것입니다. 사회의 법과 질서를 어겨서라도 '내 자식만 잘된다면' 무엇이든 할 수 있다는 이 비뚤어진 부정(父情)을 보면, 결혼하고 자녀를 낳는다고 해서 자연히 인격적으로 성숙하게 되는 것은 아님을 알 수 있습니다.

결혼하지 않은 사람을 무책임한 사회 구성원이라고 폄하하는 시선은 편견입니다. 결혼하지 않고도 직업에서 맡은 바 직무를 성실하게 수행하고 그를 통해 얻은 소득으로 소비 생활을 하며 사회 경제에 기여합니다. 그 외에도 시민 사회 구성원으로서 기부나 봉사 활동 등 다양한 방식으로 사회 활동에 참여하며 나눔과 돌봄을 실천할 수 있습니다. 우리 사회의 혼인 건수는 급격하게 줄고 이혼 건수는 해마다 늘어나고 있습니다. 결혼이 행복과 보람을 주는 인생의 과정이라고만 판단할 수 없는 현상이지요.

결혼이 필수라고 생각하는 사람들은 저출산 고령화로 인해 국가 경제의 활력이 떨어진다고 걱정합니다. 이를 해결하기 위해서는 다양한 가족 형태를 포용하고, 비혼자도 기혼자와 마찬가지로 사회의 지원을 받으며 출산과 육아를 할 수 있도록 지원하는 정책이 필요합니다. 프랑스를 비롯한 독일, 일본 등의 나라에는 결혼 밖 동거 등 생활 공동체를 법적으로 보호하는 제도가 존재합니다. 프랑스가 1999년부터 시행하고 있는 '공동생활약정법'(PACS · 팍스)이 대표적이지요. 이성이든 동성이든 함께 생활하는 이들의 관계를 가족으로 인정하고, 동일한 사회 보장 혜택을 주는 것입니다. 프랑스에서 결혼하지 않고 삶을 함께하는 동반자는 신혼부부와 비슷한 수준의 보호를 받습니다. 우리나라에서도 2014년에 진선미 당시 여성가족위원회 소속 의원이 '생활동반자관계에 관한 법률' 발의를 준비했지만, 아직 논의가 진행되지 못하고 있는 상황입니다. 이 법의 구체적인 모습을 고민하는 사람들이 늘어나면서 발의를 요구하는 목소리가 더 커지고 있지요.

가족 구성권 연구소에서는 2019년 1월 '이성애 부부와 자녀'로 구성된 가족 패러다임에 문제를 제기하고 다양한 가족의 구성권을 논의하는 심포지엄을 개최했다.

세상은 달라지고 있고 우리 사회는 새로운 세상을 맞이하는 정책을 마련해야 하는 기로에 서 있습니다. 1인 가구, 독거노인, 비혼주의자 그리고 동거 커플 등 결혼 제도 밖에서 자신의 상황과 선택에 따라 살아가는 다양한 삶의 모습은 이미 존재합니다. 전라북도 전주에는 비혼을 선택한 여성 7명이 함께 살아가는 비혼 여성 공동체 '비비'(비혼들의 비행)가 있습니다. 구성원 7명은 같은 임대 아파트에서 독립된 1인 가구로 거주하며 매달 1회 정기 모임과 회비 납부를 원칙으로 합니다. 비비의 활동가 이미정 씨는 〈한겨레〉와의 인터뷰에서 다음과 같이 이야기했습니다.

"'비비'는 1인 가족 네트워크로서 언제든 나눔과 돌봄의 형태로 삶을 함께하고 있어요. 원가족과도 사이가 좋지만, 가족보다 더 친한 '또 하나의 가족'인 셈이죠. 공동체 속에 있다 보면 단체만 있고 개인이 없어지는 경우가 있는데, 우리는 공동체 속에서 개인이 더욱 발전하는 방향을 지향하고 있어요."

이처럼 결혼이 아니어도 따로 또 같이 관계를 맺고 살아가며 행복을 추구하고 공동체에 기여할 수 있습니다. 결혼은 필수가 아닌 선택입니다. 우리가 결혼에 대해서 편견을 갖고 있는 것은 아닌지, 현대 사회가 변화하는 흐름에 맞추어 다시 한번 생각해 봐야 합니다.

입장 정하기

● 두 글에서 주장의 근거로 제시한 내용을 각각 요약해 봅시다.

● 다음 쟁점에 대해 자신의 입장을 정하고 근거를 제시해 봅시다.

쟁점1 결혼을 통해서 가족이 형성되고 사회 구성원이 재생산되어 우리 사회가 유지된다.

	그렇다	아니다
근거		

쟁점2 결혼을 포기하고 비혼을 선택하는 것은 이기적인 행위이다.

	그렇다	아니다
근거		

쟁점3 가족의 모습은 시대에 따라 변하는 것이다.

	그렇다	아니다
근거		

● 우리나라의 전통적인 결혼 제도가 변화하는 사회 흐름에 맞춰 보완해야 할 점은 무엇일까요? 또한 비혼 선택에서 나타나는 문제점은 무엇이며 그것을 해결하기 위해서는 어떤 노력이 필요할지 생각해 봅시다.

대문자 가족 VS 소문자 가족

우리 시대 새로운 가족의 탄생

혈연관계의 부모와 자녀로 이루어진 가족을 벗어나 더 나은 삶과 행복을 찾아 새로운 가족을 선택하는 사람들이 늘고 있습니다. 역사학자 김기봉 교수는 '정상 가족'이라 불리는 대문자 가족Family이 해체되고 소문자 가족들families이 나타나는 현상을 이제는 누구도 막을 수 없다고 주장합니다. 우리 시대 새로 나타난 다양한 가족의 모습을 통해 가족이 진화하는 현장을 느껴 봅시다.

● **수정확대가족** modified extended family

부모 세대와 자녀 세대가 각각 다른 집에 살지만 거리가 매우 가까워 마치 한집에 사는 것처럼 자주 오가며 돕고 사는 가족.

● **수정핵가족** modified nuclear family

크게 보면 한 울타리 안에 살지만 들여다보면 1층, 2층이나 안채, 바깥채로 나뉘어 살면서 아침과 점심은 각자 먹고 저녁만 함께 먹는 등 서로 사생활을 유지하며 함께 사는 가족.

● **딩크족(무자녀가족)** Double Income, No Kids

결혼은 했지만 자신들의 일과 자유를 중요하게 생각해 아이를 낳지 않기로 결정한 가족. 1990년대부터 미국을 중심으로 크게 늘고 있다. 아이 대신 애완견을 기르는 딩크족을 딩펫족dinkpet(맞벌이애완족)이라 부른다.

● **한부모가족** Single parent family

부모 중 한쪽이 어린 자녀와 함께 사는 가족. 한쪽 부모의 사망으로 한부모가족이 되거나 이혼, 별거로 한부모가족을 선택하기도 한다. 비혼족이라 자칭하며 결혼을 거부하고 스스로 싱글맘, 싱글대디를 선택하는 사람들도 있다.

● **재혼가족**step family

부모 한쪽이나 혹은 두 사람 모두 결혼한 경험이 있는 가족. 새롭게 형제자매와 친인척 관계가 만들어지므로 적응하는 데 어려움이 있지만 서로 다른 역사를 가진 두 가족이 만나므로 배려하고 존중하는 분위기가 매우 강하다.

● **나홀로가족**oneperson household

혼자 사는 일인 가구. 싱글족이라고 불리며 스스로 혼자 사는 것을 선택해 즐기며 사는 사람도 있지만 독거노인처럼 가족해체로 혼자 남겨진 홀로서기 가족들도 점점 늘고 있다. 1980년에 4.5퍼센트에 불과했던 일인 가구는 2018년 27.9퍼센트로 모든 가구 형태 중 가장 높은 비율을 차지하는 가구가 되었다.

● **동성가족, 성전환 후 이룬 가족**same sex family

동성간의 결혼으로 탄생한 가족. 입양이나 정자은행 등을 통해 자녀를 맞이한다. 덴마크, 스웨덴 등에서 결혼과 가족 구성권을 인정하고 있으며 유럽과 미국에서 법적으로 조금씩 인정하고 있는 추세이다. 편견과 달리 일반 가정과 다름없다. 성전환 후 이룬 가족도 마찬가지.

● **공동체가족, 대안가족**communal family

결혼이나 혈연관계와 상관없이 가족의 틀을 과감하게 벗어나 새롭게 만들어진 가족. 이혼한 몇몇 여성이 서로의 자녀들과 함께 사는 가족부터 의지할 곳 없는 노인들이 함께 모여 이룬 노인 생활 공동체, 해체된 가정의 아이들을 돌보는 쉼터와 그룹 홈, 생산과 소비를 함께하는 대규모 공동체인 이스라엘의 키부츠나 도시를 떠나 환경을 생각하는 사람들이 모여 자급자족하며 사는 생태 마을 등을 모두 공동체 가족으로 볼 수 있다. 공동체 가족은 개인과 가족들의 복합체로 의식주와 가사 노동을 함께하며 마치 하나의 커다란 대가족처럼 살아간다.

7 재산상속

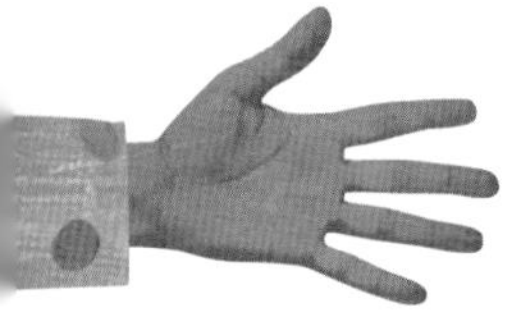

그래,

자녀에게 재산을

물려주는 게 당연한 거

아니야?

아니야,

사회에 재산을

기부하는 새로운

문화가 필요해

유산상속이란 말은 흔히 물질적 의미의 재산상속, 곧 '돈'의 상속이라고 여겨집니다. 그만큼 돈이 우리 삶에 깊숙이 자리잡게 되었고, 또 그만큼 정신적 유산의 의미가 사라져 가고 있기 때문입니다. 참신한 아이디어가 떠오르면 가장 먼저 '대박'이란 말이 생각날 정도로, 아이디어란 단어조차 '돈이 되는 생각'으로 여겨지는 세상이 되었습니다. 그래서인지 부모의 유산을 둘러싸고 싸움을 벌이는 형제들의 이야기나, 불법을 저질러 가며 회사의 재산을 자녀에게 물려주는 기업인의 이야기 등 재산상속을 둘러싼 여러 불미스런 일들이 끊임없이 일어납니다. 그런 한편으로 이따금 평생 동안 모은 전 재산을 사회에 기부했다는 훈훈한 소식 역시 들려옵니다. 사유재산제에 기초하고 있는 자본주의경제에서 부모가 자녀에게 재산을 상속하는 것은 당연하다는 것이 우리의 사회적 통념입니다. 하지만 반론도 만만치 않습니다. 지금은 신분 사회가 아니기 때문에 부모의 사회적 지위나 명예가 자녀에게 상속되면 안 되듯이 자녀가 자신의 능력이나 노력과는 무관한 부모의 재산을 상속받는 것은 정당한 일이 아니라는 것이지요. 사회 속에서 번 돈, 사회의 도움 없이는 모을 수 없는 돈, 이 돈을 쓰는 일이 개인의 선택에만 달려 있는 일은 아니기 때문입니다.

생각열기

● 자기 진단 테스트

1. 다음 □에 들어갈 공통된 말은 무엇일까요?

> □, 모두 널 좋아한다. 모두 널 찾아다닌다. 모두 너만 보면 핏대 세우고 달려들어. 너 때문에 헤어져 너 때문에 살아나. 너 때문에 망가져 너는 이제 신이 돼 버린 □, 모두 널 원해 □, 세상을 삼킨 □, 모두 널 원해 □, 우리를 삼킨 □, 예쁘게도 만들고 추하게도 만들고 행복하게도 만들고 미쳐 버리게도 만들고 10년 우정 흔들고 20년 사랑 무너져 30년 부모 버리고 너는 이제 신이 돼 버린 □.
>
> 타카피, 〈□〉

2. 청소년의 부패에 대한 인식 및 실태조사 결과 다음과 같은 대답이 나왔습니다. 나의 대답은 무엇인가요?

항목	그렇지 않다	보통	그렇다
정직하게 사는 것보다 돈을 많이 버는 것이 더 중요하다	56.3	26.7	17.0

출처 : 문화체육관광부, 국민권익위원회 청소년의 부패에 대한 인식 및 실태 조사

나의 대답 : 그렇다 □ 아니다 □

2017년 국민권익위원회가 '전국 청소년 정직인식지수'를 조사한 결과에 따르면 고등학생 54.7%는 '10억 원이 생긴다면 잘못을 하고 1년 정도 감옥에 들어가는 것은 괜찮다'고 대답했습니다. 그런가 하면 2018년 법률소비자연맹이 대학생 3,656명을 대상으로 '법의식'에 대해 조사한 결과 1,879명(51.39%)이 "10억 원을 주면 1년 정도 교도소 생활을 할 수 있다"고 답했다고 합니다. 여러분 생각에 이 비율이 높은가요, 낮은가요? 다음에 이어지는 문제에 답하면서 '돈'과 '재산'에 대한 나의 생각도 확인해 볼까요? 단, 솔직하게 대답해야 합니다. 솔직하게요.

3. 다음 두 문제는 각각 한 문제당 세 개의 문제를 포함하고 있습니다. 문제를 읽고 '당연한 말씀입니다'와 '그런 말씀 하지 마세요' 사이에서 자신의 솔직한 마음을 골라 보세요.

당연한 말씀입니다	그런 말씀 하지 마세요

(1) 누가 "돈이 인생 최고의 성공 증표다."라고 말한다면,

① 나의 마음이 가장 잘 담겨 있는 답은?

② 우리 사회에 가장 많을 것 같은 답은?

③ 가장 바람직하다고 생각하는 답은?

(2) 부모가 "전 재산을 사회에 기부하겠다."라고 말한다면,

① 나의 마음이 가장 잘 담겨 있는 답은?

② 우리 사회에 가장 많을 것 같은 답은?

③ 가장 바람직하다고 생각하는 답은?

그래,
자녀에게 재산을 물려주는 게 당연한 거 아니야?

상속은 인간의 본질이자 재생산의 원동력

사람들은 왜 열심히 일해서 재산을 모을까요? 인간이라면 누구나 자신만의 행복을 추구하며 남들보다 더 잘살기를 원하기 때문입니다. 이 욕망은 개인과 사회 모두를 발전시켜 온 원동력으로, 사회는 개인이 노력해서 얻은 결과물에 대한 소유권을 확실히 보호해 줄 필요가 있습니다. 소유욕은 인간의 본능이며, 사회가 이를 보장해 주어야 마음 놓고 열심히 일할 수 있기 때문입니다. 인간에겐 소유욕 못지않게 중요한 또 다른 욕망이 있는데, 그것은 바로 자녀를 통해 자신의 꿈을 실현하고자 하는 마음입니다. 인간도 동물이기에 자녀에게 유전자를 물려주어 종족을 유지하려는 본능이 있습니다. 더구나 자식에 대한 인간의 돌봄과 사랑은 각별합니다. 자녀에게 모든 것을 다 주고 싶어 하는 부모가 땀 흘려 모은 재산을 자녀에게 물려주려는 마음은 너무나 자연스러운 본능입니다.

잘 알려진 것처럼 자본주의경제는 이러한 인간의 소유욕과 이를 뒷받침하는 상속 제도에 의해 성장해 왔습니다. 사람들은 더 많이 물려주기 위해 더 많은 재산을 축적하므로 결국 더 많은 경제적 성과를 위해 노력하게 됩니다. 따라서 재산상속의 전통은 인류 사회의 경제적 성장을 위한 견인차 노릇을 해 왔다고 볼 수 있습니다. 재산상속은 예로부터의 오랜 전통일 뿐만 아니라 현대 자본주의경제의 지속적인 발전을 위해서도 꼭 필요한 핵심적인 속성이라고 할 수 있습니다.

특히 오늘날 세계를 지배하고 있는 자유 시장경제■라는 미국식 자본주의는 이러한 인간의 특성과 경제의 원리를 잘 보여 주고 있습니다. 자유 시장 경제체제를 이론적으로 뒷받침한 미국의 철학자 노직■의 말을 들어 볼까요? 그는 자유야말로 인간의 가장 근본적인 권리이고, 그중에서도 재산권의 자유가 가장 중요하다고 이야기합니다. 노직의 말에 따르면 모든 개인은 신체와 능력을 정당하게 소유하고 있으므로 이를 투입해 얻은 재산 역시 정당한 소유물이 됩니다. 인간이 자기 자신을 증명하는 것은 결국 소유물입니다. 내가 입은 옷, 내가 사는 집, 내가 가진 물건이 나를 말해 줍니다. 재산은 곧 자기의 분신입니다. 결국 인간은 소유하는 존재로, 소유권과 재산권이야말로 절대로 양보할 수 없는 권리인 동시에 어느 누구에게도, 어떤 경우에도 침해되어서는 안 되는 권리가 되는 것이지요. 한발 더 나아가 노직은 국가가 걷어 가는 세금조차 개인의 재산권을 침해하는 강탈이라고 말합니다. 다소 지나친 감이 없진 않지만, 노직의 견해는 기본적으로 자본주의의 경제 원리와 정확히 일치합니다. 소유권을 인간의 가장 중심적인 본질로 보고 사유재산권을 절대적으로 옹호하기 때문입니다.

■ **자유 시장경제**
개인의 경제활동의 자유를 최대한으로 보장하고, 이에 대한 국가의 간섭을 가능한 한 배제하려는 경제 사상 및 정책

■ **로버트 노직**
Robert Nozick
1938~2002, 미국의 철학자. 자본주의 자유 시장경제를 이론적으로 뒷받침하는 자유지상주의라는 철학적 체계를 정립함. 롤스의 분배적 정의론을 비판하며 자유와 평등에 관한 논쟁을 벌임. 저서로 『아나키에서 유토피아로』 『자유주의의 정의론』 등이 있다.

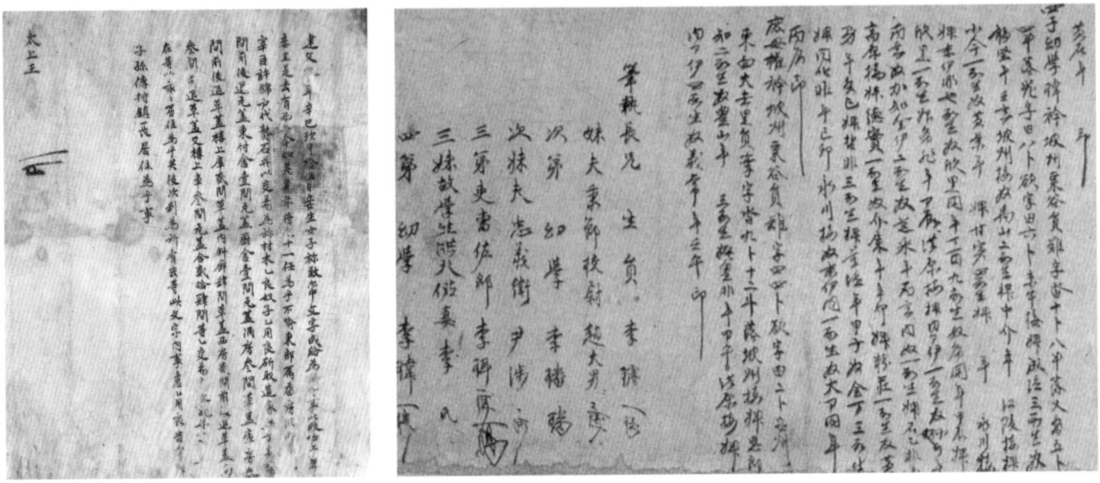

태조 이성계의 별급문서(보물 제115)와 율곡선생남매분재기(부분, 보물 제477호)
태조 이성계는 어린 딸인 숙신옹주의 장래를 걱정해 집을 상속하는 문서를 남겼고, 율곡 이이의 형제자매들은 부모가 죽은 뒤 토지와 노비를 나누어 상속받았다.

그런데 자본주의 경제체제를 채택하고 있음에도 우리 사회에는 재산상속을 비판하는 사람들이 적잖이 있습니다. 이들은 외국의 부자들이 사회에 엄청난 고액을 기부하며 노블레스 오블리주■를 실천하는 데 비해, 한국 사회의 부자들은 기부에 매우 인색하다는 점을 비판합니다. 그리고 부의 양극화가 점점 심화되고 있으니 나눔의 정신을 실천하라고 목소리를 높입니다. 물론 빈부 격차의 세습은 사회의 불평등을 심화시켜 사회의 안녕에도 커다란 위협이 되고, 더구나 우리 사회의 부유층은 불법까지 저질러 가며 재산을 물려주는 경우가 많으므로 이들이 자발적으로 기부를 한다면 그것은 사회에 기여하는 매우 좋은 일입니다. 그러나 상속 대신 기부를 강요하는 분위기는 자본주의경제의 가장 기본적인 원리, 즉 사유재산을 소유자의 뜻대로 행사할 권리를 침해하고 간섭하는 부당한 행동입니다. 자신

■ **노블레스 오블리주**
Noblesse oblige
노블레스는 귀족이나 고귀한 신분, 오블리주는 의무란 뜻으로 부와 권력, 명성을 가진 사람들에게 의무가 따른다는 말. '귀족은 귀족다운 처신과 책임을 다해야 한다'는 프랑스 격언에서 나왔다.

의 재산을 자기 마음대로 물려주고 처분하지 못한다면 누가 열심히 노력해서 재산을 축적하겠습니까?

기부를 강요하는 것은 자발성이라는 기부 그 본래 의미에 비추어 볼 때도 말이 안 될 뿐만 아니라, 자칫 가짜 기부를 만연케 할 수도 있습니다. 부자들이 고액 기부를 명목으로 재단을 만들어 운영함으로써 사실상 재산을 고스란히 소유하고 대물림할 수 있기 때문입니다. 기부의 왕국이라고 불리는 미국에서조차 실제로 논란이 되고 있는 현상입니다. 앞서 말했듯 핵심은 소유욕입니다. 인간은 소유하는 존재이기 때문에 절대 재산상속을 멈추지 않을 것입니다. 세상 모든 사람이 기부 천사가 되는 일도 결코 발생하지 않을 것입니다. 기부든 상속이든, 그 선택은 기본적으로 재산 소유자의 몫이어야 합니다. 2017년 보건복지부에서 실시한 65세 이상 노인에 대한 실태 조사에서도 대부분의 사람들이 재산을 자녀에게 상속하는 것을 선호하고 사회 환원에는 부정적인 입장을 나타냈습니다. 다른 사회도 사실 비슷합니다. 기부가 활성화된 대표적인 나라 미국에서도 재산상속은 일반적인 현상입니다. 미국의 금융업계가 어마어마한 억만장자들의 상속 자산을 유치하기 위해 치열하게 경쟁하고 있는 것이 그 증표입니다.

상속은 가족공동체 존속의 조건

현실적인 문제를 하나 내려 하니 한번 맞춰 보세요. 만약 아버지가 전 재산을 사회에 내놓겠다고 유언하고 사망했을 경우, 유가족인 어머니와 자녀들이 재산을 상속받을 수 있는 방법이 과연 있을까요? 정답은 '있다' 입니다. 아버지의 유언을 다 받아들이지 않고 상속 재

■ **유류분제도**
상속하는 사람이 재산을 자유롭게 처분할 경우 남은 가족의 생활 안정을 해칠 우려가 있기 때문에 법으로 최소한의 상속분을 정해 유언을 제한할 수 있는 제도. 1977년 민법 개정 시 제정되었다.

산에 대한 어머니와 자녀들의 상속권을 어느 정도 인정해 주는 유류분 제도■가 있기 때문입니다. 이 제도에 따르면 전 재산을 사회에 기부하라는 아버지의 유언에도 불구하고 유가족들에게 필요하다면 법적으로 정해진 일정 비율의 재산을 상속받을 수 있습니다. 이 제도의 취지는 크게 두 가지입니다. 첫째는 아버지 명의의 상속 재산은 사실 온 가족이 협력하여 이룬 것이므로 유가족들이 각자의 몫인 상속 재산을 물려받는 것은 당연하다는 것입니다. 둘째는 유언에 따라 유가족들이 재산을 전혀 상속받지 못해 생활 기반마저 붕괴되는 사태가 발생할 수 있으므로 이를 막아야 한다는 것입니다.

여기에서 우리는 재산상속이 최소한 한국 사회에서는 가족공동체의 유지와 관련해서 사회적으로 중요한 기능을 담당하고 있다는 사실을 알 수가 있습니다. 재산상속은 가족 구성원이 함께 노력해서 모은 공동재산을 분배하는 대물림 과정입니다. 또 이를 통해 가족 구성원의 생존을 지원하고 보장하는 기능을 충실히 수행하는 것이지요. 재산의 축적과 상속은 그저 돈을 쌓고 전달하는 과정이 아닙니다. 그것은 가족 구성원들이 함께 피땀 흘리며 서로를 돌보는 공동체를 만들고 이어 가는 과정입니다. 재산상속은 부모의 입장에서 자녀에게 빈곤을 물려주지 않고 더 나은 삶의 기회를 주고 싶은 애틋한 마음의 표현입니다. 덧붙여 늙은 자신을 부양하는 자녀에게 경제적인 부담을 조금이라도 덜어 주기 위한 현실적이고 합리적인 배려이기도 합니다.

재산을 자녀와 유가족에게 상속하는 일의 장점은 또 있습니다. 이를 가족 기업의 경영권 상속에서 발견할 수 있습니다. 물론 우리나라 재벌들의 불법 상속 때문에 경영권 상속을 바라보는 사회의 여론이 매우 부정적인 것은 사실입니다. 그러나 경영권 상속이란 대대

로 이어가며 가업을 잇는다는 뜻으로, 그러한 과정을 거치며 전문성을 쌓아가는 가족 기업이 많아야 세계적인 기업도 나올 수 있고 국가 경제의 기초도 튼튼해질 수 있습니다. 우리나라의 대기업들도 처음에는 소규모 가족 기업으로 시작했으며, 오늘날 세계 경제를 이끄는 내로라하는 기업들도 그 소유와 경영의 형태만이 시대 변화에 맞게 예전과 달라졌을 뿐 대부분 가족 기업들입니다. 예를 들어 이탈리아의 베네통은 1968년에 작은 가족 기업으로 출발했지만 철두철미한 가족 중심 경영을 통해 한해 2조 8천억 원이라는 엄청난 매출을 올리는 세계적 의류 브랜드로 성장했습니다. 유럽 최고의 세계적 기업으로 평가받는 스웨덴의 발렌베리 그룹■도 발렌베리 가문이 1856년에 설립해 지금까지 150여 년 동안 5대에 걸쳐 경영권을 계승해 온 가족 기업의 대표적인 성공 사례입니다. 우리나라의 대표적인 기업인 삼성이나 현대 역시 가족 기업으로서 국가 경제의 주춧돌

■ **발렌베리 그룹**
Wallenberg family
에릭슨, 일렉트로룩스, 사브 등 유럽의 영향력 있는 기업 20여 개를 소유한 스웨덴의 부유한 가문. 이 가문의 일원인 외교관 라울 발렌베리는 2차 세계대전 중 수천 명의 유대인을 홀로코스트에서 구한 것으로 유명하다.

로 성장해 왔습니다. 무분별한 족벌 경영■ 등 개선해야 할 점이 없는 것은 아니지만, 외국의 성공 사례 못지않게 발전할 가능성도 충분한 것으로 평가받고 있습니다. 또한 가족 기업은 현실적으로 우리 사회의 중요한 생존 기반이기도 합니다. 우리 사회는 혈연적 요소가 강한 사회로서, 가족공동체는 구성원들의 존속을 책임지는 핵심 단위이기 때문입니다. 실제로 우리나라의 기업 대부분이 중소 규모의 가족 기업이라는 사실이 이를 말해 줍니다. 가족을 중심으로 떳떳하게 부를 일으키고 이를 정당하게 대물림하는 가운데 나라 경제를 살찌우며 가족의 부를 추구해 온 것은 예로부터의 우리 사회의 오랜 전통입니다.

■ **족벌 경영**
창업자가 자신의 가족과 친인척을 경영에 참여시킬 때 탈세와 불법 상속 등 불투명하고 폐쇄적인 경영을 할 경우 이를 족벌 경영, 세습 경영이라 부른다.

이처럼 재산과 기업을 자녀에게 물려주는 일은 사회의 안정과 발전에 기여하는 바도 매우 큽니다. 그리고 무엇보다 재산을 자녀에게 상속하려는 마음은 자본주의 경제체제가 유지되는 원리와도 맞아 떨어집니다. 자본주의경제의 사유재산제도와 상속 제도는 자신의 분신인 자녀에게 또 다른 분신인 재산도 함께 대물림해, 죽은 다음에도 영원히 기억되고 싶은 인간의 욕망을 충족시켜 줍니다. 자녀에게 재산을 물려주는 일은 인간의 본능일 뿐만 아니라 현대 자본주의경제를 지속적으로 발전시키는 핵심 요소인 것입니다.

아니야,
사회에 재산을 기부하는
새로운 문화가 필요해

돈만 있는 삶, 돈도 있는 삶

2010년 6월, 마이크로소프트사의 창업자 빌 게이츠와 멜린다 게이츠 부부, 그리고 버크셔해서웨이사의 워런 버핏 회장이 미국의 억만장자들에게 적어도 전 재산의 절반 이상을 기부하도록 권하는 캠페인을 시작했습니다. 더 기빙 플레지The Giving Pledge■라는 이름의 이 기부 서약 운동은 순조롭게 진행되어 계획대로라면 400명 가까운 세계 최고의 부자들이 6천억 달러(우리 돈 약 685조원)에 이르는 돈을 기부하게 됩니다. 참으로 훈훈한 소식입니다. 사실 빌 게이츠와 워런 버핏은 두 가지 점에서 우리에게 잘 알려진 인물들입니다. 이들은 세계 1, 2위를 다투는 엄청난 부자들이면서, 동시에 세계 1, 2위를 다투는 고액 기부자들입니다. 이들은 이미 막대한 금액을 사회에 꾸준히 기부해 오고 있을 뿐만 아니라, 재산의 대부분을 상속하

■ **더 기빙 플레지**
givingpledge.org 홈페이지에 기부에 참여한 사람들의 사연을 밝히며, 기부를 '책임', '특권', '행복'이라고 정의함. 미국 뿐 아니라 중국, 인도 등에서 전 세계적인 캠페인을 벌인다.

| 유산 기부 장애 요인 |

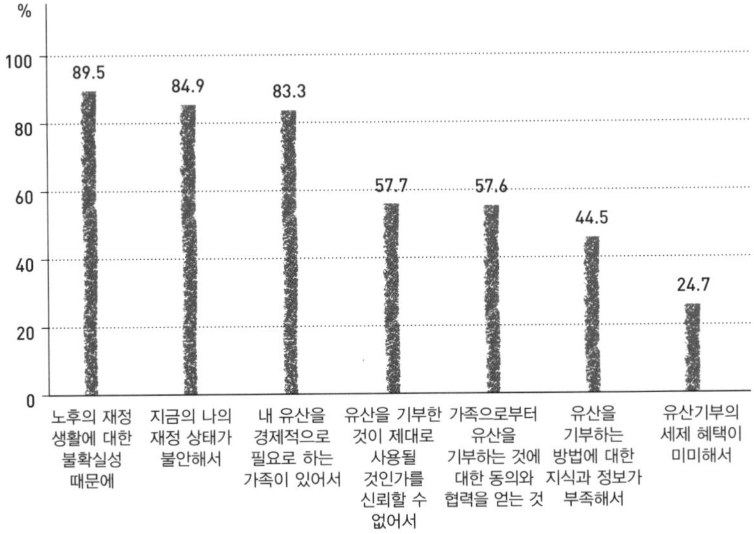

출처 : 아름다운재단 기부문화심포지엄 기빙코리아 2014

유산 기부의 장애요인에 대해서는 '노후 재정생활에 대한 불확실성 때문'이 89.5%로 가장 높았고 '현재 재정상태가 불안해서(84.9%)', '내 유산을 경제적으로 필요로 하는 가족이 있어서(83.3%)' 등의 요인이 뒤를 이었다.

지 않고 기부하겠다고 선언했습니다. 그리고 이제는 다른 사람들에게 기부를 권하면서 재산 기부 운동을 전 세계로 확산시키겠다고 나선 것입니다. 한마디로 이 두 사람은 '부자 왕'인 동시에 '기부 왕'입니다. 그리고 사람들은 그들이 최고의 부자라는 사실을 부러워하는 것보다 훨씬 더 많이 그들이 최고의 기부자라는 사실에 열광합니다. 왜일까요? 단순히 돈이 많다는 사실보다 돈과 그에 어울리는 책임감과 나눔의 정신을 훨씬 더 부러워하기 때문입니다. 사람들은 부자를 꿈꾸지만, 돈만 있는 부자가 아니라 돈도 있는 부자를 꿈꾸는 것입니다. 그렇다면 사람들은 왜 돈만 있는 삶이 아니라 돈도 있는 삶을 추구하는 것일까요? 인간이라면 누구나 남들에게만이 아니라 스스로에게도 떳떳한 인간다운 삶의 길을 가고 싶기 때문입니다.

그러나 우리 사회는 돈만 있는 삶을 추구하는 위험 사회로 가고 있는 듯 보입니다. 새해 덕담으로 '부자되세요!'라는 인사를 나누고, 로또, 부동산, 주식, 펀드 등 소위 대박 열풍이 사회를 휩쓸어 버립니다. 초등학생에게도 재테크를 권하고 대학에 부자학이란 강좌를 개설하는 등 마치 대한민국의 모든 사람이 오로지 부자가 되기 위해 사는 것 같지만, 정작 그 부로 무엇을 할 것인지는 아무도 생각하지 않고 있습니다. 실제로 2018년 전 세계 억만장자 대열에 한국 부자 44명이 이름을 올렸지만, 그에 걸맞은 감동적인 기부 소식은 들려오지 않았습니다. 그 대신 탈세와 불법으로 얼룩진 재산 축적과 상속의 추태를 고발하는 뉴스만이 들려 오곤 합니다. 졸부증후군■이란 말이 있습니다. 다름 아닌 하루아침에 갑자기 부자가 된 사람들에게서 나타나는 정신적인 불안 증상을 일컫는 말로, 이들은 부자가 되어 물질적으로는 풍족한 삶을 살게 되었지만 정서 불안, 불신감, 소외감 등 정신적으로 여러 가지 부작용을 겪게 된다는 것입니다. 세상을 살아가는 데 돈이라는 것이 꼭 필요하기도 하고 또 많이 가질수록 좋은 것이 돈이라고 생각하면 선뜻 이해하기 힘든 현상입니다. 하지만 그럴 수 있습니다. 돈과 권력만을 쫓는 삶은 언젠가는 반드시 사람을 형편없이 망가뜨리기 때문입니다. 돈만 추구하는 사회는 돈만 있는 사람들로 가득차고, 돈도 추구하는 사회는 돈도 있는 사람들이 넘쳐날 것입니다. 돈도 있는 아름다운 사회를 가꾸는 운동이 절실한 때입니다.

■ **졸부증후군**
Sudden Wealth Syndrome
1990년대 후반 미국 실리콘 밸리의 정보 통신 산업의 급성장으로 갑자기 돈을 벌게 된 사람들이 겪었던 정서장애를 일컫는 말.

물질 아닌 정신 상속

나는 우리나라가 세계에서 가장 아름다운 나라가 되기를 원하지, 가장 강한 나라가 되기를 원하지 않는다. 내가 남의 침략에 가슴이 아팠으니 내 나라가 남을 침략하는 것을 원치 않는다. 우리의 부(富)력이 우리의 생활을 풍족히 할 만하고, 우리의 강(强)력이 남의 침략을 막을 만하면 족하다. 오직 한없이 가지고 싶은 것은 높은 문화의 힘이다. 문화의 힘은 우리 자신을 행복하게 하고, 나아가서 남에게 행복을 주기 때문이다.

■ **김구金九**
1876~1949, 독립운동가, 정치가. 가장 낮은 곳에서 실천하는 삶을 살았으며 머리보다는 다리가 되고자 했던 마음가짐이 호 백범白凡에 드러나 있다. 백은 소와 돼지를 잡는 백정, 범은 평범한 보통 사람이라는 뜻. 저서로 『백범일지』가 있다.

백범 김구■ 선생님의 말씀입니다. 아름다운 사회는 나와 남이 함께 행복한 사회이며, 아름다운 삶의 원천은 물질적인 힘이 아니라 정신적인 문화의 힘에 있음을 일깨우는 말씀입니다. 돈만 있는 사회가 아니라 돈도 있는 사회를 꿈꾸신 거죠. 만약 백범 선생님께서 재산 상속에 관해 말씀하셨더라면, 자녀에게 무엇을 어떻게 상속하라고 이야기하셨을까요? 오직 돈만을 대물림하지 말고, 돈은 오히려 최소한으로 줄이는 대신 돈보다 더 중요하다고 생각되는 다른 것을 물려주라고 하셨을 것입니다. 유산상속에서 돈보다 더 중요한 다른 것은 무엇일까요? 백범 선생님은 '문화의 힘'이라고 주장했습니다. 어떤 이들은 상속에는 오직 두 유형이 있을 뿐이라고 씁쓸해 합니다. 바로 부자 부모가 부를 상속하는 것과 가난한 부모가 가난을 상속하는 것이라고요. 그러니 무슨 수를 써서라도 돈을 모아 물려줘야 한다고 주장합니다. 그러나 물려줄 것이 돈밖에 없다고 생각하는 태도에도 큰 문제가 있습니다. 정말 물려줄 것이 '돈' 밖에 없을까요? 이들의 머릿속 회로에는 '유산상속＝재산상속' 이라는 단순 공식만이 입력되고 출력됩니다. 마음이 돈의 위력에 짓눌려 있으면 인간관계의 소중함도, 일상의 만족감과 행복도, 지식과 교양이 주는 기쁨도 알지 못합니다. 이들이 설사 돈을 모아 자녀에게 물려준다고 한들, 자녀들이 그 진정한 가치를 알 리 없습니다. 돈만을 대물림하는 사회는 정신도 문화도 결여된 섬뜩한 사회가 될 것입니다.

오늘날 문화의 힘과 같은 의미로 강조되는 말이 노블레스 오블리주입니다. 이 말은 특히 자본주의사회에서 부자들의 사회적 책임 의식과 실천을 상징합니다. 그런데 서양의 귀족과 부자들뿐만 아니라 우리 사회에도 노블레스 오블리주의 전통이 있다는 사실을 알고 있나요? 12대 400년 동안 만석꾼을 유지했던 경주 최부잣집은 재산을 모으는 과정에서부터 과감한 나눔을 실천한 것으로 유명합니다. 최부잣집이 대물림하며 지켰던 가훈인 '육훈(六訓)■'에는 부자로서 가난한 자를 착취하지 말며, 부의 사회 환원을 일상적으로 실행하라는 당부가 담겨 있습니다. 유한양행 주식회사를 세운 기업가 유일한 역시 우리 사회에 노블레스 오블리주의 전통을 세운 사람입니다. 유일한은 전 사원에게 주식을 고루 나눠주고 혈연관계가 전혀 없는 사람에게 회사를 물려줌으로써, 사원 지주제■와 전문 경영인 시대를 여는 선구자 역할을 했습니다. 최부잣집 마지막 부자 최준과 유일한은 둘 다 전 재산을 후손에게 대물림하지 않고 고스란히 사회에 환원하여 신선한 충격을 주었습니다. 그리고 그렇게 함으로써 그들은 이 땅의 영원한 부자로 남게 되었습니다. 최준과 유일한이 똑같이 자손에게 남긴 말은, 혼자 힘으로 살라는 것이었습니다. 이들 진정한 부자들이 상속한 찬란한 유산은 재물이 아니라 자립심이었던 것입니다. 빌 게이츠가 "아이들이 너무 많은 돈을 가지고 인생을 시작하는 것은 좋지 않다."고 말한 것도, 워런 버핏이 "자녀들에게 너무 많은 재산을 남겨 주는 것은 독이 된다."고 지적한 것도 같은 이

■ **육훈**

1. 과거를 보되 진사 이상을 하지 마라.
2. 재산은 만 석 이상 지니지 마라.
3. 과객을 후하게 대접하라.
4. 흉년에는 땅을 사지 마라.
5. 며느리들은 시집온 후 3년 동안 무명 옷을 입어라.
6. 사방 백 리 안에 굶어죽는 사람이 없게 하라.

■ **사원 지주제**

기업이 자사 종업원에게 자사 주식을 분양·소유하게 하는 제도. 우리사주제, 종업원지주제라고도 한다.

치입니다. 우리는 재산을 상속하느냐 마느냐에 앞서 진정한 부의 의미를 되물어야 합니다. 문화의 힘으로 뒷받침되지 않는다면, 아무리 엄청난 재산을 상속받은들 가치 있게 쓸 줄도 모르고 제대로 유지하지도 못합니다. 돈의 주인이 아닌, 돈의 노예로 살게 될 뿐이기 때문입니다.

삶은 돈 아닌 관계로 이루어지는 것

돈의 노예가 된다는 것은, 더불어 만들어 가는 삶을 포기한다는 뜻입니다. 돈이 남녀 사이에 만남의 조건이 되면 사랑으로 알콩달콩 쌓아 가는 연애의 낭만과 결혼 생활의 재미는 절대 맛볼 수 없습니다. 돈의 노예가 된다는 것은, 부자가 되어도 여전히 돈에 얽매이고 시달리며 살아간다는 뜻입니다. 고위 공직자가 되겠다고 출마를 한 사람이 이미 상당한 재산이 있음에도 불구하고 도시에서 가장 가난한 사람들이 사는 쪽방 촌에 투기를 하고 그들에게 월세를 받은 일이 드러나 여론의 지탄을 받은 일이 있었습니다. 이처럼 돈의 노예가 되면 자신에게나 남에게나 떳떳하지 못한 삶을 살 수 밖에 없습니다. 반면에 돈의 주인이 되면 스스로도 만족하고 남에게도 사랑받는 삶을 살 수 있습니다. 삶은 곧 관계이기 때문입니다. 인간은 사회적 존재입니다. 무인도에서 혼자 살면 돈도 필요 없습니다. 이것이 바로 노블레스 오블리주의 논리입니다. 즉, 자신이 잘살려면 형제와 이웃사촌들이 다 잘살아야 한다는 것이지요. 이웃이 편해야 자신도 편하지, 이웃이 불편한데 자신이 편할 수는 없습니다. 경주 최부잣집이 진정한 부자로 거듭난 사연이 이를 잘 보여 줍니다. 최부잣집은 3대 부자인 최국선 때 도적떼를 만나 큰 피해를 입었는데, 도적

경주 교동에 있는 최부잣집 고택
12대에 걸친 300년간의 부는 최부잣집의 후손 최준이 전 재산을 교육 사업에 기부함으로써 아름답게 끝났다.

떼를 원망하거나 처벌하지 않았습니다. 도적질이 먹고살 길 없는 최하위 계층의 사람들이 절망감에서 저지른 사회적 저항이라는 사실을 알게 되었기 때문입니다. 그와 동시에 이들은 임진왜란과 병자호란 이후 땅이 헐값에 거래되던 시기에 땅을 사들여 부자가 된 사실에 사회적 책임감을 느꼈습니다. 혼란기에 고통을 받던 사람들을 외면하고 부를 축적한 자신들의 모습에, 비록 법을 어기지 않고 모은 재산이지만 다 정당화될 수는 없다는 사실을 깨달은 거죠. 그래서 최부잣집은 도적떼가 이웃들이라고 여기고 그들이 원하는 방향에서 도움을 주고 이익을 나누는 방식으로 상생의 재산 운영을 하게 되었다고 합니다. 그리고 이때부터 경주 최부잣집의 진정한 부자로서의 역사가 시작된 것입니다.

우리 사회에도 이제는 당연히 기부를 하고 기꺼이 세금을 잘 내는 부자들이 많아져야 합니다. 아무리 부자라도 혼자서는 살 수 없고, 또 부자끼리만 살 수도 없습니다. 어려움에 처한 사람을 돕는 마음은 인간의 본성입니다. 나눔이야말로 인간을 행복하게 만듭니다. 재산을 자녀에게 물려주는 대신, 자녀가 앞으로 살아가야 할 세상을 더 나은 곳으로 만들어 주는 일이 더 의미 있는 일이 아닐까요? 2001년 미국의 부시 대통령이 부자들을 위해 상속세 폐지 계획을 세웠을 때, 워런 버핏과 테드 터너등 미국의 부자들은 이를 반대하는 캠페인을 벌였습니다. 이들은 "상속세 폐지는 미국의 민주주의, 경제 그리고 사회에 좋지 않을 것"이라고 주장했습니다. 2016년에는 뉴욕의 백만장자들이 빈부 격차 해소를 위해 세금을 더 내겠다고 자청하고 나서서 다시 한번 큰 감동을 주었습니다. 우리에게는 한국 사회의 빈약한 나눔 문화를 새삼스레 되돌아보는 기회가 되었습니다. 사회적 책임을 다하는 품격 높은 부자들이 많아져야 하고, 일반 시민들의 기부 문화가 활성화되어야 합니다. 우리의 기부가 사회의 불평등을 줄이고 이 세상을 좀 더 나은 방향으로 바꿀 수 있다면 당연히 그렇게 해야 하지 않을까요? 자녀에게 물려준 재산이 오히려 자녀들의 독립심과 자율성을 해치고, 우리가 재산상속을 통해 부를 대물림해 사회를 더욱더 불평등하고 어둡게 만든다면, 재산상속에 대해 다시 생각해 봐야 하지 않을까요? 사회의 도움으로 모은 재산을 다시 사회에 돌려주려는 마음, 자신이 모은 재산으로 사회의 어려움을 함께 나누려는 마음의 표현이 바로 기부입니다. 그리고 자녀에게 돈보다 훨씬 귀중한 진짜 삶의 가치를 물려주어야 합니다. 재산을 자녀들에게 물려주지 않고 사회에 환원할 때, 오히려 자녀들에게 더 좋고 아름다운 세상이 열릴 수 있다는 것을 하루빨리 깨달아야 할 것입니다.

"내가 보유한 막대한 주식의 1%를 쓴다고 내 삶의 질이 향상되거나 더 행복지지 않는다. 그러나 내 재산의 99%를 사회에 돌려준다면 다른 사람이 건강하고 행복해진다."—워런 버핏

입장 정하기

● 두 글에서 주장의 근거로 제시한 내용을 각각 요약해 봅시다.

● 다음 쟁점에 대하여 자신의 입장을 정하고 근거를 제시해 봅시다.

쟁점1 재산상속은 경제 발전의 원동력이다.

	그렇다	아니다
근거		

쟁점2 부의 사회 환원은 인간의 본성을 거스르는 일이다.

	그렇다	아니다
근거		

쟁점3 재산을 많이 상속하면 후손이 값진 삶을 살 확률이 높아진다.

	그렇다	아니다
근거		

● 부모가 자녀의 경제생활을 책임지고 뒷받침하는 것은 언제까지여야 한다고 생각합니까? 부모님께 드리는 '자녀 돌봄 요청 목록'을 다음과 같이 구체적으로 작성해 봅시다.

시기 :

(예시 : 태어나서 고등학교를 졸업할 때까지)

내용 :

(예시 : 학원비, 등록금, 결혼 자금)

기부는 세상을 바꿀 수 있을까?

세금과 기부

2010년 미국의 내로라하는 갑부들이 자신의 재산 절반을 내놓겠다고 약속했을 때, 전 세계는 노블레스 오블리주를 실천한 이들에게 칭송을 아끼지 않았습니다. 반면에 이들의 기부 약속을 곱지 않게 바라보는 사람들도 상당히 많습니다. 그리고 이들의 곱지 않은 시선은 단지 부러움과 시샘 때문만은 아니었습니다. 부자의 기부, 그 착한 일의 뒷면을 한번 들추어 볼까요?

어차피 낼 세금과 바꾼 기부로 얻은 '착한 부자'라는 명성

기부 서약을 한 부자들은 대부분 자신의 재산 절반을 내놓겠다고 약속했다. 왜 딱 절반일까? 언뜻 듣기엔 정말 많은 액수를 기부한다고 생각하겠지만, 이 절반의 기부를 다르게 해석하는 사람들이 있다. 절반은 바로 50퍼센트이다. 그런데 미국은 2011년부터 100만 달러가 넘는 액수에 대해선 55퍼센트의 상속세율을 적용한다. 혹시 상속세를 내는 대신 기부를 한 것은 아닌지 의심을 지울 수 없다. 부모의 유산은 아무런 노력 없이 얻게 되는 불로소득이므로, 상속세는 다른 소득보다 훨씬 무거운 세금이 부과된다. 그런데 상속을 하지 않고 기부를 하면 기부한 금액에 대해서는 세금이 공제된다. 부자들이 세금을 낼까 기부를 할까 고민한 다음, 어차피 세금으로 낼 재산을 기부해 놓고는 '착한 부자'라는 명성을 얻은 것이 아닐까? 실제로 미국의 부동산 거부 스테판 로스는 "차라리 정부에 세금을 납부하라."고 이들을 비판했고 독일 함부르크의 거부 페터 크래머는 재산 기부 캠페인에의 동참을 거부했다. 그는 2010년 8월 슈피겔지와의 인터뷰에서 "미국에서는 기부액의 대부분에 세금이 공제되기 때문에 부자들은 기부를 할 것인지, 세금을 낼 것인지를 놓고 선택하게 된다."면서 "부자들이 막대한 세금을 내지 않고 자선단체에 기부할 경우 그 돈을 어디에 쓸 것인지를 정부가 아닌 극소수의 부자들이 결정하게 되는 상황이 전개되고 있다."라고 지적했다. 또, 그는 "누가 그들에게 그 많은 돈을 어디에 쓸 것인지 결정할 권한을 주었느냐"고 반문하며 독일 부자들은 다른 기부 방법을 찾을 것이라고 말했다.

가난한 이들을 돕는 것은 기부일까, 세금일까?

실제로 미국 부자들의 기부는 주로 대학과 병원, 의료 단체, 문화 예술 기관 등에 집중되고 있어 정부에 비판적인 사회단체나 풀뿌리 조직들, 가난한 사람과 소수자들을 위한 비정부기구는 거의 혜택을 받지 못한다. 기부를 비판하는 사람들에 따르면 부자들의 진정한 노블레스 오블리주는 기부보다는 세금이다. 기부로는 가난한 사람들에게 실질적인 혜택이 돌아가지 않아 사실상 소득 재분배의 효과를 낼 수 없지만, 부자들이 지금보다 세금을 더 많이 내고 정부가 복지 정책을 집행하면 훨씬 바람직한 결과를 얻을 수 있다는 것이다. 미국과 유럽을 비교하면 이 주장이 타당하다는 사실을 알 수 있다. 미국은 세계 최고의 기부 나라이지만 빈곤층은 영국과 독일의 두 배 이상인 반면, 유럽의 나라들은 미국보다 기부가 훨씬 적음에도 높은 세율을 통해 사회적 안전망이 잘 갖춰져 있기 때문에 빈곤층을 포함한 노인과 장애인 등 사회적 약자에 대한 배려 수준이 높아 훨씬 살기가 좋다. 과거 원시 부족이나 씨족사회에서는 자본과 소득의 재분배가 가진 자의 베풂으로 이루어졌지만, 지금은 국가 차원의 시스템을 통한 세금으로 이루어지는 것이 합리적이다. 빈부 격차의 해소는 기부보다는 세금을 통한 공공 보조로 이루어지는 게 맞다. 세금을 걷어 교육 기회를 확대하고, 집 얻을 기회를 더 늘리고, 더욱 싼 값에 의료 서비스를 받게 한다면 부자들에게 굳이 기부나 자선사업을 강요할 이유가 없는 것이다. 그렇다고 부자들의 기부를 꼬집기만 할 필요는 없다. 사실 우리가 부자들의 기부에 박수를 보내는 이유는, 부자들의 기부가 바로 승자만을 위한 자본주의에서 모두를 위한 자본주의로 나아가는 '박애 자본주의'의 실천이기 때문이다. 이들은 세금 공제 때문이 아니라 사회적 약자를 돕겠다는 배려와 열정으로 기부를 했고, 부자가 사회적 약자를 돕는 것은 공동체 구성원으로서 책임감과 의무를 실천하는 일이다.

8 경쟁

그래,

경쟁은 피할 수도 없고

피해서도 안 돼

아니야,

남을 밟고 올라서는

삶 속에 행복은 없어

현대 자본주의사회는 자유경쟁 체제를 기본으로 삼고 있습니다. 입시 경쟁, 취업 경쟁, 심지어 외모 경쟁까지, 우리는 태어나서 죽을 때까지 경쟁을 하며 살아갑니다. 사회가 점점 발전할수록 경쟁은 더욱더 치열해지고 있지요. 무한 경쟁에서 살아남은 극소수의 사람만이 부와 성공을 얻고, 경쟁에서 탈락한 대부분의 사람들은 실패와 좌절을 겪는 등 경쟁이 불평등을 심화시키고 사람들을 불행하게 만들자, 우리 사회에는 점차 경쟁에 반대하는 사람들이 늘어나고 있는 추세입니다. 이들은 경쟁 없이도 얼마든지 사회를 발전시킬 수 있다고 주장하며 더 많은 사람들의 행복을 위해 경쟁 대신 협동과 연대를 통해 사회를 이끌어 나가자고 말합니다. 그러나 경쟁이 발전의 유일한 원동력이라고 주장하는 사람들은 경쟁을 없애면 열심히 일하겠다는 동기가 사라져 경제성장도 인류 발전도 힘들다고 이야기하지요. 이들은 경쟁 자체를 없애는 것은 불가능하므로 과도한 경쟁 대신 기회의 균등이나 약자 보호 정책이 뒷받침되는 공정한 경쟁을 통해 사회를 발전시켜 나가자고 주장합니다.

생각 열기

경쟁은 정말 문제야. 학교 시험만 해도 그래. 우리 모두를 경쟁으로 내몰아 가니까 시험이란 소리만 들어도 심장이 두근두근, 머리가 지끈지끈, 밥맛까지 없어지잖아. 시험과 같은 경쟁적인 제도는 다 없애야 한다고 봐.

하지만 시험이 없다면 누가 어려운 공부를 하겠어? 열심히 공부한 친구에게 좋은 점수라는 보상이 주어지지 않는다면 아마 아무도 공부를 하려 들지 않을걸.

얼마 전에 역사 신문 만드는 수행 평가를 할 때 우리 모둠은 모두 함께 자료를 찾고 열심히 기사를 만들었어. 누구는 좋은 점수를 받고 누구는 안 좋은 점수를 받고, 그런 게 없으니까 서로 도우면서 즐겁게 공부를 할 수 있었어. 서로 경쟁하지 않고도 얼마든지 열심히 공부할 수 있지 않을까?

우리 모둠에서 어떤 친구는 열심히 하지도 않고서 좋은 점수를 받았어. 모둠별로 점수가 똑같이 나오니까 열심히 한 친구들 덕분에 노력도 없이 공짜로 점수를 얻은 거지. 이건 공평하지 않아. 만약 서로 다른 점수를 매겼다면 모두가 열심히 했을걸.

여러분을 가장 괴롭히는 것은 무엇인가요? 이성 친구가 없어 느끼는 외로움도 키가 안 커서 받는 스트레스도 시험과 성적이 주는 압박감에 비하면 아무것도 아닐 거예요. 점수를 놓고 친구들과 꼭 이렇게 경쟁을 해야 하나, 도대체 누구를 위한 경쟁일까, 이런 생각이 들 때마다 '어쩔 수 없지 뭐' 하면서 그냥 넘어갔다면 지금이야말로 한 번 더 깊게 생각해 볼 때입니다. 다음 두 사람의 대화를 잘 듣고 경쟁에 대한 생각을 정리해 봅시다.

공부 열심히 하는 게 사람 목숨보다 중요할까? 시험 스트레스로 자살하는 친구들 이야기 못 들어 봤어? 얼마 전 신문에서 보니까 전교 1등을 한 친구가 엄마한테 "이제 됐지?"라는 유서를 남기고 창문에서 뛰어내렸대. 이런 무서운 일들이 벌어지는 현실에서 경쟁을 계속해야 한다는 거야?

열심히 하는 사람에게 정당한 대가를 보장해 주지 않는다면 아무도 노력하지 않을 거야. 지금은 무한 경쟁 시대라고 하잖아. 경쟁에서 못 견디는 친구들이 있다고 해서 경쟁 자체를 없애 버리면, 한 사람 한 사람의 실력이 떨어지는 것은 물론 국가 경쟁력까지 추락하고 말 거야.

미래의 진짜 경쟁력은 창의적으로 생각하는 능력이라고 하잖아. 일등부터 꼴등까지 한 줄로 세우는 비인간적인 경쟁 속에서 과연 창의력이 키워질까?

어차피 경쟁은 우리가 피할 수 없는 현실이야. 좋든 싫든 그걸 인정하고 선의의 경쟁에 참여해서 각자의 능력과 노력만큼 그 대가를 받는다면 문제될 건 없지 않을까?

그래,
경쟁은 피할 수도 없고
피해서도 안 돼

경쟁은 발전을 이끄는 힘

노키아, 모토로라, 블랙베리라는 이름을 들어 본 적이 있나요? 애플이 아이폰을 내놓기 전, 세계에서 1, 2등을 다투던 휴대전화의 이름들입니다. 이들은 세상에 없던 새로운 개념의 휴대전화가 등장했는데도 여전히 자신들의 제품을 '스마트폰'이라는 이름으로 판매하다 몰락했지요. 반면 기존 제품을 과감히 단종하고 아이폰과의 경쟁에 뛰어든 갤럭시는 어땠나요? 아이폰이 없었다면 갤럭시가 품질 혁신을 이루어 낼 수 있었을까요? 갤럭시가 없었다면 아이폰 역시 계속 뛰어난 스마트폰을 만들어 낼 수 있었을까요? 둘의 불꽃 튀는 경쟁은 십여 년 동안 스마트폰 기술을 엄청나게 발전시켰고, 덕분에 이제는 많은 회사가 품질 좋고 저렴한 스마트폰을 생산할 수 있는 토대가 마련되었습니다. 루이스 캐럴의 동화 『거울 나라의 앨리스』에

"무한 경쟁은 말 그대로 끝없이 경쟁한다는 뜻으로 승자가 된 마지막 한 사람이 모든 것을 가지는 승자 독식의 경쟁 법칙을 강조하는 말이다."

는 앨리스가 붉은 여왕에게 왜 한참을 달려도 계속 제자리냐고 묻는 장면이 나옵니다. 붉은 여왕은 말하지요. "여기선 있는 힘껏 달려야 지금 그 자리에라도 계속 있을 수 있단다. 다른 곳에 가고 싶으면 아까보다 최소한 두 배는 더 빨리 달려야 해."

경쟁은 인간의 타고난 본성

우리가 재미있어하는 일에는 대부분 경쟁이란 요소가 들어 있습니다. 어려서부터 해온 놀이와 오락도 경쟁 때문에 더 재미가 있었습니다. 사람들은 고스톱같이 경쟁적인 도박에 잘 빠져들고, 축구처럼 경쟁이 치열한 스포츠에 열광합니다. 심지어 경쟁에서 패배하여 비참한 지경에 이르면서도 계속 경쟁에 참여하곤 합니다. 경쟁은 인간

© Yonhap photo

| 중화학공업 부문 경쟁력 변화도 |

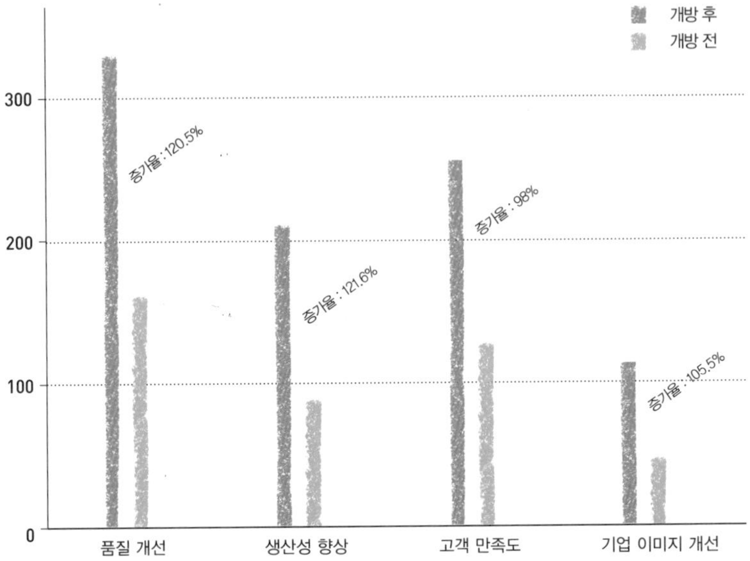

출처 : 통계청 종합경쟁력 1997~2004 요약

시장 개방 후 외국 기업과 경쟁하게 되자 국내 중화학공업 분야의 경쟁력이 높아졌다.

의 본능이기 때문입니다. 사람들은 경쟁 본능을 자극하는 재미에 이끌려 끊임없이 경쟁하는 것입니다.

■ **요한 하위징아**
Johan Huizinga
1872~1945, 네덜란드의 역사학자. 놀이하는 인간이라는 뜻의 '호모 루덴스'라는 개념을 만들었다. 저서로 『중세의 가을』 『호모 루덴스』 등이 있다.

역사학자 하위징아■는 이러한 인간의 경쟁 본능을 '호모루덴스'라는 말로 설명합니다. 그는 놀이하는 것이 인간 행위의 가장 큰 특성이며, 이 놀이하는 인간의 특성은 경쟁 본능과 밀접하게 연결되어 있다고 말합니다. 인간에게는 '이기고 싶다'는 욕구가 있는데, 이는 다른 사람을 능가하여 첫째가 되고 또 그 덕에 존경을 받으려는 욕구입니다. 결국 인간은 바로 이 경쟁 본능을 충족하기 위해 놀이하는 존재가 되었다는 주장입니다. 인간을 공격적이고 이기적인 존재로 보았던 영국의 철학자 홉스■ 역시 경쟁심은 인간의 본능이라고 말했습니다. 인간의 본성에는 싸움을 불러일으키는 세 가지 요소인 경쟁심, 소심함, 명예욕이 있는데, 특히 경쟁심은 재물이나 이익처럼 필요한 무엇인가를 얻기 위해 인간이 다른 사람과 투쟁하도록 만든다는 것입니다. 경쟁은 인간의 타고난 본성입니다. 재미를 위해서든 어떤 이득을 위해서든, 경쟁은 결코 우리 삶에서 떼어 낼 수 없는 불가피한 것입니다. 그러므로 싫다고 경쟁 자체를 외면하거나 없애려 한다면, 귀중한 시간과 에너지만 헛되이 낭비하게 됩니다. 따라서 우리에게 필요한 것은 경쟁의 부정이 아닌, 경쟁의 긍정적인 힘을 배우고 활용하는 지혜입니다.

■ 토머스 홉스
Thomas Hobbes
1588~1679. 영국의 철학자, 사회계약론자. 성악설을 전제로 자연 상태의 인간 사회는 '만인의 만인에 대한 투쟁'이라고 주장함. 저서로 『리바이어던』 『자연법과 국가의 원리』 등이 있다.

위대한 경쟁의 힘! 사실 우리는 경제성장 과정을 통해 이미 잘 알고 있습니다. 1950년대 세계 최빈국이었던 대한민국이 오늘날 세계 15위권 경제 대국으로 성장한 것은 우리 모두가 밤잠을 줄이고 세계와 경쟁하면서 생산력을 높여 온 결과이기 때문입니다. 그렇게 경쟁력을 길러 오지 않았다면 오늘날 누리는 물질적 풍요는 불가능했을 것이며, 대한민국은 여전히 빈곤 상태에서 허덕이고 있을지도 모릅니다. 우리를 포함해 전 세계를 지배하고 있는 자본주의경제의 기본 원리가 바로 자유경쟁이기 때문입니다. 이 자유경쟁의 원리에 따라 개인은 자유롭게 직업을 선택하고, 서로 경쟁하는 가운데 일한 만큼 소득을 올립니다. 또 기업은 더 많은 이윤을 얻기 위해 서로 경쟁하고, 그 덕에 소비자는 더 질 좋고 값싼 제품과 더 나은 서비스 혜택을 받게 되는 것입니다.

근대경제학의 최고봉으로 불리는 애덤 스미스■가 바로 이러한 자본주의 경제 원리의 토대를 만들었는데, 그는 인간의 이기심이 사회를 발전시킨다는 신념을 바탕으로 자유경쟁의 원리를 주장했습니다. 그에 따르면 인간은 타인에 대한 동정심보다 자신에 대한 애정

■ 애덤 스미스
Adam Smith
?~1790. 영국의 정치경제학자, 도덕철학자. 경제행위의 동기는 인간의 이기심이며 자율 경쟁 시장은 '보이지 않는 손'에 의해 균형을 이룬다는 예정조화설을 주장했다. 저서로 『도덕 감정론』 『국부론』 등이 있다.

이 앞서는 이기적인 존재로, 인간의 타고난 이기심을 인정하고 활용하면 개인과 사회 모두를 발전시킬 수 있다고 말했습니다. 즉, 이기심을 통제하기보다 오히려 경쟁을 통해 이기심을 부추기는 것이 개인의 행복과 사회 전체의 공익을 동시에 달성하는 길이라는 주장입니다. 자본주의경제는 이러한 경쟁 논리에 힘입어 눈부시게 발전해왔습니다. 점점 더 좋은 물건을 원하는 사람들의 욕망과 이를 만족시키려는 기업들 간의 자유경쟁은 기술 진보와 생산성 향상에 크게 기여했고, 새로운 창조를 가능케 했습니다. 반면에 공산주의경제는 인간의 이기적 본성을 부정하고 경쟁 원리를 거부한 결과 퇴보를 거듭하다가 결국 실패로 끝났습니다. 이로써 오늘날 세계인들에게 자유경쟁의 원리는 당연한 상식이 되었고, 자유경쟁의 원리를 따르는 자본주의경제는 다른 어떤 경제 이념도 감히 넘볼 수 없는 강력한 지위를 누리고 있습니다.

"우리가 저녁식사를 할 수 있는 것은 푸줏간 주인이나 양조업자, 빵집 주인의 자비심 때문이 아니라 그들의 돈벌이에 대한 관심 때문이다. 우리는 그들의 인간성에 호소하지 않고 이기심에 호소한다."
—애덤 스미스, 『국부론』에서

경쟁은 함께 추구하는 것

그럼에도 불구하고, 경쟁 그 자체를 아예 부정하거나 경쟁 논리라면 무조건 반대하는 사람들이 있습니다. 이들은 경쟁이 서로를 적대시하게 만들어 인간관계를 해친다고 비판합니다. 효율성과 적자생존의 법칙을 앞세운 경쟁 논리는 경쟁에서 탈락한 사람들을 도외시한 채, 결국 강자의 이익만을 대변한다는 거죠. 그러나 이는 경쟁에 대한 오해입니다. 원래 경쟁 속에는 '함께 추구한다'는 의미가 들어 있습니다. 지금까지의 역사에서 가장 훌륭한 정치 이념으로 평가받고 있는 민주주의가 그 좋은 예입니다. 오늘날 민주주의가 우리 생활에 뿌리내리게 된 것은, 서로 다른 정치적 입장을 관철시키려는 이익집단과 정당들 사이에 치열한 경쟁이 있었기 때문입니다. 각자의 이익을 추구하는 경쟁을 인정하지 않으면 민주주의는 성립될 수 없습니다. 경쟁 과정에서 사람들은 자신만의 이익을 위해 협력을 거부하기도 하지만, 서로의 이익을 위해 기꺼이 협력하기도 합니다. 경쟁은 경쟁자를 부정하고 배제하는 것이 아니라, 서로를 인정하고 그 바탕 위에서 각자의 의욕과 노력을 한층 더 이끌어내기 때문입니다. 경쟁을 통해 발전을 거듭해 온 오늘날의 민주주의와 자본주의가 이를 증명하고 있습니다.

경쟁에는 이미 협력의 뜻이 담겨 있습니다. 경쟁을 통해 좀 더 많은 성취를 이루기 위해서라도 협력은 필수입니다. 그런데 가만히 살펴보면, 협력할 때조차 경쟁은 필요합니다. 경쟁력이 탁월한 자에게 더 좋은 협력자가 나타나기 때문입니다. 따라서 어떤 경우든 우리의 삶에서 경쟁은 결코 피할 수 없습니다. 이 세상에는 전 세계 사람들 모두를 한꺼번에 다 만족시킬 수 있을 만큼의 재화도 없고, 또 인간에게서 남을 이기고 남보다 더 많이 갖고 싶어 하는 이기적 욕망

경쟁을 일컫는 영어 단어 competition의 어원은 라틴어 'compedare'로, 단어 속 'com'은 함께with를 뜻하는 접두어이다. 즉 경쟁자는 적이 아니라 최선의 결과를 얻기 위해 함께 경기를 펼치는 동반자라는 의미를 담고 있다.

© Kaler Blind

을 완전히 떼어 낼 방법도 없습니다. 그리고 이렇듯 우리가 삶에서 경쟁을 피할 수 없는 한, 경쟁 없이는 개인도 사회도 결코 발전할 수 없습니다. 경쟁이란 결국 한정된 재화를 놓고 누가 더 많은 몫을 차지할 것인가 하는 생존의 문제이므로, 치열한 경쟁 속에서 끊임없이 새로운 경쟁력을 갖추는 사람만이 살아남을 수 있기 때문입니다. 더구나 오늘날은 세계화■로 경쟁이 날로 격화되는 추세입니다. 이런 상황에서 경쟁을 부정한다면, 사회의 존속과 발전을 이끌어 갈 동력 또한 함께 사라져 버릴 것입니다.

■ **세계화**
자본, 노동, 서비스, 정보의 국제적 이동 증가로 세계가 하나의 단일 시장으로 통합되어 가는 현상. 국제 교류의 경제적 측면을 강조한 개념으로 세계화가 진행될수록 경쟁은 가속화된다.

요즘 사회를 가리켜 유독 '경쟁 사회'라 칭하며 승자와 패자를 가혹하게 가르는 약육강식의 비정함을 비난하는 사람들이 있습니다. 하지만 잘 생각해 보면, 동서고금을 막론하고 인간 사회가 경쟁 사회가 아니었던 적은 거의 없습니다. 인류는 처음부터 지금껏 각자의 이익을 위해 항상 경쟁하고 또 협력해 왔습니다. 그러면서 마치 운동 경기에서처럼 공정한 경쟁 조건과 규칙을 함께 발전시켜 왔습니다. 경쟁 상대가 승복할 수 없는 부정하거나 불공정한 경쟁으로는 지속적인 경쟁이 불가능하다는 사실을 모두가 잘 알게 되었기 때문입니다. 인간 사회의 경쟁은 당연히 앞으로도 계속될 것입니다. 따라서 우리가 고민해야 할 문제는 경쟁할 것인가 말 것인가를 선택하는 일이 아닙니다. 우리에게 주어진 유일한 과제는 공정한 경쟁을 함께 추구하는 것입니다.

아니야,
남을 밟고 올라서는 삶 속에
행복은 없어

경쟁할수록 점점 더 멀어지는 행복

우리나라 헌법 제2장 제10조에는 '모든 국민은 인간으로서의 존엄과 가치를 가지며, 행복을 추구할 권리를 가진다'라고 되어 있습니다. 대부분의 나라들도 헌법에 행복추구권을 명시하고 있습니다. 행복은 모든 사람의 꿈이기 때문입니다. 그렇다면 현재 우리는 얼마나 행복한 삶을 누리고 있을까요? 안타깝게도 우리나라 사람들은 그다지 행복하지 않은 듯합니다. 2017년 OECD가 조사한 우리나라 사람들의 삶의 만족도는 29.7퍼센트로, 평균치에 이르기는커녕 다른 국가들의 절반 수준에도 미치지 못했습니다. 2018년에는 38개 회원국 가운데 30위였습니다. 어린이와 청소년도 마찬가지입니다. 연세대학교 사회발전연구소에서 실시한 '어린이 · 청소년 행복 지수■ 국제 비교' 조사 결과를 보면, 한국 어린이 · 청소년의 주관적 행복 지

■ **행복 지수**
행복을 느끼는 정도를 측정하는 지수. 영국의 심리학자 로스웰과 코언이 생존 조건, 개인적 특성, 사회적 관계의 세 가지 요소를 토대로 만든 행복 공식을 통해 산출한다.

| 지구 행복 지수(Happy Planet Index) |

UN 행복보고서 2019		영국 신경제재단 세계 행복 지수 2019	
1	핀란드	1	코스타리카
2	덴마크	2	멕시코
3	노르웨이	3	콜롬비아
5	네덜란드	5	베트남
8	뉴질랜드	8	방글라데시
12	코스타리카	12	노르웨이
15	영국	15	스페인
19	미국	18	네덜란드
54	한국	58	일본
58	일본	772	중국
93	중국	80	한국
120	잠비아	108	미국
140	인도	138	토고

수는 2009년 첫 조사 때부터 줄곧 OECD 국가 중 최하위에 머물러 있습니다. 반면에, 우리나라의 자살 사망률은 10만 명 당 24.3명으로 13년째 OECD 국가 중 가장 높습니다. 2017년 한 해 동안 자살로 숨진 사람이 1만 2천 4백 92명, 하루 평균 34명입니다. 지금의 대한민국은 자살률은 높고 행복 지수는 낮은, 다소 '불행한 사회'라 불릴만한 모습입니다. 왜 그런 걸까요? 많은 전문가들은 가혹한 경쟁 속에 성공만을 강요하는 우리 사회의 분위기를 그 주범으로 지목합니다. 대한민국은 지나치게 경쟁을 강조하는 반면에 소외 계층에 대한 배려는 매우 적은 사회이기 때문에 사람들이 끊임없는 경쟁과 심리적 압박에 노출되어 있다는 것입니다. 타당한 말입니다. 삶의

만족도가 높은 나라들을 살펴보면 공통적으로 경쟁 사회가 아닌 더불어 살아가는 사회를 추구하고 있기 때문입니다.

행복 지수 조사에서 상위권을 차지하는 나라들을 좀 더 자세히 살펴볼까요? 조사 방법에 따라 조금씩 다르지만 크게 두 부류로 나눌 수 있는데, 한 그룹은 물질적 풍요를 누리는 북유럽 국가들이고 또 다른 그룹은 물질적 풍요와는 거리가 먼 중남미 및 아프리카와 아시아 지역의 국가들입니다. 북유럽 국가들은 경쟁과 성장 대신 평등과 분배를 통한 발전을 추구합니다. 그래서 그곳 사람들은 수입의 절반 이상을 세금으로 내면서도 억울해하지 않고 당연하게 생각합니다. 중남미 및 아프리카와 아시아 지역의 국가들은 가난하지만 콩 한쪽도 서로 나누는 공동체 정신이 강하게 살아 있습니다. 두 부류에 속한 국가들은 겉모습은 달라도 나아가는 방향은 똑같습니다. 마을 사람들 모두가 공평하게 수확물을 나누며 소외되는 이웃이 없도록 세심히 배려하던 아마존 밀림의 원주민들처럼, 연대하는 아름다운 삶은 사람들을 행복하게 만들고 삶의 만족도를 높여 주는 것입니다.

연대란 여러 사람이 모여 공동의 목적을 갖고 함께 일하는 것이다. 연대는 단순히 함께 일한다는 뜻의 협력이나 협동보다 더 적극적이고 실천적인 말로, 과정과 결과 모두에 함께 책임을 진다는 의미가 들어 있으며 구성원들의 강한 공동체 정신을 필요로 한다.

경쟁 NO! 연대 YES! 이것이 바로 행복의 비결입니다. 경쟁을 당연시하는 사회에서 사람들은 결코 행복할 수 없습니다. 타인에 대한 배려와 나눔은커녕, 상대방의 이익을 빼앗아서라도 내 이익을 채우겠다는 몹쓸 몸짓만이 일상을 지배하기 때문입니다. 상대방을 이기면 그만이라는 경쟁 논리는 사람들을 단순하고 공격적으로 만듭니다. 승자와 패자가 확연히 구분되는 사회에서는 경쟁이 치열할수록 사람들은 자꾸만 남과 비교하게 되고, 경쟁에서 패배하면 깊은 절망과 좌절감을 느낄 수밖에 없습니다. 우리가 경쟁을 멈추어야 할 이유는 분명합니다. 경쟁을 멈추는 일, 그것이 곧 우리 모두의 행복의 시작이기 때문입니다.

불가피한 경쟁이란 허구

그럼에도 불구하고, 여전히 적잖은 사람들이 경쟁을 멈추기를 두려워하거나 주저하고 있습니다. 바로 '경쟁은 피할 수 없다'라는 고정관념에 붙잡혀 있기 때문입니다. 이 강력한 고정관념은 어디서 나왔을까요? 바로 인간은 이기적인 존재이며 이 세상에는 충분한 재화가 없다는 생각에서 나왔습니다. 이기적인 인간들이 한정된 재화를 갖고 자신의 욕구를 만족시키려면 경쟁을 할 수밖에 없다는 거죠. 그러나 결론부터 말하자면 이 두 개의 전제는 허구입니다. 하나씩 차례대로 살펴볼까요?

먼저, 인간은 이기적인 존재가 아닙니다. 인간의 본성은 이기적이라기보다는 이타적입니다. 프랑스 혁명에 큰 영향을 주었던 루소■는, 인간의 본성에는 이기심이 없으며 오로지 자애심이라는 자연적 욕구가 있을 뿐이라고 주장했습니다. 그리고 자애심이라는 이 자연적 감정은 다른 존재와 모순을 일으키는 것이 아니라, 오히려 다른 사람에 대한 애정과 동정심을 일으키는 바탕이 된다고 말했습니다. 러시아의 철학자 크로포트킨■ 또한 이기적인 경쟁 본능을 인정하지 않았습니다. 그는 인간의 본성이 처음부터 이기적인 것이 아니라 오히려 경쟁이 이기심을 부추겨 인간을 이기적으로 만든다며 인간관계를 삭막하게 만드는 경쟁을 비판했습니다. 우리가 흔히 쓰는 '인간은 사회적 동물'이라는 표현만 보더라도 루소와 크로포트킨의 주장은 매우 타당합니다. 인간은 일종의 본능처럼 다른 사람과 관계를 맺으며 살아갑니다. 다른 사람과의 관계를 끊고 홀로 고독하게 일생을 마칠 수 있는 인간은 거의 없습니다. 인간은 관계 속에서 편안함을 느끼고 마음의 안정을 얻기 때문입니다. 따라서 경쟁보다는 오히

■ **장 자크 루소**
Jean-Jacques Rousseau
1712~1778, 프랑스의 사상가, 사회계약론자. 인간은 자연 상태에서 자유롭고 선량한 존재로 제도와 문화 때문에 잃어버린 본래의 인간성을 회복하자고 주장함. 저서로 『인간 불평등 기원론』 『사회계약론』 『에밀』 등이 있다.

■ **표트르 크로포트킨**
Peter Alexeievich Kropotkin
1842~1921, 러시아의 철학자, 지리·동물학자, 무정부주의자로 인간 사회의 연대와 협동을 강조했다. 저서로 『상호부조론』 『만물은 서로 돕는다』 등이 있다.

© Jeff Banche

려 상호 의존성이 인간의 본성에 훨씬 가까운 것입니다. 더 나아가 인간은 서슴없이 자기희생 정신을 발휘하여 이타적인 행동을 하기도 합니다. 동서고금을 막론하고 자신의 이익을 위해서가 아니라 가족과 동포를 위해 목숨까지 던졌던 사람은 수도 없이 많으며, 우리 주위에서 동정심을 갖고 자신보다 어려운 사람을 도와주는 사례는 셀 수조차 없습니다. 이처럼 인간이 이기적인 존재가 아니라는 것은 새삼스럽게 말할 필요가 없는 엄연한 사실입니다.

다음으로, 재화의 한계 때문에 경쟁이 불가피하다는 주장 또한 거짓입니다. 우리 삶의 기본이 되는 식량문제를 예로 들어 살펴볼까요? 유엔 인권위원회 식량특별조사관으로 활동했던 장 지글러■에 따르면, 세계 65억 인구 중 8억 명 이상의 사람들이 만성적인 기아에 허덕이고 있다고 합니다. 너무도 안타까운 일입니다. 그런데 더욱 가슴 아픈 일은, 인류의 8분의 1이 굶주림에 죽어 가고 있는 이 현상이 식량 부족 때문에 생긴 일이 아니라는 사실입니다. 현재 인

■ **장 지글러**
Jean Ziegler
1934- , 스위스의 사회학자, 기아문제연구자. 인도적인 관점에서 빈곤과 사회구조의 관계를 밝히는 연구를 하고 있다. 저서로 『왜 세계의 절반은 굶주리는가』 등이 있다.

류의 기술과 생산력은 120억 인류를 거뜬히 먹이고도 남을 만큼 발달해 있습니다. 그런데도 굶어 죽을 만큼 가난한 사람들은 오히려 계속 늘어나고 있습니다. 왜 그럴까요? 탐욕스런 누군가가 권력과 금력을 통해 자본과 기술을 독점하기 때문이라고 장 지글러는 말합니다. 매일처럼 굶주리는 인구 대부분이 남반구의 제3세계■ 사람들이라는 점에서, 이는 매우 타당한 지적입니다. 결국 재화는 충분한 것입니다. 재화의 부족을 이유로 경쟁의 불가피성을 말하는 것은 재화를 더욱 많이 독차지하려는 강자의 억지 논리입니다. 이미 경쟁에서 유리한 위치에 서 있는 강자가 더 큰 탐욕을 위해 약자를 속이려는 거짓 주장일 뿐입니다. 이처럼 '삶에서 경쟁은 불가피하다'라는 주장은 거짓에 불과합니다. 그러므로 더는 속지 말아야 합니다. 경쟁할수록 행복은 멀리 달아난다는 사실을 뻔히 알면서도 체념하듯 경쟁에 휘말리곤 하는 어리석은 삶에서 이제는 과감히 벗어나야 합니다.

■ **제3세계**
원래 냉전 시대에 자유 진영인 제1세계나 공산 진영인 제2세계 어느 쪽에도 가담하지 않았던 개발도상국들을 총칭하는 말. 현재는 아프리카, 아시아, 라틴아메리카의 빈곤한 저개발 국가들을 가리킨다.

발전은 경쟁 아닌 연대하는 것

물론 경쟁 사회에 살고 있으면서 경쟁에서 벗어난다는 것이 쉬운 일은 아닙니다. 특히 경쟁 사회에서는 경쟁만이 발전의 유일한 동력이라고 끊임없이 주입시키기 때문에, 사람들은 경쟁을 통해 누구나 성공할 수 있다는 막연한 희망과 함께 경쟁이 없으면 모두 다 금방 망할 것 같은 공포를 갖게 됩니다. 그러므로 경쟁의 틀을 벗어나기 위해서는 무엇이 진정한 발전인지, 경쟁을 통한 발전이 과연 진정한 발전인지, 또 경쟁이 아닌 다른 방식으로 발전할 수는 없는지를 정말로 진지하게 따져 보는 일이 무엇보다 중요합니다.

> 대단한 선수 1명 뒤에는 99명의 탈락한 학생 선수들이 있다. 학생 선수가 10만 명, 이 중 대학 진학이 가능한 인원이 10퍼센트, 대학 진학 후 그 분야로 직업을 가질 가능성이 이 중 10퍼센트. 즉, 운동을 시작해서 직업을 가질 수 있는 비율은 전체 학생 선수의 1퍼센트이다.

국가인권위원회가 조사한 '중도 탈락 학생 선수의 인권 상황' 결과는 가혹하기 짝이 없습니다. 중도 탈락한 선수들에게 미래가 있을까요? 경쟁 방식이 추구하는 발전이란 이처럼 극소수의 승자만을 위한 발전입니다. 오로지 약육강식의 논리에 따라 세상을 1퍼센트의 승자와 99퍼센트의 패자로 갈라놓고 서로 싸우게 만들기 때문입니다. 1퍼센트를 길러 이름을 날리는 것만이 곧 발전이라며 99퍼센트는 나 몰라라 하는, 경쟁 사회의 엘리트주의 발전 논리가 낳은 슬픈 현실입니다. 경쟁주의자들은 1퍼센트의 엘리트가 사회 전체의 발전을 이끌어가는 유일한 힘이며, 또 누구나 1퍼센트에 들 수 있다고 주장합니다. 그러나 이는 솔깃한 가짜 희망을 퍼트림으로써, 승자 독식의 세상을 지속하려는 강자의 억지 논리일 뿐입니다.

> "잘하려고 노력하는 것과 남을 이기려고 애쓰는 것은 전혀 다르다. 협동을 하게 되면 인간관계가 주는 안정감으로 인해 더 자유롭게 문제를 탐구하고, 모험에 도전하고 가능성을 즐기며, 비웃음을 피하기 위해 실수를 감추기 보다는 그 실수에서 배움을 얻는다. 적대적인 경쟁에서 이런 일은 절대 발생하지 않는다." —알피 콘 「경쟁을 반대한다」에서

진정한 발전은 연대에 기초하여 99퍼센트에도 따스한 손길을 내미는 것입니다. 동서양의 위대한 성인들은 하나같이 경쟁이 아니라 연대를 강조했습니다. 연대는 인간다운 삶의 기본 바탕이기 때문입니다. 인류의 긴 역사를 살펴보아도 발전의 동력으로서 경쟁을 전면에 내세웠던 시대는 효율성을 유독 강조한 지난 2~3세기 정도에 불과합니다. 더구나 이제는 효율성 면에서조차, 경쟁보다 협동이 더 우월하다는 사실이 널리 인정되고 있습니다. 핀란드 교육이 그 좋은 사례입니다. 해마다 국제 학업 성취도 평가에서 최상위를 차지하는 핀란드의 교육 방식은 경쟁이 아니라 협동입니다. 우열반을 폐지

하고, 등수를 없애고, 뒤처지는 학생을 끌어올리는 데 집중한 결과, 핀란드는 학생들 사이의 학업 성취도 편차는 가장 낮으면서 학업 성취도 수준은 가장 높은 나라가 되었습니다. 한국 교육의 모습은 어떤가요? 국제 학업 성취도 평가에서는 핀란드와 최상위를 다툴 만큼 우수한 성과를 내고 있음에도 불구하고, 긍정보다는 부정적인 평가를 더 많이 받고 있습니다. 무엇보다 핀란드와 정반대로 오직 경쟁을 통해 일렬로 줄을 세우는 교육이어서, 그 폐해가 심각하기 때문입니다. 가혹한 경쟁 속에서 잘하는 학생들과 못하는 학생들 간의 학력 격차는 벌어져만 가고, 공부를 잘하는 학생조차 전혀 행복하지 않은 우울한 상황이 바로 대한민국의 교육 현실입니다. 경쟁은 더 이상 우리를 발전시키지 못합니다. 1명의 웃음을 위해 99명을 울리는 경쟁이 아니라 모두의 행복을 위한 협동과 연대가 필요합니다. 함께 웃으며 가는 것, 이것이 바로 진정한 발전입니다. 경쟁은 모두의 삶을 좀먹는 파멸의 주범일 뿐입니다.

입장 정하기

● **두 글에서 주장의 근거로 제시한 내용을 각각 요약해 봅시다.**

● **다음 쟁점에 대하여 자신의 입장을 정하고 근거를 제시해 봅시다.**

쟁점1 경쟁은 인간의 본성이다.

	그렇다	아니다
근거		

쟁점2 재화가 한정된 지구에서 경쟁은 피할 수 없다.

	그렇다	아니다
근거		

쟁점3 경쟁은 발전을 가져온다.

	그렇다	아니다
근거		

● **"2등은 아무도 기억하지 않는다."라는 말로 시작하는 140자 트위터 글쓰기를 해 봅시다.**

치킨게임과 죄수의 딜레마

게임이론 속의 경쟁과 협동

현실에서 자기 마음대로 경쟁과 협동 중 하나를 선택하는 것은 불가능합니다. 만약 아무 조건 없이 경쟁과 협동 중 하나를 택할 수 있다면, 사람들은 어느 쪽을 선택할까요? 그리고 무엇이 더 이익을 가져다줄까요? 게임이론은 경제학에서 사용되는 모델로, 복잡한 상황을 하나의 게임처럼 단순하게 만든 다음 사람들의 선택을 계산합니다. 게임이론을 통해 경쟁과 협동의 속살을 들여다봅시다.

치킨게임

한밤중 도로의 양쪽에 두 명의 경쟁자가 자동차를 탄 채 마주 보고 있다. 게임이 시작되면 서로를 향해 차를 몰아 달려오는데, 이때 먼저 피하는 사람이 지게 된다. 물론 상대방이 나를 피하고 내가 이긴다면 좋기야 하겠지만 만약 어느 한쪽도 지는 것이 싫어 정면충돌을 피하지 않는다면 이 게임은 정말 무시무시한 게임이 된다. 둘 다 승자가 된다 해도 결국 둘 다 죽는 게임인 것이다. 치킨게임은 실제로 1950년대 미국 젊은이들 사이에서 유행했는데, 충돌 직전에 핸들을 꺾는 사람을 겁쟁이라고 부르며 무시했다고 한다. 치킨게임은 이기고 싶은 마음이 목숨까지 빼앗는 극단적인 경쟁의 모델을 보여 준다.

현실에서도 치킨게임이 존재할까? 답은 '그렇다'이다. 전 세계가 공산 진영과 자유 진영으로 나뉘어 이념 대립을 하고 있던 1950년대부터 1970년대까지, 미국과 소련은 지구 전체를 멸망시키고도 남을 핵무기와 미사일을 쌓아 올리는 경쟁을 했다. 1962년 쿠바 미사일 위기 때는 핵무기 버튼을 누르기 직전에 겨우 문제가 해결되어 세계가 죽음 직전까지 가기도 했다. 오늘날에는 기업들이 손해를 무릅쓰고 서로 극단적인 가격 인하 경쟁을 벌이면서 치킨게임을 한다고 말한다. 학자들에 따르면 협력의 경험은 협력을 증가시키는 따뜻한 순환을 불러오지

만 경쟁의 경험은 경쟁을 강화하는 차가운 순환을 불러온다고 한다. 절대 질 수 없다는 마음은 나와 상대방 모두를 파멸시키는 것이다.

죄수의 딜레마

두 사람이 어떤 사건의 용의자가 되어 경찰에 체포된다. 물증이 없기 때문에 두 사람의 자백만이 유일한 증거이다. 경찰은 아주 교묘한 신문을 한다. 만일 두 사람이 모두 범죄를 저질렀다고 고백하면 이들에게는 5년형이 선고되고, 만일 두 사람 모두 끝까지 범죄 사실을 부인하면 이들이 옛날에 저지른 사소한 범죄 사실을 끄집어내 1년형을 선고할 것이다. 만일 한 사람이 자백을 하고 다른 사람이 끝까지 부인한다면, 자백한 사람은 반성문만 쓰고 경찰서를 나갈 수 있게 해 주고, 부인한 사람은 5년형에 위증죄 2년을 덧붙여 7년형이 선고될 것이다. 자, 당신은 이제 어떻게 행동할 것인가?

물론 당연히 두 사람 다 혐의 사실을 부인할 때 둘 모두에게 가장 좋은 결과가 나온다. 그런데 두 용의자는 서로 다른 곳에 갇혀 의견을 주고받을 수 없다. 둘 다 최선의 결과를 알고 있으니 상대방을 믿고 부인하면 되겠지만, 만약 상대방이 자기 혼자만 이득을 보려고 자백을 하면 어쩌나 하는 딜레마에 빠진다. 결국 실험에 참가하는 사람들은 상대방을 믿지 못해, 언제나 둘 다 자백하는 최악의 결과가 나온다. 만약 상대방과 내가 미리 대화를 나누고 합의를 할 수 있다면 어떻게 될까? 당연히 둘 다 부인하기로 약속하고 1년만 살 것이다. 그래도 계속 딜레마가 남는다. 상대방이 나를 마지막에 배신하면 어쩌나? 나만 약속을 지켜 손해를 본다면? 결국 문제는 상대방과 나 사이에 믿음과 신뢰가 있느냐 없느냐다. 죄수의 딜레마는 남이 잘못될수록 내가 잘된다는 경쟁적인 생각은 좋은 결과를 가져오지 못하며 서로에게 이익이 되는 방법을 찾아 그 약속을 지키기만 한다면 항상 최선의 결과를 얻을 수 있다는 사실을 보여 준다.

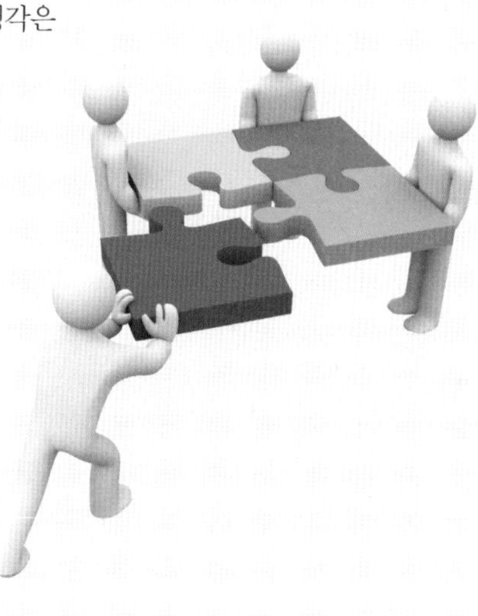

9 정보화 사회

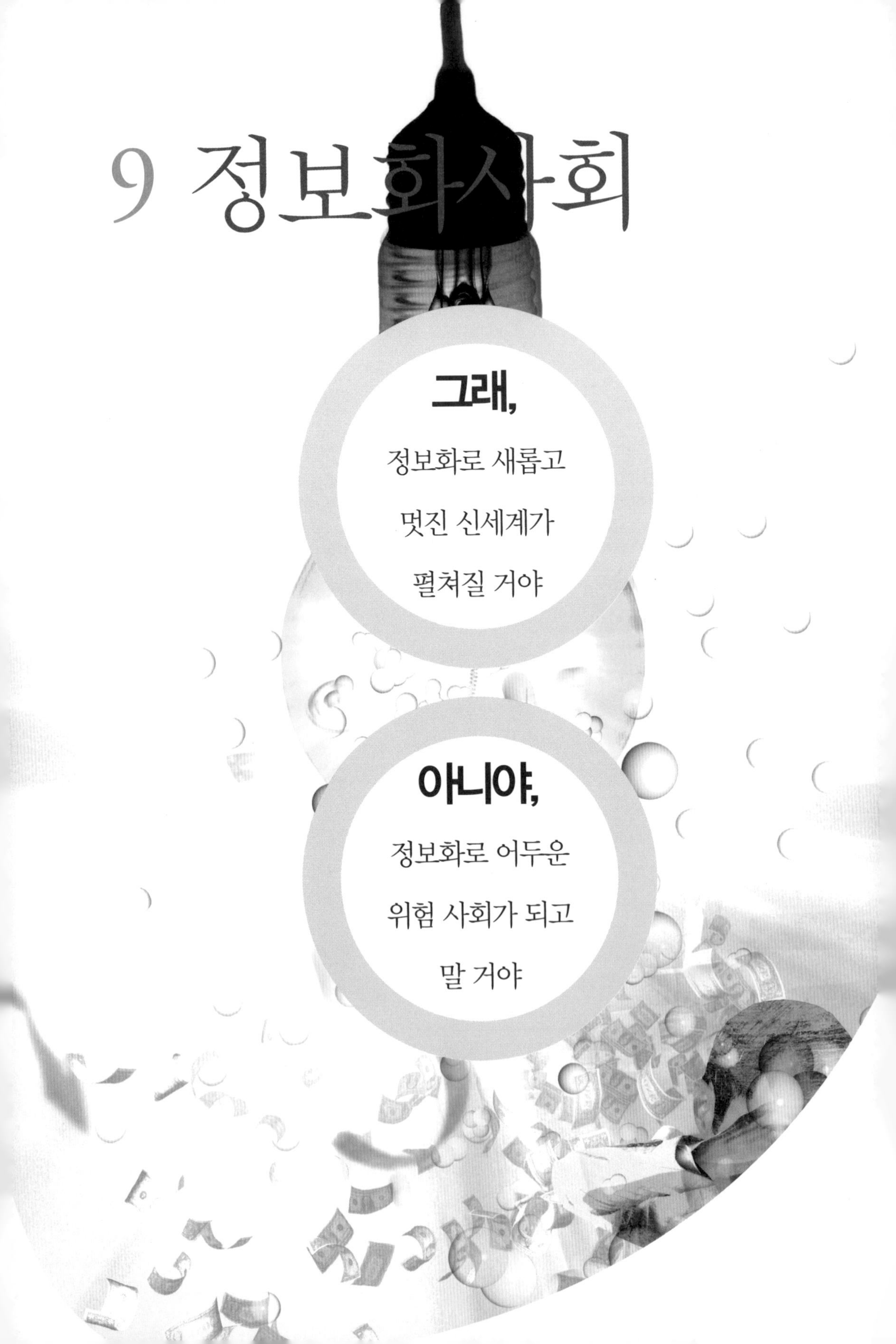

그래,

정보화로 새롭고

멋진 신세계가

펼쳐질 거야

아니야,

정보화로 어두운

위험 사회가 되고

말 거야

우리는 아주 평범한 친구가 유튜브에 동영상을 올려 인기 비제이(BJ)가 되거나 인터넷 쇼핑몰을 운영해 주위의 부러움을 사는 모습을 가끔 보게 됩니다. 정보화사회란 단순히 컴퓨터와 스마트폰, 인터넷을 사용하는 세상이라고만 생각하지만, 정보화사회는 이처럼 창조적인 아이디어만 있다면 누구라도 전에 없던 새로운 것을 만들어 내 성공할 수 있는 세상입니다. 더구나 우리는 정보화사회가 주는 편리함에 이미 길들여져 있습니다. 인터넷 쇼핑, 모바일 뱅킹, 교통 전자 결제 시스템 등 정보 통신 기술의 발달이 가져다준 편리함의 사례는 셀 수도 없을 지경입니다. 게다가 와이파이만 연결된다면 세상의 모든 지식과 정보를 얻을 수 있고요. 정보화사회의 미래는 장밋빛일 것만 같습니다. 그러나 악성 댓글이나 SNS 채팅방의 집단 따돌림을 접하게 되면 정보화사회의 어두운 측면을 순간적으로 깨닫게 됩니다. 실제로 많은 사람들이 정보화사회의 미래를 경고합니다. 스마트폰 중독이나 사이버 범죄 같은 부작용도 문제지만, 가까운 미래에 인공지능과 로봇의 활약으로 인간의 존재 가치가 위협받게 될 거라고요. 정보화사회란 무조건 낙관할 수도, 무조건 비관할 수도 없는 빛과 그림자 두 측면을 동시에 갖고 있기 때문입니다.

생각열기

기술은 정말 빠르게 변하는 것 같아. 인터넷은 컴퓨터를 통해서만 연결되는 것이라 생각했는데 이제는 집 안에 있는 사물들이 모두 인터넷으로 연결돼서 인공지능 스피커에 대고 말만 하면 TV가 켜지고 듣고 싶은 음악을 들을 수 있지. 하지만 아무것도 몰라도 된다고 해서 참 편하다고 생각했는데, 막상 스피커가 고장이 나면 참 답답해.

그걸 고칠 수 있는 사람은 전문 지식과 정보가 있는 사람이야. 이제는 지식과 정보가 없으면 아무것도 못하는 세상이 왔어. 너는 인공지능 스피커를 고치느라 돈을 쓰고, 새로 나온 걸 사느라 또 돈을 쓰게 될걸. 그 시스템을 만들고 관리하는 사람들은 엄청난 돈을 벌게 되는 거지. 요즘 세상은 이런 기술을 만들어 내는 지식과 정보가 힘이 되는 정보화사회니까.

지금이 그래. 정보화라는 말을 사용한 초창기만 하더라도 정보화는 그냥 모든 일에 컴퓨터나 인터넷을 사용하는 것이었지만 이제는 단순히 컴퓨터와 인터넷을 사용하는 것만은 아닌 것은 분명한 것 같아. 컴퓨터를 통해서만 인터넷에 연결되는 것이 아니라 모든 사물이 서로 연결되는 사물인터넷 세상이니까. 요즘 사람들은 모든 것이 연결된 초연결사회에 살고 있다고 할 수 있지.

2018년 11월, 서울의 한 통신사 건물에서 화재가 발생해 지하 광케이블이 타면서 서비스 이용자들이 심각한 불편을 겪은 사고가 있었습니다. 피시방을 운영하는 사람뿐 아니라 수많은 자영업자들의 카드 결제가 멈췄고 인터넷으로 처리된 모든 금융, 교통 결제, 사람의 생명을 다루는 병원을 비롯한 크고 작은 회사들의 업무 등이 심각한 차질을 빚었습니다. 정보화사회로 만들어진 첨단 시스템은 우리의 일상을 매우 편리하게 만들어 주지만 사소한 문제 하나라도 발생하면 그와 연결된 모든 것이 멈추죠. 이어지는 대화를 읽고 초연결사회의 이면을 생각해 봅시다.

맞아. '정보화'하면 떠올리는 컴퓨터나 인터넷 사용은 정보화사회의 아주 작은 부분일 뿐이야. 왜냐면 인류는 벌써 2,500년 전부터 주판을 사용해서 계산을 해왔고, 인터넷 이전에도 책과 신문에서 정보를 얻고 전화나 전보나 편지를 사용해 서로 의사소통을 해왔잖아. 단순히 컴퓨터를 사용한다는 사실만으론 정보화사회를 설명할 수 없어.

나도 앨빈 토플러라는 사람이 정보화사회를 제3의 물결이라고 부르면서 완전히 새로운 세상이 온다고 말한 글을 읽은 적이 있어. 요즘과 같은 초연결사회의 모습을 보면 정보화가 빠르게 진전되면서 인류가 겪은 녹색혁명이나 산업혁명이 만들어 낸 변화 이상으로 새로운 세상이 나타날 것 같아. 녹색혁명 때는 채집과 수렵 생활을 버리고 농사를 짓게 되니까 사회 규모가 확 커져서 정치랑 경제가 생겨났고, 산업혁명 때는 기계랑 공장 덕분에 대량생산이 가능해졌고. 정보화 혁명으로 인한 변화로 어떤 변화들이 나타날 수 있을까?

사실 정보화 혁명은 녹색혁명이나 산업혁명과 같이 눈에 보이는 뚜렷한 사건은 아니지만 앨빈 토플러는 제3의 물결이 앞서 두 번의 물결보다 훨씬 힘이 세다고 말해. 산업사회가 발달하면서 사람들에게 자본이나 노동 말고 지식과 정보가 절실히 필요하게 되었는데, 지식과 정보를 나누는 과정에 컴퓨터나 인터넷 같은 첨단 정보 통신 기술이 결합해서 그 속도가 엄청나게 빨라졌기 때문이래. 이제는 물건을 만들어 돈을 버는 사회가 아니라 지식과 정보가 돈을 벌게 해 주고 사회를 움직이는 시대라는 거야. 너도 사물인터넷에 대한 지식과 정보가 없으니 답답해도 참아야 하잖아.

그래,
정보화로 새롭고 멋진
신세계가 펼쳐질 거야

인간의 위대한 힘, 정보혁명

인간은 농업혁명, 산업혁명에 이어 오늘날에는 정보혁명의 한가운데에 서 있습니다. 정보혁명은 농사를 짓기 시작하고 공장에서 대량으로 물건을 생산하기 시작한 농업혁명이나 산업혁명처럼 어떤 구체적인 사건이 일어난 것은 아니지만, 우리 생활의 모든 부분을 완전히 바꿔 놓은 가장 위대한 혁명이라고 할 수 있습니다. 정보혁명을 인정하지 않는 사람들은 어차피 정보화사회에서도 산업사회처럼 돈이 많은 사람들이 지식과 정보를 소유하기 때문에 결국 자본이 사회의 가장 중요한 요소이고, 따라서 정보화사회도 산업사회의 연장이라고 말합니다. 정말 그럴까요? 산업사회에서는 사람의 노동력과 자본이 부가가치■를 만들어 냈지만, 정보화사회는 지식과 정보가 부가가치를 만들어 낸다는 점에서 두 사회는 완전히 다릅니다. 물건

■ **부가가치**
물건을 생산할 때 새롭게 더해진 가치. 생산한 제품의 총 금액에서 이를 생산하기 위해 구입한 원재료, 연료, 부품 구입비 등을 제외한 순 생산액을 말함. 부가가치가 높을수록 이익이 높다.

을 만들고 돈을 벌기 위해서는 노동력과 자본이 반드시 있어야 했지만, 이제는 지식과 정보, 아이디어만 있으면 노동력과 자본이 좇아오기 때문입니다. 사회의 기본 틀이 바뀐 거죠. 이제는 노동과 자본이 지식과 정보 앞에 무릎을 꿇는 시대입니다. 누구라도 멋진 아이디어만 있으면 세상을 바꿀 수 있습니다.

물론 산업사회에서도 지식과 정보가 있었지만 그것은 여러 개의 종이에 흩어져 있는 단편적이고 무의미한 조각들이었습니다. 개별적인 데이터■에 불과했던 거죠. 이처럼 의미 없이 흩어져 있던 지식과 정보들은 정보혁명을 통해 놀라운 모습으로 재탄생하게 되었습니다. 전 세계를 이어 주는 네트워크인 정보 통신 기술의 발달은 수많은 정보를 모으고 다시 만들어 내는 일을 가능하게 해 주었고, 이렇게 쌓인 데이터는 빅데이터■가 되어 사물인터넷과 융합해 더욱 편리한 세상을 만들어 주고 있습니다. 언제 어디서나 편리하게 이용할 수 있게 되었지요.

정보화 시대의 소비자는 산업사회의 소비자와는 매우 다릅니다. 산업사회의 소비자가 수동적으로 똑같은 상품을 똑같이 소비하는 사람이었다면 정보화사회의 대중들은 자신이 원하는 다양한 물건을 적극적이고 능동적으로 소비하는 사람들입니다. 따라서 기업들은 옛날의 대량생산 방식을 버리고 다품종 소량생산■ 방식으로 물건을 만들어 내야 하는데 여기서 지식과 정보의 위력이 발휘됩니다. 특정 소비자들의 성향과 거주지, 나이 등 다양한 빅데이터를 통해 기업은 소비자들이 원하는 것을 언제 어느 때나 다양하게 생산할 수 있게 되었지요. 또한 다양한 가능성을 시뮬레이션해서 실제에 적용하는 가상과 현실의 융합도 얼마든지 가능하게 되었습니다. 이처럼 물건의 생산과 소비 방식이 바뀌고 이에 힘입어 경제가 더욱 발전하게

■ **데이터**
data
정보를 작성하기 위해 필요한 자료. 재료, 자료, 논거라고도 하며 수, 영상, 단어 등의 형태로 되어 있다. 데이터 자체는 단순한 사실에 불과하지만 정리하고 처리하면 정보가 된다.

■ **빅데이터**
big data
인터넷 검색 기록, 온라인 쇼핑 기록, SNS 댓글과 사진, 휴대폰 위치 정보, CCTV의 정보 등 전 세계 수십억 명의 사람들이 매 순간 온라인에 흔적을 남기는 어마어마한 양의 모든 정보를 말한다. 양도 많고 정보의 내용도 다양하며 매우 빠르게 서버에 축적된다.

■ **다품종 소량생산**
많은 종류의 물건을 조금씩 만들어 내는 방식. 주문 생산 방식으로 소비자의 다양한 요구와 수요에 대응할 수 있다. 소품종 대량 생산보다 효율성이 떨어지므로 로봇, 무인 시스템, 컴퓨터 제어 등을 통해 생산성을 향상시킴.

된 것은 정보혁명 덕분입니다. 이제 회사들은 세계 어느 곳 어디에 어떤 상품이 얼마나 있는지, 재고가 얼마나 남았는지, 생산량을 늘려야 할지 줄여야 할지를 손가락 하나로 알 수 있게 되었습니다.

정보혁명은 인류가 더 나은 세상을 위해 끊임없이 노력해서 이루어 낸 결과입니다. 인간은 물질문명을 발달시키며 원시상태에서 벗어나 현재의 역사를 만들어 왔고, 이제는 고된 노동에서 벗어나 더욱 풍요롭고 행복한 미래를 향해 나아가고 있습니다. 정보화사회는 바로 그 새로운 미래의 첫걸음인 것입니다.

삶의 질을 높여 주는 편리함과 효율성

"현대의 과학 기술은 지금 인류에게 제3의 물결을 가져오려고 한다. 이 새로운 기술의 한 영역을 떠맡고 있는 것이 커뮤니케이션, 즉 정보기술이다. 제3의 물결 사회에서 우리들은 매스 미디어로부터 정보를 받는 것이 아니라 자기 자신이 능동적으로 정보를 선택해서 모은다. 그런 의미에서 개성이 중요해진다."—앨빈 토플러 『제3의 물결』에서

정보화사회의 가장 큰 특징은 편리함과 효율성입니다. 생활의 편리함이라는 측면만 보아도 정보화사회의 미래가 밝다는 것은 의심할 여지가 없습니다. 인터넷 쇼핑, 스마트폰뱅킹, 전자 교통 결제 시스템 등이 주는 편리함과 시간 절약은 이제 새삼스러운 일이 아닙니다. 통신망을 이용한 재택근무가 가능하기 때문에 출퇴근 시간도 아낄 뿐 아니라 집에서 적은 비용으로 회사를 창업하고 운영할 수 있어 새롭고 다양한 직업들이 생겨납니다. 이 모든 것들이 경제에 더욱 활력을 불어넣어 줍니다. 농촌도 정보화사회에서 소외되지 않습니다. 농민과 도시의 소비자들이 직접 농산물을 거래하면서 비용을 절감하는 것은 물론이고, 다양한 농촌 체험 프로그램들을 개발해 도시 사람들과 농민들이 서로 즐거운 체험을 나누고 소득을 높이는 일은 흔한 뉴스거리입니다. 정보화사회에서는 이처럼 지역 사이의 교류가 더욱 활발해져 사회 통합에 도움이 될 뿐만 아니라 우리 사회 전체의 창의성과 다양성도 높아집니다.

1877년의 사람들이 생각한 미래의 모습. 이들이 상상한 화상 통화는 100년 후 현실이 되었다.

더욱이 로봇과 인공지능의 발달은 인간을 힘들고 단순한 일에서 해방시켜 주고 있습니다. 빅데이터는 의료, 교육, 투자 등 모든 분야에서 우리가 최적의 선택을 하는 데 도움을 주고 있지요. 이렇게 절약된 시간과 비용은 사람들에게 여유로움을 주고, 다양한 문화와 여가를 즐길 수 있게 합니다. 무엇보다 인간이 단순하게 지식을 외우고 익히는 대신 더 나은 미래를 위해 창의적인 사고와 융복합적 시도에 몰두할 수 있도록 해 줍니다.

정보화사회에서 민주화의 진전

정보화사회의 첨단 정보 통신 기술은 민주주의에 큰 도움이 됩니다. 정보 혁명으로 직접민주주의의 요소가 강화되어 민주주의의 본래적 의미에 우리 사회가 한발 더 다가설 수 있게 된 것이지요. 국민이 주권을 행사하는 민주주의의 본래 의미는 직접민주주의에서 가장 잘 실현될 수 있지만 현대사회에서는 현실적으로 불가능하기 때문에 국회의원 선거처럼 국민의 대표를 뽑아 국민의 의견을 반영하는 간접민주주의가 일반화되어 있습니다. 그런데 정보화사회에선 국민이 직접 정치에 참여해 권력이 잘 사용되고 있는지, 남용되고 있지는 않은지 감시할 수 있습니다. 정부가 벌이는 일들이 모두 인터넷을 통해 공개되고, 전자 투표나 정부 홈페이지에 글을 올려 의견을 밝히는 등 시간적, 공간적 어려움 없이 비용도 절약하며 정치에 참여할 수 있게 된 것이죠.

예전에는 신문이나 TV를 통해 수동적으로 국가의 정책을 받아들였지만, 이제는 다양한 정보 매체를 통해 자신의 의견을 밝히고 이를 많은 사람들과 나누고 모아 가는 시대를 맞게 되었습니다. 젊은 사람들이 정치에 관심이 없어지는 것을 걱정하던 시대를 지나, 인터넷에 익숙한 어린 세대가 정치에 높은 관심을 보이는 것도 정보화사회가 가져다준 변화입니다. 여전히 신문과 방송, 정당과 정치인, 시민 단체나 노동조합이 정치를 이끌어 가는 중요한 힘이지만 정보화 덕분에 평범한 시민들의 목소리가 더욱 힘을 얻고 있지요. 2019년 2월까지 47만 건의 청원, 5,600만 건의 동의를 기록하며 20만 명의 목소리를 넘겨 정부의 답변을 직접 얻어 낸 청원만 73건이나 되는 청와대 온라인 국민청원이 대표적인 사례입니다. 국민이 실시간으로 관심을 갖는 의제가 소셜 네트워크 서비스■에서 분노와 공감을 이끌어 내고 이 메시지가 인터넷 공론장에 모여 변화를 이끌어 내는 것입니다. 인터넷과 통신망을 이용해 의견을 나누고, 이를 바로 행동에 옮길 수 있는 전자 민주주의■의 강력한 힘을 우리는 이미 촛불 집회를 통해 대통령까지 탄핵시키며 경험했습니다. 정보화사회는 우리가 민주주의에 더 가까이 갈 수 있도록 안내하고 있는 것입니다.

■ **소셜 네트워크 서비스**
Social Network Service
인터넷 상의 사회 관계망 구축 서비스. 카페나 커뮤니티 서비스가 특정 주제에 관심을 가진 사람들 간의 폐쇄적인 그룹인데 반해 개인의 관심사와 개성을 중심으로 인맥을 만들고 정보를 공유한다. 트위터, 페이스북, 인스타그램, 카카오톡 서비스 등이 있다.

■ **전자 민주주의**
인터넷을 통해 시민이 직접 정치과정에 참여하는 민주주의. 인터넷을 통한 여론 수렴, 선거 캠페인 및 홍보, 온라인 투표, 사이버 국회, 전자 공청회, 시민 토론 및 자신이 지지하는 후보나 정책을 다른 사람들에게 알리는 일 등이 포함된다.

줄어드는 사회적 불평등

정보화사회는 앞에서 여러 차례 말했듯 다양한 지식과 정보가 공유되는 사회입니다. 정보화로 전자 민주주의가 이루어지고 민주화에 한발 더 가까이 갈 수 있는 것도 수많은 네티즌이 정보를 공유하기 때문입니다. 물론 나이가 많거나 장애가 있는 등 상대적으로 정보에 접근하기 어려운 계층이나 지역이 존재하지만 정보화사회가 발전할수록 더 많은 사람이 더욱 쉽게 정보를 얻을 수 있을 것입니다. 모든 계층과 지역에서 정보 접근성이 높아지고 정보가 더 많이 공유된다면 산업사회에서 두드러졌던 지역 간, 계층 간, 남녀 간의 경제적 문화적 격차는 완화될 것입니다. 대중매체가 발달하기 시작한 산업사회 이전에 세계적으로 유명한 미술 작품이나 음악은 특권층만이 감상하고 누릴 수 있는 문화적 소양이었습니다. 그러나 TV, 라디오,

영화 등 대중매체가 발달하면서 이러한 미술 작품이나 음악이 지배층을 넘어 일반 사람들에게 전파를 타고 공유되었고, 이를 통해 많은 사람들이 동등하게 문화적 소양을 쌓게 되었습니다. 그래서 대중매체는 문화의 민주화에 기여한 좋은 본보기가 되었지요. 그런데 요즘은 어떤가요? 남녀노소 불문하고 그가 지구촌 어디에 살고 있던지, 컴퓨터 클릭 한번으로 프랑스의 루브르 박물관이나 영국의 대영박물관에 소장되어 있는 작품들을 모두 볼 수가 있습니다. 세계 각지의 다양한 공연을 안방에서 볼 수 있는 것은 물론이고요. 게다가 단순히 감상에 그치지 않고 직접 배우고 싶다면 큰돈과 시간을 들여 선생님을 찾아가는 대신 유튜브를 열면 됩니다. 유명한 가수와 연주자의 동영상을 보고 실력을 쌓고, 자신이 직접 부른 노래와 연주를 동영상으로 찍어 사람들의 평가를 듣고 격려와 응원을 받는 과정을 반복하다 보면 어느새 훌륭한 뮤지션이 된 자신을 발견할 수 있을 테니까요. 정보화란 이처럼 산업사회에서 대중매체에 의해 비로소 만들어지기 시작한 문화의 민주화를 엄청난 속도로 한층 더 진전시키고 있습니다. 계층이나 지역에 상관없이 모두가 동등하게 문화적 소양을 누리고 즐길 수 있게 된 것은 정보화가 이루어 낸 중요한 성과지요.

물론 정보화 수준은 계층과 지역에 따라 아직은 차이가 많습니다. 그러나 국가나 지방자치단체가 정보화 수준이 낮은 계층과 지역에 대한 지원을 확대해 격차를 줄여 나간다면, 갈등과 대립을 만들고 사회적 통합을 어렵게 만들던 기존의 많은 불평등이 완화되지 않을까요?

이렇게 정보화사회의 미래는 많은 부분에서 우리에게 희망의 메시지를 전달합니다. 더 나은 삶의 양식을 위해 정보화는 이제 선택

'그림 그리는 인공지능'으로 불리는 구글 딥드림을 활용해 광화문 광장을 그린 그림. 고흐의 화풍을 배우게 한 뒤 광화문을 그리게 하자 고흐 화풍대로 그림을 그렸다.

의 문제가 아닌 필수적으로 진행해야 할 과제입니다. 산업화는 인류에 물질적인 풍요를 선물했지만 빈부 격차의 심화와 자연 자원의 고갈, 환경오염이라는 엄청난 부작용도 동시에 가져다주었습니다. 그러한 산업사회의 문제를 해결할 수 있는 열쇠가 바로 정보화에 있습니다. 편리함과 효율성이 극대화된 사회, 누구나 정치적 의견을 제시하고 참여할 수 있는 사회, 자원 낭비 없이 아이디어만으로 부를 만들어 낼 수 있는 사회, 사회적 불평등이 사라지고 모두가 행복해지는 사회, 바로 정보화가 가져다줄 우리 사회의 밝은 모습입니다.

아니야, 정보화로 어두운 위험 사회가 되고 말 거야

정보화사회는 산업사회의 연장일 뿐이다

정보화사회의 미래를 장밋빛으로 생각하는 사람들은 앞으로 전 세계를 잇는 네트워크 위에 지식과 정보를 만들어 내는 산업이 중심이 된다면 빈부 격차 문제나 노동문제, 환경오염의 문제 등 이제까지 인간을 불행하게 했던 여러 가지 문제가 다 해결될 것이라고 말합니다. 그러나 과연 정보화사회가 지금과는 완전히 다른 새로운 패러다임■의 사회가 될까요? 답을 먼저 말하자면 그렇지 않습니다. 정보화사회는 자본주의 산업사회의 연속선 위에 있는 산업사회 후기의 모습일 뿐입니다. 지식과 정보가 아무리 새로운 가치를 만들어 낸다 한들 자본이 뒷받침되지 않으면 큰 힘을 발휘할 수 없기 때문입니다. 정보화사회가 산업사회와 다른 사회라고 말하는 사람들은 자본의 힘을 얕잡아 보는 것입니다. 산업사회에서 노동자에게 일을 시

■ **패러다임paradigm** 어떤 한 시대 사람들의 견해나 사고를 지배하고 있는 관점과 태도. 미국의 철학자 토마스 쿤이 제시한 개념으로 한 시대를 지배하는 과학적 인식, 관습, 가치관 등이 결합된 큰 틀을 말함.

키고 공장을 움직여 물건을 만들 수 있게 했던 것이 바로 자본의 힘입니다. 우리는 이 힘을 가진 사람들이 다시 지식과 정보를 소유하고 있다는 사실에 주목해야 합니다. 정보화사회라고 해서 자본주의 체제가 변화하는 것은 아닙니다. 오히려 자본을 가진 사람들이 지식과 정보마저도 상품으로 만드는 시대가 온 것뿐입니다. 자본을 가진 사람들에게 지식과 정보라는 무시할 수 없는 커다란 힘이 새롭게 추가되었으니, 오히려 산업사회에서 나타난 문제들이 정보화사회에서는 더욱 심화되지 않을까요? 물론 정보화사회는 편리하고 효율적입니다. 그러나 그 편리함의 뒷면에는 우리가 잘 알아채지 못해도 분명히 어두운 그림자가 존재합니다.

정보화의 그늘

정보화로 우리 삶은 어느 정도 편리해졌는지 몰라도 잃는 것도 많습니다. 우선 자신도 모르게 디지털 기기에 중독되고 말지요. 게임 중독, 스마트폰 중독, 와이파이나 인터넷에 연결되어 있지 않으면 불안해지는 온라인 중독……. 휴대전화를 집에 놓고 학교에 오면 기분이 어떤가요? 당장 SNS에 무슨 글이 올라와 있지 않을까, 채팅창에 메시지가 와 있지 않을까 하루 종일 걱정되고 초조할 거예요. 자기 전까지 전화기를 손에서 놓지 못하고, 친구와 만나서도 계속 휴대전화를 들여다보는 모습은 전혀 낯설지 않습니다. '스마트폰으로 인간관계 약화'라는 제목 아래 지하철에서 모두가 고개를 숙이고 휴대전화만 들여다보는 사진은 이제 식상하기까지 합니다.

거북목, 어깨 통증, 손가락과 손목 통증, 눈의 피로와 시력 저하 같은 신체적 부작용도 만만치 않지요. 길을 걸어다니며 스마트폰을 들여다보는 모습이 마치 좀비 같다며 붙여진 이름인 '스몸비'가 되어 다른 사람과 부딪히거나 다가오는 차를 피하지 못해 놀랐던 적이 있을 거예요. 검색과 내비게이션에 지나치게 의존해 기억력과 지능이 떨어지는 '디지털 치매'도 피해 갈 수 없습니다. 뇌는 쓰는 만큼 역량이 강해지기 때문이지요.

무엇보다 정보화가 가져다주는 편리함의 뒷면에는 누군가의 희생과 고통이 있다는 사실을 직시해야 합니다. 우리는 인터넷과 디지털 기술의 발전 덕분에 스마트폰에 음식 배달 어플리케이션을 설치하고 손가락 하나로 편리하게 음식을 주문합니다. 대부분 배달원을 직접 고용할 수 없는 작은 음식점들은 배달 대행 업체를 이용하지요. 배달원들은 당연히 배달 건수가 많을수록 받는 돈이 커지는 데다, 빠른 배달을 요구하는 주문자들의 요구 때문에 과속과 신호 위반을 하며 오토바이를 운전합니다. 배달이 조금만 늦어지면 항의 전화가 빗발치고, 인터넷에 나쁜 후기가 올라가기 때문에 배달원들은 '15분 내에 배달을 완료하라'는 압박을 받지요. 그렇게 한 시간에 네 건의 배달을 하며 받는 만 원 남짓한 돈에 이들은 죽음의 질주를 해야 합니다. 우리가 편리함에 익숙해지고 그 익숙함에 아무런 거리낌도 없이 늦어지는 배달을 비난할

때 누군가는 목숨을 걸어야 하는 것이지요.

가짜 뉴스는 또 어떤가요? 정보화로 민주주의가 진전되는 측면도 있지만 가짜 뉴스가 생산되고 무서운 속도로 전 세계로 전파되는 것을 막기는 어렵습니다. 2019년 유럽과 미국은 정치적으로 악용되는 가짜 뉴스와 허위 정보를 차단하기 위해 새로운 규범과 대응 방안을 마련할 것을 선포했습니다. 사실을 바탕으로 대책을 세워도 따라가기 힘든 세상인데도 대책을 세우기는커녕 사실과 거짓을 가리는 데부터 이미 너무 많은 시간과 에너지를 쏟아부어야 하는 것입니다.

심각한 사생활 침해

정보화사회의 또 다른 문제점은 정보를 생산하고 집적해 이를 활용하는 과정에서 나타납니다. 다양한 데이터들이 유용한 정보로 활용되기 위해서는 정보의 대량 집적■이 필요합니다. 우리가 컴퓨터에 입력하는 개인 신상 정보는 물론, 휴대전화 통화 기록, 신용카드 사용 정보 등 헤아릴 수 없이 다양한 정보들이 우리가 모르는 사이에 어딘가에 집적되고 있습니다. 그리고 이 집적된 정보들은 빅데이터로서 다양한 목적으로 사용됩니다. 우리는 금융회사나 온라인 마켓에서 몇만 명에 달하는 개인 정보가 유출되었다는 뉴스를 자주 접하고 있습니다. 누군가에게 우리의 중요한 개인 정보가 헐값에 넘겨져 상품을 판매하는 데 사용되고, 더 나아가 보이스 피싱■이나 금융 사기 등 범죄에 이용되어 심각한 문제를 낳는 것이 지금의 현실입니다.

■ **정보 집적**
정보가 모여서 쌓이는 현상. 수mm^2크기의 작은 기판에 엄청난 양의 정보를 저장할 수 있는 반도체 집적회로 기술의 발전으로 가속화 됨. 개인 정보의 집적은 유출 위험과 인권 침해의 문제를 갖고 있다.

■ **보이스 피싱**
Voice Phishing
전화로 신용카드 번호나 계좌 번호 등 개인 정보를 알아내어 이를 범죄에 이용하는 전화금융사기. 사람들이 쉽게 믿도록 법원, 경찰서, 은행 등 공공기관을 사칭한다.

2008년 개봉된 〈이글아이〉라는 영화가 있습니다. 이 영화에서는 휴대전화, 현금 지급기, 거리의 CCTV, 교통안내 LED 사인보드,

신호등 등 주변의 모든 전자장치와 시스템이 주인공을 단 한순간도 놓치지 않고 쫓아가며 심지어 행동을 조종하기까지 합니다. 지금은 시골 마을의 작은 경찰서에도 범죄가 일어나면 일반적으로 활용하는 수사 기법에 불과하지만 당시만 해도 최첨단 기술로 느껴졌습니다. 스마트폰에 안면 인식 기술과 홍채 인식 기술이 적용되어 비밀번호를 대신하고, 중국에서는 대학 입학시험장에서 수험표 대신 안면 인식 기술로 수험생을 확인하는 세상이니까요. 아마도 1980년대에 이 영화를 봤다면 현실이랑은 전혀 동떨어진 미래 사회의 내용을 다룬 공상과학영화로 보였겠지요. 1980년대는 그래도 우리나라에 컴퓨터가 보급되기 시작하여 정보화라는 용어를 사용하고 있을 때인데도 말입니다. 이런 영화를 보면서 우리는 정보 통신 기술이 고도로 발달한 사회가 한 인간에게 가하는 힘이 얼마나 엄청난지, 그 힘 앞에 개인은 얼마나 무력한 존재인지를 실감합니다. 그런 사회에서 만약 정보 통신 수단이 정의롭지 못한 집단에 의해 장악된다면 그 정보망은 곧바로 감시망으로 돌변할 것이고, 거기에서 자유로울 수 있는 사람은 아무도 없을 것입니다.

이렇게 만약 모든 개인 정보가 자신의 이익만을 생각하는 거대한 권력이나 기업에 집중된다면, 그 막강한 힘 앞에 개개인은 무력할 수밖에 없습니다. 19세기의 공리주의 사상가 벤담■은 '판옵티콘■'이라고 불리는 원형 감옥을 설계해 개인을 감시하는 권력이 얼마나 무서운지를 보여 주었습니다. 원형 감옥은 도넛처럼 둥글게 설계된 감옥 한가운데에 간수의 감시실이 있어, 간수가 언제나 죄수들이 있는 모든 방을 한눈에 내려다볼 수 있는 구조를 갖고 있습니다. 그리고 죄수들은 간수를 볼 수 없게 되어 있고요. 이런 구조에서 죄수들은 언제 감시자가 자신을 보고 있는지 모르기 때문에 항상 감시의 시선

■ **제레미 벤담**
Jeremy Bentham
1748~1832, 영국의 철학자. 가치 판단의 기준을 효용과 행복 증진에 두고 '최대 다수의 최대 행복'을 주장하는 공리주의를 주장하였다. 주요 저서로 『정부소론』 『입법론』 등이 있다.

■ **판옵티콘**
벤담이 고안해 낸 원형 감옥. 프랑스의 철학자 미셸 푸코는 판옵티콘의 핵심은 '보이기만 할 뿐 보지는 못한다'로 감옥이 처벌의 공간인 동시에 감시와 규율의 공간이 되며 현대 권력의 교묘한 통제는 바로 이 원형 감옥과 같다고 주장했다.

을 의식하며 행동하게 되고, 결국 감시자가 원하는 규율을 스스로 지키면서 순응하고 복종하게 됩니다. 정보화사회도 이 판옵티콘이라는 원형 감옥과 같아질 수 있습니다. 내가 누구를 만나 어떤 영화를 보고 어느 식당에 가서 어떤 음식을 먹었는지, 어디를 들렀다 집으로 갔는지 누군가 지금이라도 신용카드나 교통 카드를 조금만 추적하면 금방 알 수 있습니다. 거리에 설치된 수많은 CCTV 역시 범죄를 예방할 수도 있지만 또 다른 감시망이 될 수도 있고요.

즉, 우리에게 편리함을 주는 정보 시스템은 누가 어떤 의도로 이용하느냐에 따라 세상의 어떤 비밀경찰보다 더 철저하고 은밀한 감시의 도구로 변할 수 있고, 특정한 활동을 추적하거나 사전에 봉쇄할 수 있는 도구가 될 수 있는 것입니다. 실제로 우리는 정부가 정부 정책에 비판적인 사람들의 이메일과 휴대전화를 감청■해 문제가 되었다는 뉴스를 자주 접합니다. 결국 정보화사회는 정보 통신 기술의 발달로 인해 손쉽게 개인을 감시하고 사생활을 침해할 수 있는 가능성이 열려 있기 때문에 언론의 자유, 사상의 자유를 침해하고 민주주의를 위협하는 결과를 가지고 올 수 있습니다. 이처럼 정보화사회에서는 개인의 정보가 다양하게 집적되고 관리되기 때문에 그것을 누가 어떤 의도로 이용하느냐에 따라 개인은 철저하게 통제된 틀 안에 갇힌 무력한 존재로 전락할 수 있습니다.

■ **감청**
당사자의 동의 없이 통신 내용을 엿듣고 기록하는 행위. 범죄 수사나 국가 안보를 위하여 법원의 영장을 발부받으면 합법적 감청이 되나 그렇지 않을 경우 도청이 된다.

우리 사회의 정보화 수준은 과연 어디까지 진전될까요? 우리는 빅데이터를 활용해서 인간이 원하는 최적의 선택을 결정하는 인공지능을 각 분야에서 활용하고 있습니다. 이것이 진전되면 인간은 자신의 이익을 위해 필요한 생명을 창조하는 일까지도 할 수 있을 지도 모릅니다. 그렇다면 정보화의 문제는 사생활 침해와 민주주의의 후퇴를 넘어 인간의 파멸까지 초래할 수도 있지 않을까요?

© Destinx

불평등의 심화

정보화사회의 미래를 예찬하는 사람들은 정보화사회에선 필요한 지식과 정보를 누구나 쉽게 만들고 전달하고 나눌 수 있기 때문에 사회적 불평등이 완화될 수 있다고 말합니다. 그러나 정말로 누구나 쉽게 지식과 정보를 얻을 수 있을까요? 여러분들은 모두 정말로 알고 싶은 정보를 찾았는데 회원 가입과 결제를 해야만 그 정보를 열어 볼 수 있었던 경험이 있을 것입니다. 또 컴퓨터의 성능이 좋고 무선 인터넷 서비스의 속도가 높아야 정보를 쉽게 얻을 수 있는데, 이런 장비를 마련하려면 비용이 많이 듭니다. 때문에 형편이 어려운 사람들의 정보 접근성은 당연히 떨어지게 됩니다. 많이 배우지 못한 사람들은 정보를 검색하는 능력이나 가짜 정보와 좋은 정보를 구별하는 능력이 떨어지기 때문에 정보를 활용하는 데 한계가 있고요. 조금만 생각해 보면 누구나 쉽게 정보를 이용할 수 없다는 사실을 우리는 금방 알 수 있습니다. 이처럼 정보를 활용하는 능력이 계층과 지역에 따라 벌어지는 현상을 정보 격차라고 합니다. 실제로 통계청에서 발표하고 있는 많은 통계자료가 저소득층, 저학력자, 농촌지역, 장애인 등 사회적 약자들의 정보화 수준이 일반 국민이 가지고 있는 수준보다 훨씬 떨어진다는 사실을 보여 줍니다. 이러한 상태가 지속된다면 어떻게 될까요? 정보를 이용하기조차 어려운 사람들이 그 정보를 소유할 수 있을까요? 자본과 권력을 가진 사람, 학력이 높은 사람들만이 고급 정보를 독점할 것이고, 정보화사회에서는 지식과 정보가 더 많은 이익과 부가가치를 만들어 내기 때문에 이들은 더욱더 잘살게 되고 다시 더 많은 정보를 독점할 것입니다. 농업이나 산업이 중심이던 사회에선 사회적 약자라 해도 성실하게 몸을 움직여 일할 수만 있다면 어느 정도 성공을 기대할 수 있었습니다. 그러나 정보를 이용할 수 있는 환경과 능력에서 소외된 사회적 약자들은 오히려 산업사회에서보다 더욱더 가난해 질 것이고, 정보화사회에서 사회적 불평등은 더욱 심화될 것입니다. 정보화사회의 미래는 우리가 흔히 생각하듯 밝고 희망적이지만은 않습니다. 정보화사회를 낙관적으로 바라보는 사람들은 개인의 사생활이 침해되고 민주주의가 후퇴하며 사회적 불평등이 심화되는 현실을 애써 외면한 채, 공허한 편리함과 효율성만을 주장하고 있을 뿐입니다.

입장 정하기

● **두 글에서 주장의 근거로 제시한 내용을 각각 요약해 봅시다.**

● **다음 쟁점에 대하여 자신의 입장을 정하고 근거를 제시해 봅시다.**

쟁점1 정보화로 인해 각종 사회적 불평등이 완화될 것이다.

	그렇다	아니다
근거		

쟁점2 전자 민주주의 제도의 도입으로 민주화가 더 진전될 것이다.

	그렇다	아니다
근거		

쟁점3 정보화사회는 이전의 산업사회와는 완전히 다른 새로운 사회이다.

	그렇다	아니다
근거		

● **정보화사회 속에서 우리가 사용하고 있는 수많은 시스템과 도구들을 나열해 보고 각각의 밝은 면과 어두운 면을 구체적으로 조사해 봅시다.**

정보화사회의 도구와 시스템	밝은 면	어두운 면
CCTV	범죄 예방	사생활 침해
스마트폰		
전자 결제 시스템		

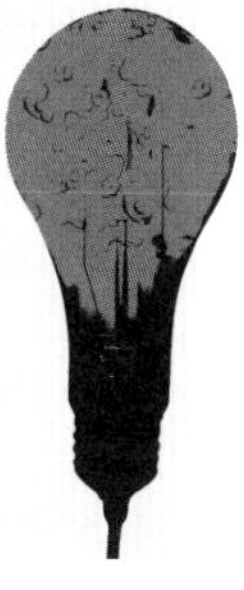

디지털 주홍 글씨? 인터넷 마녀 사냥!

정보화사회의 사생활 침해와 사이버 폭력

인터넷의 역사는 길지 않습니다. 전 세계를 이어 주는 네트워크인 인터넷은 1969년 알파넷이란 이름으로 미국에서 군사적인 목적으로 처음 개발되었고, 1990년대 중반에 급속도로 퍼지기 시작해 이제 사람들은 인터넷 없는 세상을 상상할 수 없게 되었습니다. 인터넷 덕분에 우리 생활은 더 편리하고 재미있어졌지만, 인터넷 때문에 더 외롭고 우울한 일들도 많이 발생합니다. 정보화사회의 또 다른 그늘을 한번 들여다볼까요.

진짜 피를 흘리게 만드는 사이버 폭력

우리는 흔히 '악플'이라 부르는 악성 댓글이나, '신상 털기'처럼 누군가의 사생활 정보를 알아내어 공개하는 일 정도를 사이버 폭력이라고 생각한다. 하지만 사이버 폭력의 종류는 매우 다양하고 범위가 넓다. 또 정보화사회가 진행될수록 사이버 폭력은 심각한 사회문제가 되기 때문에 경찰청에서 사이버 폭력을 전담해 관리하고 있다.

사이버 폭력에는 해킹, 바이러스 유포와 같이 고도의 기술적인 요소를 포함한 정보 통신 자체에 대한 공격이 있는데 이런 범죄를 '사이버 테러'라고 부른다. 해커가 특정 사이트에 시스템 과부하를 걸어 다른 접속자들이 접근하는 것을 방해하는 도스(DOS, 서비스 거부 시도) 공격뿐 아니라 보안이 걸린 사이트에 단순 침입하는 것도 사이버 테러로 분류되어 처벌을 받는다. 사용자 도용, 자료 유출, 폭탄 메일도 마찬가지. 사이버 테러로 주요 정보 통신 기반 시설을 교란하거나 마비시키면 10년 이하의 징역이나 1억 원 이하의 벌금이라는 엄중한 처벌을 받게 된다. 전자 상거래 사기, 프로그램 불법 복제, 불법 사이트 운영, 개인 정보 침해, 채팅이나 게임 사이트에서의 사기나 협박, 댓글을 통한 명예훼손이나 사이버 스토킹까지 다 처벌 대상이다. 불법 사이트는 음란, 도박, 폭발물, 자살 사이트를 말한다. 댓글로 명예를 훼손했다면 3년 이하의 징역이나 금고, 또는 3천만 원 이하의 벌금에, 있지도 않은 허위 사실을 적었다면 7년 이하의 징역이나 5천만 원 이하의 벌

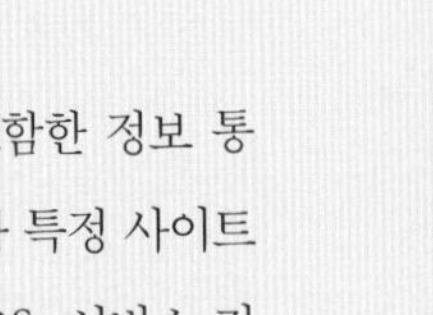

금에 처해진다.

그러나 단순히 처벌을 피하기 위해 사이버 폭력을 저지르지 않는 것보다, 피해를 당하는 사람의 고통과 스트레스를 생각하는 것이 우선이다. 입에 담기도 어려운 욕설, 너무 심하다 싶은 비난과 비방, 잘 알지도 못하는 사람에 대한 인신공격은 타인의 마음에 상처를 주고, 심지어 자살까지 불러온다. 보이지 않는 공간에 던진 칼날과 같은 한마디에 사람들은 진짜 피를 흘리는 것이다.

만인에 의한 만인의 테러, 영원히 지워지지 않는 디지털 주홍 글씨

미국 작가 호손의 소설 『주홍 글씨』 속 주인공은, 죄의 대가로 평생 가슴에 A자를 새긴 채 살아간다. 우리가 인터넷에서 저지르는 또 다른 사이버 테러인 '마녀사냥'도 마찬가지다. 공공장소에서 누군가 문제를 일으키면 그들의 동영상이 인터넷에 올라간다. 사람들의 분노가 모이면 다양한 경로를 통해 이들의 전화번호, 얼굴, 나이와 학교 등 사생활이 만천하에 공개된다. 사건은 뉴스로 기사화 되고, 이 모든 일들이 일어나는 데 하루도 걸리지 않는다. 그 사람이 잘못했으니 당하는 것도 당연하다고 생각하지만, 비난과 사생활 침해는 엄연히 다르다. 사생활 침해는 결코 정의로운 행동이 아니다. 더 무서운 것은 인터넷의 기록이 지워지지 않는다는 사실이다. 실제로 이런 사건과 관련해 영상이 찍힌 사람이 취업했다가 합격이 취소된 사례도 있다. 인터넷에서 공공의 적이 되었을 때 당장의 비난과 욕설보다 더 무서운 것은, 한 번의 실수가 기록으로 남아 영원히 사라지지 않는다는 사실이다.

언제든지 들고 다니며 무엇이든지 담는 디지털 카메라와 휴대폰, 저장된 모든 것을 무한대로 복제하고 퍼뜨리는 인터넷과 스마트폰 덕분에 사람들의 행동은 끊임없이 노출되고 기록된다. 연예인이나 정치인은 물론 일반 사람들도 마찬가지다. 집단행동 전문가인 하워드 레인골드는 15억 명이 온라인으로 감시하는 요즘 세상은 권력자가 아닌 우리 이웃을 걱정해야 하는 시대라고 말한다. 법이 미치지 못하는 곳에서 시민들이 감시와 처벌을 행사하니 직접 민주주의가 실현된다고 볼 수도 있지만, 이 과정에서 상처를 입는 사람이 많아지면 인터넷은 만인의 소통의 장이라는 본래 기능을 상실하고 말 것이다. 법적인 규제도 필요하지만 인터넷 세상도 현실과 똑같이 사람들이 진짜로 상처받고 진심으로 위로받는 세상이라는 사실을 잊어서는 안 될 것이다.

10 세계화

그래,

세계화는 모두를

풍요롭게

만들어 줄 거야

아니야,

세계화는 양극화만

더 심화시킬 뿐이야

세계무역기구나 국제통화기금, 세계은행과 같은 국제기구들이 회의를 하는 곳이면 그곳이 전 세계 어디건 간에 어김없이 격렬한 반세계화 시위가 일어납니다. OECD나 G7, G20처럼 선진국들의 모임이 열리는 도시에서도 마찬가지입니다. 한쪽에서는 더 많은 이익과 발전을 위해 지금보다 더욱 강력하게 세계화를 추진하자는 사람들이, 다른 쪽에서는 오로지 잘사는 나라와 소수의 다국적기업의 이익만을 위한 세계화를 막아야 한다는 사람들이 한 치의 물러섬 없이 팽팽히 맞섭니다. 이 가운데서 지금은 비록 문제가 많을지라도 세계화를 통해 지구의 부를 늘려야 가난한 나라도 잘살 수 있으므로 국제사회 모두가 노력해 공정한 원칙을 지켜 가며 인간적인 세계화를 추진하자는 사람들의 목소리도 커지고 있습니다. 세계화가 전 세계에 가혹한 무한 경쟁을 불러와 빈부 격차를 심화시킨 것은 명백한 사실이지만, 세계화는 이미 전 지구적으로 추진되고 있습니다. 우리나라처럼 수출에 의존해 경제를 꾸려 가는 나라에게 전 세계가 거대한 단일 시장으로 통합되어 나가는 세계화는 피할 수 없는 현실입니다. 세계화는 할 것이냐 말 것이냐의 문제가 아니라 우리가 어떻게 적응하고 풀어나가야 할지를 고민해야 하는 문제이며, 이런 가운데 좀 더 인간다운 세계화를 추진해야 한다는 목소리가 힘을 얻고 있습니다.

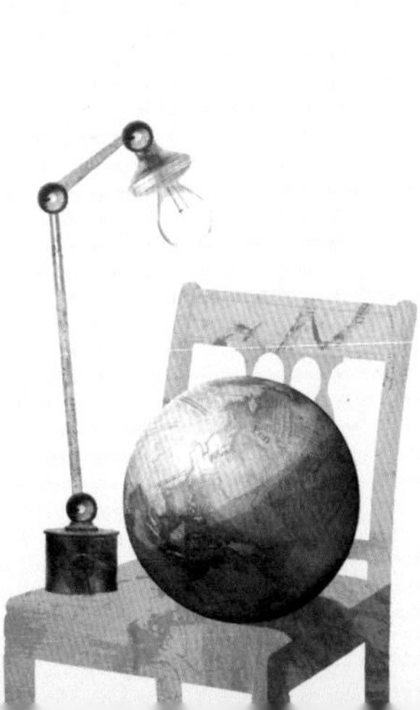

생각열기

사람들이 세계화, 세계화 그러잖아. 세계화는 세계 여러 나라와 자유롭게 교류해서 이제 지구촌이 하나가 되자는 말 아니야? 그래서 너도 나도 국제화 시대에 국제 경쟁력을 기르자고 말하는 거고. 국제화란 말이 있는데 왜 또 굳이 세계화라는 말을 쓰는 거야?

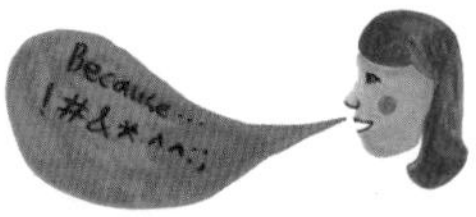

두 말은 조금 달라. 네가 말한 대로 국제화는 한 나라가 정치, 경제, 문화와 같이 여러 방면에서 세계의 다른 나라들과 자유롭게 교류하는 걸 말해. 하지만 세계화는 좀 더 경제적인 의미가 강한 말이야. 그러니까 세계화를 통해 나라 간에 존재하는 무역 장벽을 제거하자는 말이지. 상품, 서비스, 자본, 노동, 지식과 정보에 이르기까지 모든 장벽을 제거해 전 세계가 하나의 커다란 단일 시장으로 통합되는 거야.

알 것 같기도 하고 모를 것 같기도 하고 알쏭달쏭한데. 국제화가 영어로 인터내셔널라이제이션internationalization이고, 세계화는 영어로 글로벌라이제이션globalization이라는 것은 나도 알아. 하지만 세계가 하나의 큰 시장이 된다니 멋지게 들리는걸. 우리나라 기업들이 물건을 많이 팔면 우리나라에 큰 이익이 돌아올 테니까. 난 뉴욕 타임스퀘어에 우리나라 기업들 간판이 있는 걸 보면 왠지 가슴이 찡하더라.

'세계화는 나부터'란 타이틀이 올라가며 내레이터가 "당신의 경쟁 상대는 어느 나라 누구입니까?"라고 물으면 사람들은 독일 주부, 이태리 디자이너 등 자신의 경쟁 상대를 말합니다. 세계화 담론이 지구촌을 지배하기 시작한 1994년 무렵의 공익 광고입니다. 이 광고와 함께 등장한 카피가 바로 '2등은 아무도 기억하지 않는다'입니다. 세계화는 왜 이처럼 가혹한 경쟁이 시작될 테니 긴장하라는 메시지와 함께 찾아왔을까요? 이어지는 대화를 읽으며 그 이유를 알아봅시다.

글쎄, 내 생각은 조금 달라. 국제화와 세계화의 가장 큰 차이점이 뭔 줄 아니? 그건 바로 '모국'의 개념이 희박하다는 거야. 우리나라 기업이 국제화되었다고 하면 세계적으로 그 기업이 알려지더라도 그 기업이 우리나라 기업이라는 사실이 중요하고 또 그 기업이 벌어들인 돈이 우리나라에 회수되거든. 그런데 만약 그 기업이 세계화되었다고 하면 그 기업이 우리나라 기업이라는 사실은 별로 중요하지 않아. 기업 소유권도 우리나라 사람들만 가질 필요도 없고, 경영 이익도 꼭 우리나라에만 회수되는 건 아니거든.

정말? 외국의 여러 투자회사가 우리나라 기업의 지분을 나누어 갖는다고 하더니 실제로 그렇구나. 그럼 기업은 국적과 상관없이 물건을 팔고 이익을 전 세계 여러 곳에 또 투자하겠네? 그럼 그게 바로 다국적기업 아니야? 다국적기업은 이미지가 너무 나쁘잖아. 불매운동도 많이 일어나고. 국경이 의미가 없고, 닫힌 경제 장벽이 제거된다니 굉장히 좋은 것처럼 들리는데, 왜 다국적기업은 부정적인 이미지를 갖게 된 거지?

예전에는 우리 안에서 우리끼리 경쟁했지만 세계화 시대에선 말 그대로 세계가 하나의 시장이 되니까 그 시장에서 살아남기 위해서 경쟁은 치열해질 수밖에 없게 돼 있어. 그 경쟁 속에서 다국적기업이 아직 경쟁력이 약한 우리 기업을 가혹하게 무너뜨렸기 때문이 아닐까? 벌어들인 돈도 다 자기들이 가져가 버리고. 세계화 때문에 전 세계적인 빈부 격차도 엄청나게 심해졌다고 해. 그래서 칼텍스 같은 석유 회사나 맥도날드나 코카콜라 같은 다국적기업들을 사람들이 싫어하는 것 같아.

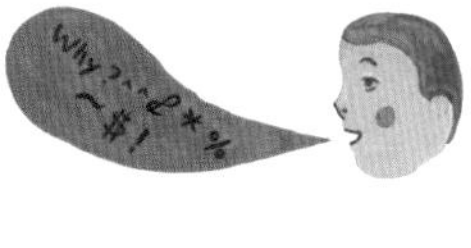

그래,
세계화는 모두를
풍요롭게 만들어 줄 거야

모두를 잘살게 만들어 줄 세계화

세계화로 얻을 수 있는 가장 큰 혜택은 무엇일까요? 바로 전 지구적으로 부가 증대되어 전 세계 사람들이 지금보다 더 잘살게 된다는 사실입니다. 이 때문에 1990년대 초반 세계화가 시작되었을 때, 세계화는 큰 환영을 받았습니다. 그런데 어떻게 세계화를 통해 지구촌 모두가 더 많은 부를 얻게 될 수 있을까요? 그 답은 무역에 있습니다.

예를 들어 우리나라와 중국이 자동차와 쌀을 생산하여 각각 소비하고 있는 상황을 생각해 볼까요? 우리나라는 자동차만 생산하면 6대를 생산할 수 있지만, 무역을 하기 전에는 국민들이 먹을 쌀도 생산해야 하기 때문에 노동을 절반씩 나눠 투입해 자동차는 3대, 쌀은 20kg을 생산한다고 가정합시다. 중국은 쌀만 생산하면 60kg을 생산할 수 있지만 생산한 쌀을 운반해야 하므로 노동력의 절반은 자동차에 투입해 쌀 30kg과 자동차 2대를 생산한다고 가정합시다. 이런 상황에서 한국과 중국이 상대방보다 더 많이 생산할 수 있는 한 가지만 생산한 다음 무역을 통해 다른 것을 수입하면 어떨까요? 한국은 자동차만 6대를 생산할 것이고 중국은 쌀만 60kg 생산하는 거죠. 그런 다음 자신에게 필요한 것을 남겨 두고 나머지로 무역을 합니다. 이제 어떤 상황이 발생했나요? 무역을 하기 전에 한국과 중국 모두에서 생산된 자동차는 5대, 쌀은 50kg이었습니다. 그러나 무역을 하게 되자 두 나라 국민은 자동차를 6대, 쌀을 60kg 소비할 수 있게 되었습니다. 무역을 하기 이전보다 자동차도 한 대 더 가질 수 있고, 쌀도 10kg이 더 생산되어 더 배부르게 먹을 수 있게 된 거죠. 바로 이것이 무역을 통해 얻은 이익입니다. 무역을 하면 할수록 모든 영역에서 각국의 기업들이 자신이 잘할 수 있는 것들을 많이 생산하여 교역하게 되고, 그렇게 되면 전 세계의 소비자들은 그 이전보다 훨씬 많은 상품과 서비스를 사용할 수 있게 되므로 결국 전 세계의 부가 증대되는 것입니다.

세계화 이전에도 당연히 무역은 존재했습니다. 그런데 이전까지는 각 나라마다 자국의 이익을 위해 보호무역■ 정책을 써 왔습니다. 관세나 수입 금지 조치 등으로 자기 나라 산업을 보호해 왔던 것이지요. 그러나 모든 나라가 이렇게 보호무역을 하게 되면, 소비자들은 필요로 하는 상품과 서비스를 값싸고 풍족하게 소비할 수 없게 됩니다. 여러분도 다른 나라에서 값싸게 팔리는 물건을 수입 규제 때문에 비싸게 주고 샀던 경험이 있지요? 보호무역 정책은 각국의 국민이 값싸고 품질 좋은 상품이나 서비스를 소비할 권리를 침해하는 정책으로, 결과적으로는 무역에 있어 장애 요인이 됩니다. 따라

■ **보호무역**
국가가 관세, 수입제한 등으로 무역에 간섭하는 정책. 외국보다 뒤떨어진 자국의 산업을 외국과의 경쟁에서 보호해 일정한 단계까지 육성·발전시키기 위함이다.

■ **자유무역**
국제무역과 상품 교역에 정부의 간섭을 최소화하는 무역 제도. 국가가 교역을 간섭하지 않고 자유롭게 방임하는 것으로 19세기 영국에서 시작된 이래 확대와 축소를 거듭해 왔다. 현재 세계무역기구가 자유무역의 세계화를 추진하고 있다.

서 각국의 정부가 모든 무역의 장벽을 없애고 자유무역■을 할 수 있는 여건을 마련해 자신의 나라에서 더 많이 생산할 수 있는 것들을 생산해 무역에 나선다면, 앞에서 살펴보았듯이 전 세계 부의 양은 크게 늘어날 것입니다. 더구나 사람들은 전 세계가 하나의 단일 시장이 되기 때문에 세계에서 가장 값싸고 품질이 우수한 상품과 서비스를 선택할 수 있게 되는 거죠. 기업들 역시 시장이 전 세계로 넓어지기 때문에 더욱 활발하게 기업 활동을 할 것이고요. 이로 인해 일자리도 늘어나고 빈곤 문제도 해결될 수 있습니다.

생각해 보세요. 선진국의 기업들은 노동력이 풍부하고 임금이 낮은 가난한 나라에 투자를 합니다. 투자 덕분에 가난한 나라의 일자리는 늘어나고, 기업은 생산 비용을 줄였기 때문에 싼 가격에 신제품을 생산하게 됩니다. 그리고 가난한 나라들도 해외시장에서 물건을 판매할 기회를 얻게 됩니다. 이처럼 세계화는 선진국만이 아니라 가난한 나라에도 막대한 이익을 가져다줄 잠재력을 갖고 있습니다. 세계 빈곤 인구의 60퍼센트를 차지하고 있던 중국과 인도를 볼까요? 세계화의 물결에 합류해 경제성장을 지속하면서, 두 나라 모두 빈곤 인구가 크게 줄었을 뿐만 아니라 새로운 경제 대국으로 성장해 가고 있는 중입니다.

물론 무역의 이익을 분배하는 공평한 규칙이 필요하겠지요. 이런 규정을 논의하는 자리가 바로 국가와 국가 간 무역 장벽을 없애는

자유무역협정FTA■입니다. 세계화를 통해 경제적 이익이 증대되면 빈곤이나 실업 문제를 해결할 수 있습니다. 경제적 이익이 늘어나면 그것을 잘 분배하면 됩니다. 그런데도 무작정 세계화를 반대한다면, 문제를 해결할 수 있는 기회조차 포기하는 일이 아닐까요? 세계화는 모두를 잘살게 할 것입니다.

■ **자유무역협정**
국가 간 상품이나 서비스의 자유로운 이동과 무역 증진을 위해 모든 무역 장벽을 제거시키는 협정. Free Trade Agreement의 머리글자를 따서 FTA로 약칭함.

상호 의존의 증대와 민주화의 진전

국가 간의 무역은 이기고 지는 게임이 아니라 서로의 이익을 추구하는 과정입니다. 자신에게 경쟁력이 없는 산업은 도태시키고 경쟁력이 있는 산업을 키워 서로 교환하는 가운데 생산성을 증대시킬 수 있기 때문에 한 나라가 다른 나라에게 감정이 있다 하여 쉽게 무역을 그만두는 일은 사실상 불가능합니다. 무역을 통해 상품을 수출해야 이익을 얻고, 자국에서 생산되지 않는 상품은 반드시 수입해야 하니까요. 무엇보다 무역을 통한 이익은 교역에 참가한 모든 나라에서 발생하기 때문입니다. 이렇게 자유무역을 통한 세계화는 국가들의 상호 의존성을 확대시킵니다.

또 세계화를 통해 나라 간 장벽이 없어지고 세계가 하나의 경제 단위로 통합되면, 그 흐름을 따라 상품과 서비스뿐만 아니라 노동력, 지식, 정보, 문화까지 교류될 것입니다. 모든 분야의 교류가 확대되면 국가 간의 이해도 역시 더욱 높아질 것입니다. 외국인 노동자나 다양한 국가에서 우리나라로 시집온 이주 여성을 통해 우리 사회가 그들 나라의 사회와 문화에 대해 더 많이 이해하게 된 것처럼 말입니다. 우리 사회에 다문화 가정이 증가하면서 세계의 다양한 문화에 대한 우리 국민의 이해가 높아지고, 다문화 가정이 우리 사회에 잘 뿌리내리도록 정책적, 제도적으로 지원하는 모습 속에서 우리는 대한민국이 성숙한 세계화를 일구어 나가는 모습을 보게 됩니다.

이러한 국가 간의 상호 의존은 이해 증진을 넘어서 평화 공존의 의식을 확산시켜, 세계 각지에서 일어나고 있는 전쟁이나 무력 갈등을 감소시키는 결과를 가져오게 됩니다. 또한 세계화에 합류하면 전 세계 인권 단체들의 감시와 압력 덕분에, 폐쇄적으로 인권을 탄압하는 것이 불가능해집니다. 세계화는 세계의 인권 상황을 개선합니다. 중국 사람들에게 개방을 선언하기 전에 기본권이 많이 주어졌는지, 아니면 1979년 개방 이후에 더 많은 권리가 주어졌는지를 생각해 본다면 세계화가 각 나라의 인권 증진에 얼마나 긍정적으로 작용하고 있는지 알 수 있을 것입니다.

세계화는 거스를 수 없는 시대적 대세

세계화는 말 그대로 '지구촌이 하나의 생활 단위가 되어간다'는 의미입니다. 이러한 시대적 변화의 배경에는 인터넷을 비롯한 최첨단 정보 통신 기술의 발달이 놓여 있습니다. 세계가 하나의 네트워크로 연결되어 종래의 거리 개념이 소멸되어 가는 현대사회에서, 세계화는 이미 거스를 수 없는 시대적 대세입니다.

역사적으로 폐쇄적 경제체제를 유지한 사회주의 국가들은 스스로 실패를 인정하고 이미 자본주의의 개방적 경제체제를 받아들였습니다. 현존하는 국가 중 가장 폐쇄적인 북한도 수많은 시간과 비용을 들여 개발한 핵무기를 포기하는 노선을 채택하면서까지 북한에 행해졌던 전 세계의 각종 경제제재 조치를 풀고 개방적 국가로 탈바꿈하여 경제 부흥을 이루려 하고 있습니다. 그만큼 국가 간 상

| 세계 무역 규모 변화 |

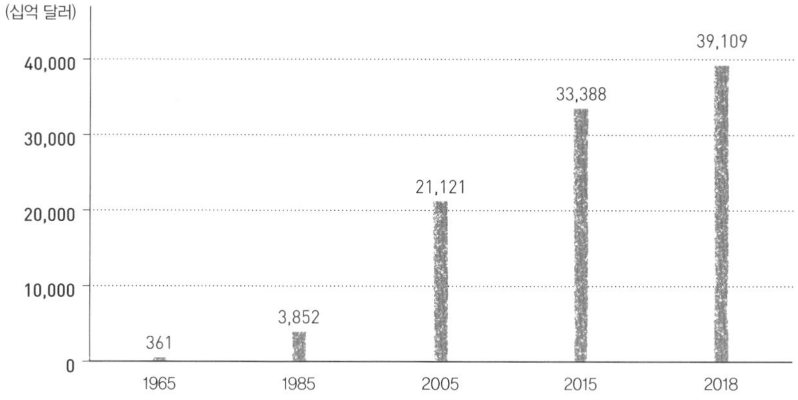

출처 : 한국무역협회

호 의존은 국가의 생존에 필수적 조건이며 따라서 국가의 경제적 이익을 위해 국가 간 상호 의존을 확대하는 세계화가 얼마나 필요한지를 알 수 있게 해 주는 사실들입니다. 세계화라는 용어는 1990년도에 처음 등장한 단어였습니다. 이후 30년 가까이 세계화가 진행되면서 실제로 경제적 이익을 얼마나 만들었을까요? 영국의 경제학자 앙구스 매디슨의 프로젝트에 의하면 세계화를 통해 세계 1인당 평균 실질 총생산은 1870년 1263달러에서 2015년 1만 4574달러로 약 11배가 넘는 수준으로 증가하였는데 이 중 약 40%가 1990년 이후에 이루어졌습니다. 이로 인해 1990년 이래 세계의 빈곤 문제도 급격히 감소하였는데 전 세계 인구 비율로 따지자면 1990년 빈곤율 37%에서 2015년 10% 미만으로 확연히 줄었습니다. 세계화가 추진되면서 경제적으로 많은 이익이 만들어졌다는 증거입니다. 물론 세계화가 추진되는 기간 동안 국가와 지역별로 불평등 문제가 있기는 하지만 평균 수명이 늘어나고 유아 사망률이 현저히 낮아지는 등 삶의 질도 좋아졌습니다.

탈냉전시대 이후 세계 질서를 주도하는 흐름은 세계화와 정보화입니다. 대부분의 나라가 세계화의 물결에 어떻게 대응할 것인가를 놓고 고민하고 있으며, 선진국의 경우 이미 나름의 원칙과 기준을 가지고 세계화의 흐름에 적극적으로 대응하고 있습니다. 한 세기 전 우리 선조들은 근대화의 물결에 제대로 대응하지 못해 망국의 수난을 당했습니다. 지금 세계화는 19세기 말의 근대화와 같은 무게로 우리에게 다가오고 있습니다. 우리는 한 세기 전의 오류를 되풀이해서는 안 됩니다. 미국은 미국대로, 유럽은 EU를 통해 나름의 세계화를 추진하고 있으며, 19세기 말 메이지유신■을 통해 자주적 근대화에 성공한 일본도 적극적으로 세계화 전략을 추진하고 있습니다. 이 흐름을 거부하는 것은 전 세계적인 시대의 흐름을 거꾸로 돌리려는 것과 같습니다. 세계화를 거부하는 길은 빈곤의 나락으로 가는 길을 선택하는 것과 다르지 않습니다.

우리나라도 1990년대 초반부터 세계화를 강조하며 외국 자본을 유치하기 위해 금융 시장을 개방하는 등 다양한 노력을 기울여 왔습니다. 그러나 섣부른 개방과 체계적인 프로그램의 부재는 IMF■라는 참담한 사태를 불러온 경험이 있습니다. 이제는 세계화에 능동적으로 대처할 수 있는 체계적인 시스템이 반드시 필요합니다. 더 이상의 실패가 없도록 철저히 계획하고 준비하여 세계화가 주는 이익을 우리 모두가 누릴 수 있도록 해야 합니다. 세계화는 하루가 다르게 변화하는 세계를 따라잡기 위한 필수적인 선택이기 때문입니다.

■ 메이지유신
19세기 중반 일본이 막부 체제를 무너뜨리고 천황이 직접 통치하는 체제로 돌아선 후 입헌정치, 자본주의, 근대화를 추진하는 등 사회구조를 크게 바꾼 변혁 과정을 말함.

■ IMF
세계 무역 안정을 목적으로 세운 국제통화기금의 약자. 혹은 1997~2000 사이 우리나라의 외환위기로 IMF의 관리를 받은 일을 말함. 국내 외화 보유액의 감소로 채무를 갚지 못해 IMF와 자금 지원 양해 각서를 체결하였고 대량 해고와 기업의 연쇄 부도를 겪었다.

아니야,
세계화는 양극화만 더 심화시킬 뿐이야

처음부터 불공정한 세계화

세계화란 상품과 서비스는 물론이고 자본, 노동, 기술, 정보, 문화 등 상상할 수 있는 모든 것이 주권과 국경의 경계를 넘어서 교환되고 조직되는 현상을 말합니다. 이 모든 것들이 정말로 아무 제약 없이 자유롭게 전 세계를 넘나든다면 지구에 사는 모든 사람이 더 잘 살고 더 행복해져야 할 텐데, 불행히도 세계화가 진행된 후 세계의 모습은 오히려 더 나빠졌습니다. 노벨 경제학상을 수상했으며 세계화에 찬성하는 미국의 경제학자인 조지프 스티글리츠■ 조차 세계화가 불평등을 심화시켰다고 고백하며 인간의 얼굴을 한 세계화가 필요하다고 말하고 있습니다. 왜 그럴까요? 아마도 가장 큰 이유는 세계화가 전 세계 사람들이 원해서 시작된 것이 아니라, 소수의 자본과 권력을 가진 사람들의 필요에 의해 시작되었기 때문일 것입니다.

■ **조지프 스티글리츠**
Joseph E. Stiglitz
1943- , 미국의 경제학자. 정보경제학을 개척함. 2001년 노벨 경제학상 수상. 세계은행부총재 역임. 저서로 『세계화와 그 불만』 등이 있다.

그 첨병이 바로 거대한 다국적기업■입니다.

이들 기업들은 어지간한 개발도상국보다도 부유합니다. 미국의 유통 업체인 월마트의 수익은 가난한 150개 나라의 GDP■를 합친 것보다 더 많습니다. 거대한 자본을 소유한 투자자들은 이런 다국적 기업의 이익을 좇아 투자를 하고, 투자받은 자본으로 기업이 엄청난 수익을 만들어 내면 다시 투자자들의 자본은 늘어납니다. 투자자들은 점점 더 많은 자본으로 더 많은 수익을 낼 수 있는 시장이 필요하게 되었습니다. 거기에다 치열한 경쟁 때문에 상품을 과잉생산한 거대 기업들은 이 물건을 팔 수 있는 새로운 시장이 필요해졌고요. 이런 상황에서 이들 다국적기업과 투자 자본은 전 세계로 눈을 돌렸던 것입니다. 이들은 각국의 무역 장벽 철폐를 요구하며 1995년 세계무역기구■를 출범시킵니다. 비록 다국적 기업과 투자 자본이 주도하긴 했지만, 처음 세계무역기구가 출범할 때만 해도 사람들은 전 세계의 부가 증대될 수 있다는 기대감에 세계화의 장밋빛 미래를 꿈꾸었습니다. 그러나 막상 현실은 달랐습니다. 전 세계 146개국이 가입한 세계무역기구는 미국이 중심이 되어 가입국들에게 자유화, 민영화, 탈규제화를 외치며 자국의 생존을 위한 최소한의 보호조치도 인정하지 않은 채 각 나라의 무역 장벽을 빠르게 없애 버렸습니다. 먹는 물과 에너지처럼 누구에게나 당연히 공급되어야 할 공공재도 민간 경쟁에 맡기도록 요구했고, 은행과 교육의 개방은 물론 자국의 농업을 보호하기 위한 프로그램도 운영하지 못하도록 규정을 만들며 각 나라들과 무역협정을 체결해 나갔습니다. 그리고 장벽이 사라진 자리에 거대한 자본과 시스템을 가진 다국적기업들이 들어왔습니다. 각 나라의 소규모 기업들은 다국적기업과 경쟁 상대조차 되지 못했습니다. 공공서비스의 가격은 천정부지로 올라갔고, 농업 경쟁

■ **다국적기업**
국적을 초월한 범세계적인 기업. 세계 각국에 본사, 공장을 가지며 주주도 각국에 분산 존재함.

■ **GDP**
국내총생산. 국민보다 지역에 초점을 맞춘 통계. 국민총생산GNP에서 해외에서 얻은 소득을 뺀 것으로, 한 나라의 국내 경제활동의 지표로 쓰인다.

■ **세계무역기구**
1995년 출범한 국제기구 WTO. 우루과이라운드협상을 통해 1948년 발족한 GATT을 대체하였다. 관세 인하 및 시장 개방을 통한 세계 교역 확대가 목표로, WTO의 출범으로 세계화가 본격적으로 추진되었다.

력이 취약한 나라에서는 다국적기업이 외국에서 생산한 수입 농산물을 사 먹어야 했습니다. 게다가 불공정하게도 미국을 비롯한 몇몇 선진국들은 자신들의 무역 장벽을 풀지 않았습니다. 이들은 오히려 자신들만이 가진 첨단 기술, 의약품, 서비스 분야에서 더욱 견고한 무역 장벽을 구축하기 시작했습니다. 이 때문에 에이즈 치료약의 가격이 감염자들이 감당하기 힘들 정도로 치솟았습니다. 여러분들이 잘 아는 것처럼 대부분의 에이즈 감염자들은 가난한 나라의 사람들로, 이들은 현재 약을 살 수 없어 엄청난 고통을 겪고 있습니다. 그렇다면 가난한 나라의 수출품은 선진국 시장에 진입할 수 있었을까요? 선진국들은 온갖 규정을 만들어 이들 나라의 농산물이나 수입품 물량을 제한하고 있습니다. 은행을 세계시장에 개방한 나라들은 어떻게 되었을까요? 경쟁에서 살아남기 위해 현지 중소기업들과 거

© Kaler Blind

말레이시아 한 소도시의 맥도날드 간판. 맥도날드는 대표적인 다국적기업으로 세계화의 상징이다.

래를 끊고 코카콜라나 마이크로소프트와 같은 다국적기업과의 거래만 선호하게 되었습니다. 현지 기업이 은행에서 전혀 대출을 받지 못해 어려움을 겪는 멕시코와 아르헨티나의 사례가 이를 증명합니다.

결국 세계화로 인해 국경을 아무 제한 없이 자유롭게 넘나들 수 있게 된 건 초국적 자본■을 소유하고 있는 다국적기업뿐입니다. 세계는 이들이 마음대로 자본을 가지고 어느 나라에나 들어가 독점적인 활동을 할 수 있는 무대일 뿐입니다. 무역 장벽이 없어진 세계에서 이제 각 나라의 기업들은 이념과 체제를 초월한 무한 경쟁 속에 다국적기업과 싸워 살아남기 위해 고군분투하고 있습니다. 약소국의 기업과 농민, 노동자들은 생존권을 잃어버리고 빈곤의 끝으로 내몰리고 있고요. 경쟁이란 경쟁하는 당사자들끼리의 출발선이 같을 때라야 공정합니다. 지금 추진되는 세계화 체제 속의 경쟁은 어떤가요? 출발선에서 훨씬 앞서 있는 선진국과 뒤처져 있는 후진국이 무한 경쟁을 해야 하는 불공정한 상황입니다. 더구나 최소한의 규칙마저 선진국과 다국적기업의 이익에 맞춰진 이 경쟁에 우리가 끌려가는 것도 모자라 오히려 이를 촉구해야 할까요?

■ **초국적 자본**
국가 경계를 초월해 전 세계를 상대로 자유롭게 투자하는 금융 자금. 대표적인 초국적 자본가로 로스차일드, 소로스 등이 있다. 초국적 자본이 변질되면 전 세계 주식시장을 교란시키는 투기 자본인 핫머니가 되기도 한다.

잉여의 시대 속에 빈곤의 심화

블러드 다이아몬드라는 말을 들어 본 적이 있나요? 말 그대로 피의 다이아몬드란 뜻입니다. 서아프리카의 시에라리온과 앙골라에서 벌어진 수십 년간의 내전에서, 반군■들은 이 다이아몬드를 팔아 번 돈을 다시 전쟁에 사용해 왔습니다. 반군들은 원래 다이아몬드 수출로 얻은 부를 독점하는 부패한 정부에 저항하며 내전을 시작했지만, 결

■ **반군**
민족 분쟁, 이념 분쟁, 경제적 문제 등으로 현재의 국가 체제를 전복하고자 하는 반란군이나 게릴라, 테러리스트 집단을 말함.

ⓒ Zoriah

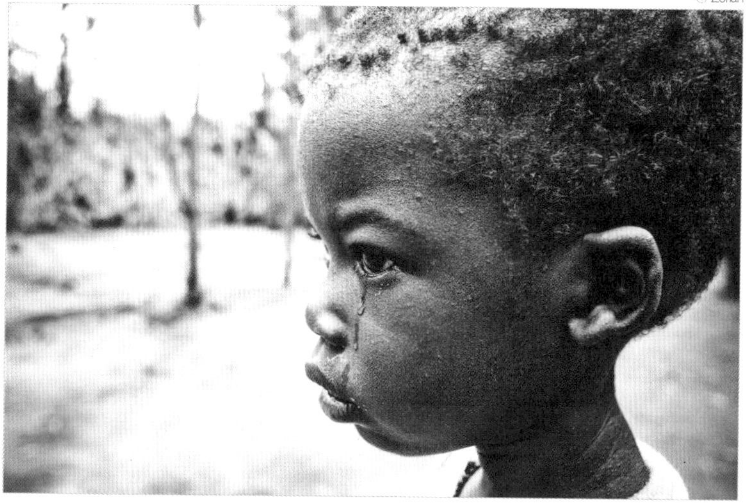

국 전쟁에 쓰일 무기 구매를 위해 사람들에게 다이아몬드 채취를 위한 강제 노동을 강요하고 있습니다. 만약 다이아몬드를 훔치거나 반항할 경우 그 자리에서 죽이거나 손목을 자르는 등 공포정치를 일삼으면서요. 더욱 잔인한 것은 그런 처형을 집행하는 사람이 다름 아닌 반군들이 키워 낸 소년 병사라는 것입니다. 내전으로 부모를 잃은 어린이들은 반군의 손에 키워지고, 소년 병사들은 강제로 투여된 마약에 중독되어 살인 병기로 내전에 투입됩니다. 그리고 내전의 소용돌이 속에 채취된 다이아몬드는 영국을 비롯한 유럽의 기업들로 흘러들어 갑니다. 그러나 유럽인들은 그 다이아몬드가 어떻게 발굴되는지 뻔히 알면서도 지켜만 보고 있습니다. 이 블러드 다이아몬드가 세계화와 무슨 상관이냐고요? 국제기구는 블러드 다이아몬드의 거래를 금지했지만, 다이아몬드는 인접 국가인 말리와 가나로 몰래 반입되어 '분쟁과 무관한 다이아몬드'라는 증명서를 받고 버젓이 원자재로 판매됩니다. 처참한 분쟁 속에 채굴되는 다이아몬드는 제값을 받기 어렵고, 덕분에 다국적기업들은 싼 가격에 원자재를 공급받을 수 있습니다. 이들은 정치경제적으로 미숙한 개발도상국이 그 천연자원을 제대로 쓰도록 도와주기 보다는, 자신들의 이익 창출을 위해 그 비참한 상태를 방관하고 심지어 부추깁니다. 콩고의 분쟁도 마찬가지입니다. 콩고에서 10년간 지속된 분쟁으로 목숨을 잃은 사람만 300만 명이 넘습니다. 그리고 수많은 반군과 용병 집단은 휴대전화의 원료인 콜탄을 팔아 무기를 사고 있습니다. 독일의 다국적기업들은 이 콜탄을 헐값에 들여와 어마어마한 이윤을 남깁니다. 내전이 계속되고 사람들이 죽어갈수록 콜탄의 값은 내려가고, 우리는 최신 휴대전화를 더욱 싼 가격에 살 수 있게 되는 것입니다.

세계화는 대체로 이런 식으로 진행됩니다. 모두가 함께 잘 먹고 잘사는 세상을 만들자는 논리가 아니라 나만 잘 먹고 잘살면 된다는 논리는 눈앞에서 사람이 죽어가도 자신의 이익을 위해 이를 외면하도록 만듭니다. 전 세계 사람 모두가 잘살 수 있다고 믿었던 자유무역은 강대국들에게나 자유무역이지 빈곤국들에게는 그저 울며 겨자 먹기일 뿐입니다. 세계 최대 탄소 배출국인 미국은 전 세계 탄소 배출량을 줄이기 위한 파리기후변화협약■을 탈퇴했지요. 합의를 거부하기도 했습니다. 환경이 오염되건 말건 환경오염 문제를 해결하려다 미국의 기업이 피해를 입어 미국의 경제가 타격을 입을까 봐 우려했기 때문입니다. 이처럼 세계화를 요구하고 진행시키는 것은 선진국들이며 세계화는 오로지 선진국들의 이익만을 위해 진행되고 있습니다. 세계화가 진행될수록 늘어난 세계의 부는 다시 선진국에게 돌아가고, 생존권을 잃은 후진국의 국민들은 더 심한 빈곤과 환경오염에 시달리게 될 뿐입니다. IMF의 조사에 따르면 최저 개발국과 선진국의 1인당 GDP 비율은 1970년 1:19에서 세계화가 진

■ 파리기후변화협약
지구온난화를 막기 위해 대기 중에 이산화 탄소를 비롯한 온실가스 배출을 줄여, 지구의 온도 상승을 막기 위한 국제 협약. 기후변화협약은 1992년 브라질 리우데자네이루에서 '지구를 건강하게, 미래를 풍요롭게'라는 슬로건 아래 처음 이루어졌다. 2015년에 있었던 21차 유엔 기후변화협약이 바로 파리기후변화협약으로, 산업화 이전과 비교하여 지구 평균 온도 상승을 1.5도 이하로 제한하자는 데 195개국이 서명하였고 2021년 1월 1일부터 효력이 발생한다.

행된 이후인 2005년에는 1:96으로 그 차이가 벌어졌다고 합니다. 2019년에는 전 세계 10위까지 선진국의 1인당 GDP가 모두 6만 달러(우리 돈 6,800만 원)를 넘긴 반면, 무려 전 세계 국가의 거의 절반에 이르는 89개 국각가 5천 달러를 넘지 못했습니다. 인류 역사상 가장 암울했던 제국주의 식민지 시대에도 가난한 나라와 부유한 나라 간의 격차가 이보다 심하지는 않았습니다.

문화적 다양성의 상실

세계화를 반대하는 또 다른 이유는 전 세계적으로 민족문화의 정체성이 크게 흔들리기 때문입니다. 원래 문화와 예술은 이윤을 남기기 위해 만들어지는 상품과는 성격이 매우 다릅니다. 인간만이 가진 꿈과 상상력의 표현, 한 사회가 가진 고유한 심성의 표현이 예술의 본래 모습인데도, 국가를 초월한 자본은 세계화의 깃발을 들고 팔릴 수 있는 문화와 예술만을 유통시켜 버립니다. 각 민족의 경계와 자율성은 깡그리 무시한 채 오로지 돈벌이가 되는 문화와 예술만이 전 세계를 지배하고 있습니다. 그러다 보니 자극적이고 선정적인 문화, 팔리기 위해서 만들어진 문화만이 소비될 뿐, 각 나라와 민족의 고유한 정서를 간직한 예술로서의 민족문화는 점점 사라져 갑니다. 선진국의 문화가 일방적으로 들어와 침투하면, 우리 문화의 특수성은 당연히 약화될 뿐 아니라 우리 문화가 선진국의 문화에 종속되는 결과를 가지고 옵니다. 거대한 자본과 기술력을 가진 헐리우드 영화가 우리 영화를 집어삼키는 모습을 우리는 매일 보고 있습니다. 세계화는 이처럼 인류의 문화유산인 다양한 각국의 민족문화를 상업성이라는 잣대로 획일화시켜 버리는 것입니다.

세계화가 본격적으로 추진되기 이전에 교육이나 교양, 정치적 사회적 활동에 쓰이던 시간과 사실상만의 독특하고 개성 넘치는 문화를 가꾸던 에너지는 이제 게임, 영화, 스포츠 등 다국적기업과 자본이 유포하는 오락 산업에 흡수되어 사라지고 있다.

노순택, 〈쥐 20|지 20〉, 2010

세계화가 가속화될수록 우리가 사는 세상은 결코 더 풍요로워지지 않습니다. 부의 공평한 분배는커녕 쓰레기와 유해 물질과 같은 환경 오염원조차 후진국으로 이동하고 있습니다. 세계화로 증대된 부는 가난한 나라 사람들에게 돌아가지 않고 오히려 이들을 더욱 심한 빈곤의 나락으로 떨어뜨리고 있습니다. 인류의 문화유산인 다양한 민족문화들은 상업 자본에 의해 심각하게 훼손되고 있고요. 몇몇 선진국과 다국적기업을 제외한 전 세계 사람들 모두가 세계화로 인해 자신의 정체성조차 잃은 채 불공정하기 짝이 없는 가혹한 무한 경쟁에 내몰리고 있다는 사실을 직시해야 할 것입니다.

입장 정하기

● 두 글에서 주장의 근거로 제시한 내용을 각각 요약해 봅시다.

● 다음 쟁점에 대하여 자신의 입장을 정하고 근거를 제시해 봅시다.

쟁점1 세계화를 통해 각국의 이해와 협력이 증진될 것이다.

	그렇다	아니다
근거		

쟁점2 세계화는 전 세계적인 부와 풍요를 증대시킬 것이다.

	그렇다	아니다
근거		

쟁점3 세계화로 인해 각국의 다양한 민족문화가 사라질 것이다.

	그렇다	아니다
근거		

● "세계화의 성공 여부는 세계화로 증진된 부의 공평한 분배에 있다."라는 말의 의미를 설명해 봅시다. 그리고 세계화로 증진된 부가 구체적으로 어떻게 분배되고 있는지 조사해 봅시다.

착한 초콜릿 한 개가 지구를 구한다

세계화의 그늘을 걷어 내는 공정무역

1994년 가을, 독일의 기자 카를 알브레히트 히멜은 인도의 미르자푸르 근처 바도히 마을의 카펫 공장을 방문합니다. 채 여섯 살도 안 되는 100여 명의 아이들이 쪼그리고 앉아 하루 14시간씩 일하며, 하루 30분씩 두 번 쉬는 동안 겨우 죽을 먹고 바닥 아무 곳에나 쓰러져 자는 곳이지요. 그는 이곳을 다큐멘터리로 찍어 공정무역을 하는 러그마크에 전해 줍니다. 공정무역이 아이들을 구할 답을 갖고 있었기 때문입니다. 그 답을 함께 알아봅시다.

세계화가 불러온 아동 착취

아프리카와 아시아 등 제3세계 가난한 나라의 어린이들이 굶주림뿐만 아니라 가혹한 노동으로 고통받고 있다는 사실은 잘 알려져 있다. 파키스탄 등 남아시아에서만 30만 명의 어린이들이 카펫 생산 작업장에서 노동 착취에 시달리고 있고 4살에서 14살까지의 어린이들이 카펫 노동을 위해 유괴되거나 노예로 팔려 나가는 경우가 빈번하다. 왜 이런 일이 일어나는가? 불공정한 무역구조 때문이다. 세계화가 불러온 가혹한 무한 경쟁 속에 기업들은 살아남기 위해 더 싼 값에 소비자에게 물건을 공급해야 하고, 다국적기업들은 이를 위해 임금이 낮고 자원이 풍부한 저개발국의 원료와 노동을 착취한다. 그 가운데 아동 노동마저 비용이 적게 든다는 이유로 외면해 버리는 것이다. 가난한 나라의 아이들이 노동을 해서 가족을 부양하는 게 당연하다고 생각하는가? 하지만 아이들의 임금은 보잘것없는 수준이고 심지어 임금을 받지 못하는 경우도 많다. 아동 노동은 성인 노동자의 임금마저 깎아 빈곤의 악순환을 초래할 뿐이다. 카펫을 팔아 벌어들인 이익은 왜 아이들에게 돌아가지 않는가? 만약 아동 노동을 통해 만든 카펫을 소비자가 구입하지 않는다면? 팔리지 않는다면 만들지 않을 것이다. 카펫을 팔아 벌어들인 이익을 카펫을 만든 사람에게 정당하게 돌려주면 수많은 문제가 해결될 것이다. 공정무역은 이런 믿음에서 출발한다.

팔리지 않는다면 만들지 않을 것이다

공정 무역이란 생산자에게 정당한 가격을 주고 구매한 제품을 선진국 소비자가 구입하도록 유도하는 윤리적인 소비 운동이다. 세계화로 인해 현재 지구촌의 무역구조는 선진국의 수입업자에게 일방적으로 유리하다. 때문에 세계 무역량이 증가하는데도 저개발국의 생산자는 오히려 더 빈곤해진다. 우리가 무심코 구입한 싼 가격의 화려한 상품에는 무수히 많은 사람의 희생이 담겨 있다. 공정무역은 불공정한 거래를 멈추게 하고, 무역의 이익이 저개발국의 가난한 생산자에게 돌아가 그들이 경제적으로 자립하도록 만든다. 러그마크는 아동 노동을 착취하지 않고 만들어진 카펫에 '러그마크'를 부여한다. 소비자들은 카펫을 살 때 아이들을 위해 조금 비싸더라도 이 마크가 붙어 있는 제품을 산다. 공정무역 인증 마크는 우리가 상품을 구입하면 그 이익이 물건을 만든 사람들에게 정당하게 되돌아감을 증명한다. 공정무역 제품의 소비는 더욱 공정한 세상을 위한, 작지만 중요한 선택이다.

착한 소비가 세상을 구한다

왜곡된 무역구조에서 개발도상국이 얻는 이익의 비율을 단 1퍼센트만 올려도 세계 1억 2천8백만 명의 가난한 사람들이 극심한 빈곤에서 벗어난다는 연구 결과가 있다. 공정무역이 차지하는 비율을 10퍼센트로만 올려도 지금보다 더 살기 좋은 세상이 될 것이다. 공정무역 마크가 찍힌 커피 한 잔, 설탕 한 봉지, 초콜릿 한 개를 우리가 조금만 더 비싸게 주고 산다면 우리는 세계를 구할 수 있다.

참고자료

외모지상주의

- 움베르토 에코, 『미의 역사』, 열린책들, 2005
- 고든 팻쩌, 『외모, 상상 이상의 힘』, 한스미디어, 2009
- 김주현, 『외모 꾸미기 미학과 페미니즘』, 책세상, 2009
- 엘리자베스 하이켄, 『비너스의 유혹 : 성형수술의 역사』, 문학과지성사, 2008
- 프란츠 파농, 『검은 피부 하얀 가면』, 인간사랑, 1998
- 장 보드리야르, 『소비의 사회』, 문예출판사, 1992
- 강소영, 『외모 콤플렉스와 신체상』 학지사, 2003
- 이화여대 기호학연구소, 『성과 문화 돌아보기』, 호영, 2001
- 김혜원, 『창조적인 여성을 위하여』, 문학세계사, 1984
- 주문희, 『여자도 모르는 여자의 콤플렉스』, 청심, 1994
- 이인경, 『역사 in 시사』, 북하우스, 2009

개인주의

- 알렝 로랑, 『개인주의의 역사』, 한길사, 2001
- 홍성우, 『자유주의와 공동체주의 윤리학』, 북코리아, 2005
- 아론 구레비치, 『개인주의의 등장』, 새물결, 2002
- 윤문원, 『영화 속 논술』, 세종서적, 2007
- 조중걸, 『열정적 고전 읽기』, 프로네시스, 2006
- 엄묘섭, 『개인과 사회 : 관계의 상호작용』, 노벨미디어, 2003

대학입시

- 송상호, 『학교 시대는 끝났다』, 신인문사
- 오창익, 『십중팔구 한국에만 있는!』, 삼인, 2008
- 피터 드러커, 『프로페셔널의 조건』, 청림출판, 2001년
- 김종휘, 『대한민국 10대, 노는 것을 허하노라』, 양철북, 2010
- 김순천, 『대한민국 10대를 인터뷰하다』, 동녘, 2009
- 김한성, 『나? 대안 학교 졸업생이야!』, 글담, 2010
- 이보라, 『길은 학교다』, 한겨레출판, 2009
- 김예슬, 「내가 대학을 그만둔 이유」,『녹색평론 통권112호』

학생인권

- 김민아, 『인권은 대학가서 누리라고요』, 끌레마, 2010
- 김두식, 『불편해도 괜찮아』, 창비, 2010
- 공현 외, 『머리에 피도 안 마른 것들이 인권을 넘보다』, 메이데이, 2009
- 육성철, 『세상을 향해 어퍼컷』, 샨티, 2008
- 경기도학생조례제정자문위원회, 「경기도 학생조례제정에 대한 10문 10답」

사형제도

- 앤드류 클래펌, 『인권은 정치적이다』, 한겨레출판, 2010
- 제라르 도텔, 『이유있는 반대 : 사형제, 왜 문제일까?』, 개마고원, 2010
- 사카가미 가오리, 『희망 여행』, 푸른숲, 2006
- 공지영, 『우리들의 행복한 시간』, 오픈하우스, 2010
- 스콧 터로, 『극단의 형벌 : 사형의 비인간성에 대한 인간적 성찰』, 교양인, 2004
- 정희상, 「내일 저 밧줄에 내 목이」 외, 〈시사인〉 제32호

결혼

· 김용미 외, 『결혼과 가족의 의미』, 양서원, 2002
· 김기봉 외, 『가족의 빅뱅』, 서해문집, 2009
· 송제숙, 『혼자 살아가기』, 동녘, 2016
· 김희경, 『이상한 정상가족』, 동아시아, 2017
· 우에노 지즈코 외, 『비혼입니다만, 그게 어쨌다구요?!』, 동녘, 2017
· 장경섭, 『내일의 종언(終焉)?』, 집문당, 2018
· 〈SBS스페셜〉-'결혼은 사양할게요', 2018

재산상속

· 매튜 비숍 외, 『박애 자본주의』, 사월의책, 2010
· 최효찬, 『세계 명문가의 자녀 교육』, 예담, 2006
· 아름다운재단, 『세상에서 가장 큰 1%』, 케이앤피북스, 2010
· 김찬호, 「김찬호의 돈의 인문학」, 〈한겨레21〉 제778~805호

경쟁

· 한규석, 『사회심리학의 이해』, 학지사, 2005
· 알피 콘, 『경쟁에 반대한다』, 산눈, 2009
· 최정규, 『이타적 인간의 출현』, 뿌리와이파리, 2004
· 이면희, 『경쟁의 법칙』, 2004, 토네이도
· 홍세화 외, 『거꾸로 생각해 봐! 세상이 많이 달라 보일걸』, 낮은 산, 2008
· 강수돌, 『경쟁은 어떻게 내면화되는가』, 생각의 나무, 2008
· 요한 하위징아, 『호모 루덴스』, 연암서가
· 박순성, 『아담 스미스와 자유주의』, 풀빛, 2003

정보화사회

· 앨빈 토플러, 『제3의 물결』, 홍신문화사, 1994
· 앨빈 토플러, 『미래의 충격』, 범우사, 1999
· 제레미 리프킨, 『노동의 종말』, 민음사, 2005
· 마티아스 호르크스, 『테크놀로지의 종말』, 21세기북스, 2009
· 최동수, 『정보사회의 이해』, 법문사, 1999
· 이유선 외, 『정보화사회의 빛과 그늘』, 일신사, 2003
· 고영삼, 『전자 감시 사회와 프라이버시』, 한울아카데미, 1998
· 손봉호, 「정보화 시대의 윤리」, 정보통신윤리포럼, 2001

세계화

· 장 지글러, 『왜 세계의 절반은 굶주리는가?』, 갈라파고스, 2007
· 조지프 스티글리츠, 『인간의 얼굴을 한 세계화』, 21세기북스, 2008
· 카를-알브레히트 이벨, 『세계화를 둘러싼 불편한 진실』, 현실문화, 2009
· 토마스 프리드먼, 『렉서스와 올리브나무』, 창해, 2003
· 헬레나 노르베리 호지, 『허울뿐인 세계화』, 따님, 2000
· 염무웅, 『국제화시대의 민족문화』, 역사비평사, 1994
· 윌리엄 K 탭, 『반세계화의 논리』, 월간말, 2001

소통을 꿈꾸는 토론학교 사회·윤리

초판 1쇄 펴낸날 2011년 1월 3일
개정판 5쇄 펴낸날 2023년 2월 24일

지은이 김범묵 윤용아
펴낸이 홍지연

기획 김주환
일러스트 이경국
편집 홍소연 고영완 이태화 전희선 조어진 서경민
디자인기획 민진기디자인
디자인 권수아 박태연 박해연
마케팅 강점원 최은 신종연
경영지원 정상희 곽해림

펴낸곳 (주)우리학교
등록 제313-2009-26호(2009년 1월 5일)
주소 04029 서울시 마포구 동교로12안길 8
전화 02-6012-6094
팩스 02-6012-6092
이메일 woorischool@naver.com

ISBN 979-11-87050-91-9 43300